AF608673

Walter Lück

Leben wagen Herausforderungen annehmen

Erfahrungen, Hinführung und Besinnungen zum One-Bewusstsein

© tao.de in J. Kamphausen Mediengruppe GmbH, Bielefeld

1. Auflage 2014

Autor: Walter Lück
Umschlaggestaltung: tao.de
Umschlagfoto: © matttilda / fotolia.com
Innenlayout: Lavinia Kamphausen
Printed in Germany

Verlag: tao.de in J. Kamphausen Mediengruppe GmbH, Bielefeld,
www.tao.de, eMail: info@tao.de

Bibliografische Information der Deutschen Nationalbibliothek:
Die Deutsche Nationalbibliothek verzeichnet diese Publikation
in der Deutschen Nationalbibliografie; detaillierte bibliografische
Daten sind im Internet über http://dnb.d-nb.de abrufbar.

ISBN: 978-3-95529-321-5

Das Werk, einschließlich seiner Teile, ist urheberrechtlich geschützt.
Jede Verwertung ist ohne Zustimmung des Verlages unzulässig.
Dies gilt insbesondere für die elektronische oder sonstige
Vervielfältigung, Übersetzung, Verbreitung und sonstige Veröffentlichungen.

Inhalt

Vorüberlegungen

Leben wagen

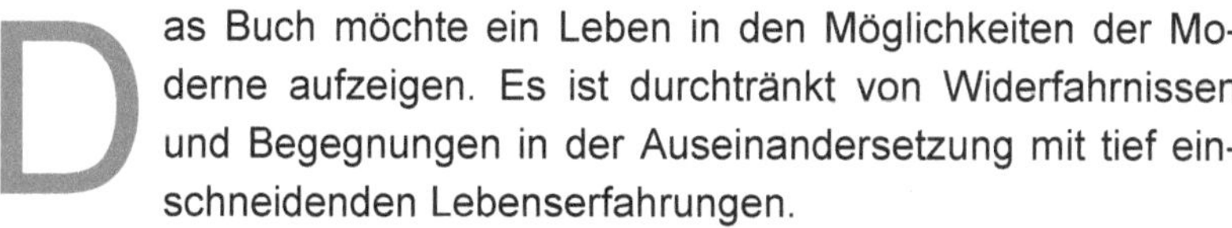

Das Buch möchte ein Leben in den Möglichkeiten der Moderne aufzeigen. Es ist durchtränkt von Widerfahrnissen und Begegnungen in der Auseinandersetzung mit tief einschneidenden Lebenserfahrungen.

Ausgangspunkt meiner Entwicklung war das Aufwachsen in einem damals christlich geprägten Elternhaus auf dem Lande. Ich durchdachte zeitlebens jeweils kritisch mögliche unterschiedliche Lebensentwürfe, die mich immer stärker aus der erfahrenen Sozialisation durch Kirche und sozial vorgegebenen Bildungsrahmen weg- und herausführten. Eine späte Bestätigung meiner Standortbestimmung erfolgte, als ein ehemaliger Mitschüler aus der damaligen Abiturientenklasse 50 Jahre nach dem Abitur auf die zeitgemäß neu gegebene Möglichkeit stieß, dass er sich vornahm, mit Hilfe des Internets und von Google, sich mit allen Mitschülern, die sich vor einem halben Jahrhundert aus den Augen verloren hatten, in Verbindung zu setzen, um ein Treffen zu organisieren.

Eine weitere wichtige Auseinandersetzung wurde mir die Auseinandersetzung mit Worten frommer Kirchenleute, die im "Wort zum Sonntag" in der ARD an die immer noch große christliche Mitbürgergemeinde gerichtet wurden.

Parallel zu der immer wachen Auseinandersetzung mit dem konkreten Leben schrieb ich in Auseinandersetzung mit Themen zu meinem philosophischen Unterricht und in Auseinandersetzung mit aktuellen Bestsellerkritiker der Kirche, jeweils Gedanken zu der Frage:

Was ist der Mensch, wenn ich die jeweils mich in meinen Fundamenten treffende und berührende Erfahrung und Begegnung ehrlich in mich aufnehme und von daher mein Weltbild differenzierter weiterentwickle, indem ich es auf den Prüfstand stelle und neue Impulse in mich aufnehme zu einer Weiterentwicklung?

Nach und nach kam ich in diesem Weg aus der Bevormundung durch ein monotheistisches Weltbild übergeleitet in ein Denken für eine nicht-duale Zukunft. Glücklich machte mich, dass ich all die Erfahrungen stimmig zu einem Welt- und Gottesbild integrieren konnte, das die Einheit verwirklicht, wobei auch das in der Kindheit erfahrene Christentum organisch eingebunden werden kann, wenn man einsieht, dass einzelne Ansprüche der Kirche historisch überholt und weiterentwickelt worden sind und obsolet geworden sind und einer Einheit nicht weiter ernsthaft entgegenstehen können.

Letztlich liegt somit die Darstellung eines Weltbildes vor, das alle Denkrichtungen organisch integrieren kann und ein Leben in Frieden, Zufriedenheit und Glück möglich macht, ohne dass irgendwelche Denkrichtungen, die alle in der Menschheitsgeschichte einmal allzu berechtigt waren, es nicht verdienen, dass sie abgewertet oder gar verunglimpft werden.

Herausforderungen annehmen

Meine Lebensgrundfrage lautete stets:

Wie kann ich mein Leben selbst steuern?

Als Grundansatz galt mir:

Wer neugierig bleibt, begibt sich in für ihn neue und unbekannte Situationen, bricht mit Gewohnheiten, wobei er der Risiken bewusst bleibt, die er eingeht. Sein Leben basiert nicht auf der Sicherheit des Moments.

Ziele setzen und sie verfolgen, kann zu Anfeindungen und in Sackgassen führen. Dann muss ich die Ziele der jeweiligen Situation anpassen oder notfalls auch wieder aufgeben. Die Gefahr ist, dass ich mich von blockierten Zielen und Lebensentwürfen trennen können muss, wenn erforderlich. Wer beharrlich an Zielen festhält, die nicht erreichbar sind, wild entschlossen seine diesbezügliche "Hoffnung nie aufgeben kann", würde sein Selbstwertgefühl schädigen oder in einer Lebensgrundlage von Trauer und Depressionen absinken.

Wenn ich durch Nachdenken eine Lage nicht verbessern kann, wenn eigene Ziele zu hoch angesetzt sind, ergäben sich psychische Blockaden.

Ruminierendes Denken sind kreisende Gedanken, die sich in der Regel auf die Vergangenheit oder die Zukunft beziehen, auf das, was schief gelaufen ist oder was noch schief laufen könnte. Erlebbare Beispiel könnten sein: Der Job kann verloren gehen, die Partnerschaft zerbrechen, die Gesundheit schwächeln, ohne dass ich dies beeinflussen oder verändern kann.

Der Lohn der Risikobereitschaft: Das Gefühl der Zufriedenheit wurzelt in der Persönlichkeit eines Menschen in einer positiven Grundstimmung bei grundlegender Lebensbejahung. Wenn wir den Dingen ihren Lauf lassen können in der Einstellung, dass alles gut ist, wie es ist, dass es nur darauf ankommt, was wir jeweils aus dem Vorgegebenen gestaltend machen.

Das Gefühl intensivsten Wohlbefindens kann die ganze Person ergreifen, wird erfahrbar besonders in sozialen Situationen oder im Einklang mit der Natur.

Das Empfinden des Einswerdens mit der Natur als Erweiterung der eigenen Grenzen ist ein "ozeanisches Gefühl", ein Erleben von "Ich-Transzendenz", wo mein Ich, sich "in himmlische Sphären aufgenommen", in seiner Tiefe empfinden kann und erfahren darf.

Die These des Buches lautet: Unsere Selbstentwicklung liegt in unserer Hand! Wir haben immer einen weiten Spielraum von Möglichkeiten, von denen ich nur einen geringen Teil verwirklichen kann.

Meine gesetzten Ziele darf ich nicht zu hoch ansetzen, sie müssen mich motivieren können, dürfen aber nicht das Verschenken der durch das Leben vorgegebenen Sichtweise auf die Möglichkeiten beinhalten, wofür sich die Grundlagen im Lebensprozess immer ausweiten, abändern, neu eröffnen oder verschließen. Leben ist Geschenk, Chance, Risiko, Gefahr, je nach welchem Weltbild wir uns gestalten.

Wider die zweigeteilte Welt

Religion wird heute in vielen Darstellungen zu ihrem Werdegang angeprangert. Menschen verlassen ihre traditionellen Bindungen und fühlen sich in ihrer Entscheidung durch das Anprangern historischer Fehlentwicklungen ermutigt.

Aus der Entwicklung von Religion werden, von der Sache her zutreffend, Irrwege gesehen, die nicht mehr geleugnet werden können.

Doch dabei übersieht man: Fehler, aus dem heutigen Verständnis heraus anzuprangern, ist für das Verstehen des historischen und des aktuellen Menschseins nicht hilfreich.

Warum bleibt denn trotz des laufenden Beschusses des religiösen Ansatzes eine Mehrzahl der Menschen ihrer Religion treu?

Die aufgedeckten historischen Fehlentwicklungen berühren den Grundansatz überhaupt nicht, wonach Religion es mit der Auslegung des menschlichen Daseins zu tun hat, im Aufschließen eigener Erfahrung für jeweils neue tiefer gehende Erfahrung. Gott ist der Name für unendliche Tiefe.

Alles, was Gott in der historisch angenommenen menschlichen Natur hatte, hat er auch jedem Menschen gegeben.

Wie kommen die Menschen wieder in dieses innere Gleichgewicht?

Die zweigeteilte Welt als Wir da unten als die armen Sünder, über denen abgeschnitten ein äußerer Gott steht, wird als Bild, wie es in der Geschichte zu oft von der Kirche missbraucht worden ist, nicht mehr angenommen.

Wir sehen Einheit in allem, und zwar eine Einheit in uns selbst, mit dem Nächsten, mit Außenseitern, mit dem Göttlichen.

Wir tun Dinge, weil sie wahr sind, ohne ein idealisiertes Selbstbild aufbauen zu müssen, fern von Angst und Strafe.

Etwas ist in dem Menschen eingepflanzt, was sich nach Vereinigung sehnt.

Es geht darum, in alles immer tiefer einzudringen.

Erfahrung von Ewigkeit geschieht immer, wenn etwas ganz tief in uns eindringt, uns erschüttert, unsere Sichtweise vertieft.

In diesem Buch wird der Weg von dem erfahrenen traditionellen Bewusstsein hin zu einer Öffnung zu östlichen Denkweisen am gelebten Beispiel erfahrungsdurchtränkt nachvollziehbar. Damit entgeht der Leser dem verführerischen Ansatz, sich östlichem Denken als neuem Glaubensdenken ohne inneren Werdegang einfach nur anschließen zu wollen und sich damit in einer neuen Religionsfalle wieder zu finden. Der anspruchsvolle Ansatz führt zur inneren Befreiung von allen falschen Bindungen.

Die Bedeutung von Spiritualität und Leben

Spiritualität kommt von Spiritus (= Geist). Dem Geist eigen ist, eine vereinigende Vision anzustreben, sich mit allem zu verbinden, alles zueinander in Verbindung zu setzen, Verknüpfungen wahrzunehmen.

Geist ist Beziehung (suchen) und **Leben** (gestalten), Tod ist Abwesenheit von Beziehungen, für uns in der felsenfesten Hoffnung, dass das Leben mit dem Tod (als jeweiliger Absturz im Leben gesehen) nicht zu Ende ist, sondern dass es durch diesen jeweiligen Absturz verwandelt wird, eine Chance in neue Möglichkeiten eröffnet.

Diese Ausgangssätze sind, wie jeweils in der gesamten Behandlung, durch Erfahrungen zu erklären:

Nach jeder Erfahrung/ Begegnung frage ich:

Was sagt mir diese Erfahrung für mein Verstehen von Welt? Welche diesbezüglichen Erkenntnisse gewinne ich besonders, wenn Menschen aus dem normalen Leben heraus gefallen sind, gleichsam den inneren Tod erlitten haben, und sich wieder neu aufbauen, bei ihren aus dem Menschsein verliehenen Möglichkeiten und Hindernissen?

Spiritualität besteht aus jeder Aktivität und Haltung, die das Ausbreiten des Lebens begünstigt.

Spiritualität zeigt sich, immer wenn eine bedeutungsvolle Erfahrung der Zusammenhänge, der Ganzheit gemacht wird, wenn Zusammenhänge begriffen werden, wenn wir uns in existentieller Weise vorgegebenen Sachverhalten nähern, und zwar nicht als Studienobjekt, sondern in einer Haltung von Bewunderung, Ehrfurcht und Respekt.

Spiritualität besteht demnach nicht darin, über Gott nachzudenken, sondern das Leben des Menschen zum Erblühen bringen. Spiritualität bewusst zu pflegen, indem ich sie in mein Leben einbaue, führt den Menschen zu einem hohen Grad an tiefergehenden Erkenntnissen. Sie verleiht uns Lebenswillen und Sinnhaftigkeit.

Die Realität besteht für uns aus mehr als aus Analysen. Die exzessiv rationale und materialistische Kultur beinhaltet für uns nicht das Leben.

Spiritualität hat eine heilende Kraft in sich, hat nichts mit Esoterik zu tun:

Unsere Energien werden bei dieser Haltung verstärkt. Stark positive Energien erwachsen aus der Liebe zum Leben. Das Leben hat einen Sinn, ist wert, gelebt zu werden, hat eine innere Energie.

Der innere jeweils momentane Tod kostet Kraft, aber zu normalem Leben zurückkehren zu können und zu wollen, entfesselt positive Energien, lässt uns neuer und mehr Mensch werden.

Spirituelle Überzeugungen wirken wie Quellen lebendigen Wassers, wenn ich für dieses menschliche Ausgerichtetsein diese erhabene Ausdrucksweise verwenden darf.

Die Öffnung für das Leben bewirkt:

bewusste Beziehung sehen und pflegen, offene Kommunion suchen, tiefe Subjektivität erfahren, größeres Mitgefühl, mehr Solidarität, tieferen Sinn für Würde, Öffnung für die anderen, für geschwisterliche Bande, hin zu Empörung angesichts von Unrecht.

Roman meines Lebens in existentiellen Begegnungen

Vorwort

Die Schrift beinhaltet Begegnungen, die meinen Lebenslauf fundamental bestimmt haben.

Fünfzig Jahre nach unserem Abitur kam einem ehemaligen Mitschüler der Einfall, die ehemaligen Kameraden aufzuspüren und zu einem Treffen aufzurufen. Da er wohl mit keinem von ihnen in dem vergangenen halben Jahrhundert in Kontakt war, begann so ein abenteuerliches Unternehmen. Er regte an, im Internet zu recherchieren und das Ziel war, alle aufzuspüren, egal ob sie im Ausland, an den Rändern von Deutschland oder im saarländischen Umkreis durch das Leben verstreut sein konnten. Aufgrund meiner Veröffentlichungen fragte er bei dem entsprechenden Verlag für meine Anschrift an, hatte also meine Anschrift sofort. Bei anderen gestaltete sich die Suche umfangreicher, infolge Krankheiten und Sterbefällen war das Recherchieren auch mit schmerzlichen Konfrontationen verbunden.

Würde ein Wiedersehen nach 50 Jahren möglich sein? Wie hatten sich die Menschen entwickelt? Wie hatte sich deren Menschlichkeit in einem langen Lebensweg verändert?

Die ersten Kontakte führten zu Ergebnissen, die das Menschliche in aller Tiefe und ungeschminkt aufbrechen ließen.

In einem zweiten Kapitel beschäftige ich mich mit Begegnungen im Rahmen meines Berufes als Lehrer. Welche Schüler und Lehrer hatten Weichen für mich gestellt, wie unterschiedlich konnte der Lehrerberuf gelebt und gestaltet werden?

Anschließend gehe ich auf die menschlichen Grundlagen von Werden und Sterben ein. Wie waren jeweils Rückwirkungen auf mein Leben?

Ein weiteres Kapitel zeigt meine Auseinandersetzung mit Religion, indem ich ausgewählte innere Begegnungen und Auseinandersetzungen mit dem "Wort zum Sonntag" auf mich wirken ließ.

Meine auf dieser Grundlage erworbene Lebensgrundeinstellung stelle ich im letzten Teil dar.

Die Begegnungen als Roman meines Lebens beruhen auf den Erfahrungen meines Lebens. Namen, Orte und Hintergründe, die mit lebenden Personen in Verbindung gebracht werden könnten, wurden geändert, so dass keine Rückschlüsse zu konkreten Personen möglich sind, sie sind im juristischen Sinne frei erfunden.

In einem zweiten Teil habe ich wesentliche allgemeine philosophische Aufsätze zusammengestellt, um den philosophischen Rahmen meines Denkens aufzuzeigen. Diesen habe ich bewusst an die zweite Stelle gesetzt, so dass allein aufgrund von Begebenheiten und konkreter Lebenserfahrung das Interesse an diesem Denken geweckt und aufgebaut werden sollte.

Die ganz normale Kindheit

In http://gepruegelte generation.de/ finde ich folgende Informationen zur Autorin: In ihrer Kindheit wurde der Vater abends mit den Worten begrüßt: Das Kind hat heute Widerworte gegeben. Der Vater holte den Kochlöffel aus der Küchenschublade und ging mit der Autorin ins Wohnzimmer. "Und dann setzte es was. Aber nicht zu knapp".

Dies sei eine für die 50er und auch die 60er Jahre des vergangenen Jahrhunderts ganz normale Kindheit gewesen.

Und dies sei alles so normal gewesen, dass sie nie mit jemandem darüber gesprochen habe, weder mit Freunden, noch in der Freizeit oder in politischen Diskussionen, "einfach nie".

Es wusste doch jeder, dass man zu Hause "Senge" bekommen hatte, weshalb also darüber reden.

Die Autorin sieht im Rückblick als oftmals lang anhaltende Folgeschäden solcher Misshandlungen, die die Kinder damals als ganz normal erlitten hatten: mangelndes Selbstbewusstsein, Depressionen, Unsicherheit, Ängste.

Zu diesen tiefen Verletzungen schreibt die Autorin dieses Buch mit dem Titel "Die geprügelte Generation".

Sie will zeigen, dass es um die ganz normale Erziehung in dem o. a. Zeitraum ging. Es sind Porträts von Menschen, die noch immer, egal wie alt sie in der Zwischenzeit geworden sind, "mit den Dämonen kämpfen müssen", die ihnen die Eltern eingebläut haben.

Jeder Leser wird sich in den Schilderungen und Gedanken hierzu mit hohem Interesse herausgefordert sehen. Dazu hat das Buch 5 Sterne verdient.

Kritische Gedanken:

Zur These: Jedes geprügelte Kind schleppe einen schmerzhaften Ausdruck von Verachtung, der durch das Schlagen ausgedrückt werde, mit sich herum.

Da ich dieser Generation angehöre, habe ich dieses selbstverständliche Bestrafen auch erlebt. Ich habe dies aber nicht als Ausdruck von Verachtung empfunden. Man kann in vielen pädagogischen Ratgebern von früher nachlesen, dass da durchaus Liebe als entgegengebrachtes Grundgefühl war.

"Wer seinen Sohn liebt, der züchtigt ihn", war durchaus nicht ironisch oder verletzend gemeint. Ich hatte immer das Gefühl, dass dieses Bestrafen dem Vater weh tat, dass es aber sein musste, und mir ist es aus der Einstellung dieser Generation, die wünschte, dass ihre Kinder Lebenschancen nicht leichtfertig wegwerfen und verschenken sollten, verständlich.

Zur These:

Jedes Kind wurde psychisch geschädigt.

Hier habe ich den Vergleich mit meinem Schwager. Dieser erzählte ein Leben lang mit und ohne ein Glas Bier, wie er als Kind immer geschlagen worden sei.

Er wollte den Eltern Schuldgefühle kultivieren, um daraus seine ganz persönlichen Vorteile zu ziehen. Die Eltern waren Schuld daran, dass er die Schule nicht länger besuchte oder mit besseren Ergebnissen abschnitt, die Eltern waren schuld, dass er keine Lust und Kraft hatte, sich eine eigene Existenz aufzubauen, während er offensichtlich alle Möglichkeiten und Chancen, die sie ihm boten und die ihm das Leben bot, mit Füßen trat.

Hier geht es wieder um ein Beispiel zu stetigen gesellschaftlichen Entwicklungen. Das allgemeine Recht kann in jeder Generation ganz anders lauten; wer früher die später dann als allgemeine Rechtsaufassung geltenden Überzeugungen hatte, war in der jeweils zuvorgehenden Generation in Widerspruch zur geltenden Auffassung der Gesellschaft. Niemals darf etwas als absolut angesehen werden, nur weil es jeweils geltende allgemeine vorgegebene Überzeugung ist. Dies gilt für gesellschaftliche Entwicklungen und erst recht- und damit werde ich mich ja nachfolgend ausführlich auseinandersetzen- für religiöse Entwicklungen in meinen Rezensionen zu Rohr, Sloterdijk, Flasch.

1958 verschwand das Recht des Vaters auf ein "angemessenes Zuchtmittel" aus dem Bürgerlichen Gesetzbuch (BGB).

1968 entschied der Bundesgerichtshof, dass Eltern weiterhin " eine Befugnis zur maßvollen körperliche Züchtigung" haben, damals ging es um die Anwendung eines 1,4 cm starken Wasserschlauches.

2000 sorgte dann der Bundestag dafür, dass das Recht jeden Kindes auf gewaltfreie Erziehung im BGB verankert wurde.

Und ferner ist festzuhalten, dass wir uns immer abgrenzen müssen von Forderungen, die entgegen unserem menschlichen Grundverständnis stehen.

Es geht mir nicht um die abartigen und krankhaften Verhaltensweisen, die in den Medien großes Interesse finden, wenn beispielsweise ein Kind gezwungen wurde, Erbrochenes wieder aufzuessen, oder wenn ein Kind, das einnässt, damit bestraft wurde, dass alle Kinder der Gruppe aufgefordert worden sind, das Kind zu schlagen.

Interessant ist auch, wenn die Grünen bei einzelnen Thesen zur Pädophilie später zurückruderten, dass es in der Entwicklung nach vorne entweder unaufhaltbare Entwicklungen gibt oder aber es geht um krankhafte geächtete Empfindungen, was dann noch nicht entschieden ist, was sich durchsetzt.

Fazit:

Man macht es sich allzu leicht, wenn man mit den Möglichkeiten von heute die Vergangenheit beurteilen will.

Mich interessiert immer ganz unspektakulär, wie die durchschnittlichen Menschen jeweils in ihrer Zeit empfunden haben. Auch spektakuläre Einzelfälle von Abweichungen, die in Richtung Krankheiten und Gesetzesübertretungen wider das gesunde Empfinden gehen, sollen nicht im Mittelpunkt meines Nachdenkens sein.

Die Frage nach dem Göttlichen, im Anschluss an Kurt Flasch: Warum ich kein Christ bin

(...) war in Kindertagen eine Freundin meiner Tochter. Sie war in einem katholischen Elternhaus aufgewachsen, ihr Vater war ein bekannter Organist in einem viel besuchten Dom. Sie entwickelte ab dem 14. Lebensjahr eine Aversion gegen ihren Glauben und trat mit 17 Jahren aus der Kirche aus. Sie betrachtete den Papst mit seinen Lehren als "Lustkiller", nahm Drogen, und wurde in den Folgejahren überwiegend bettlägerig und fühlt sich sehr unglücklich. Sie erfährt die Hilfe einer Gemeindeschwester und möchte so glücklich werden wie diese. Als sie im Garten ruhte, überkam sie urplötzlich ein unbeschreibliches Gefühl der Gegenwart Gottes. Sie beginnt sofort mit ihrem neuen Freund zu reden. Sie fühlt sich im Innern gründlich durchgeschüttelt, in einer Neuorientierung ihres Lebens lässt sie ab von dem Drogenkonsum und esoterischen Praktiken und widmet ihr Leben ganz dem wieder gefundenen Glauben.

Letztlich ist es die subjektiv wahrgenommene Stimme in unserem Innersten, die das Göttliche in uns zum Ausdruck bringt. Wie kleinkariert sind aktuell die Streitereien um den Bestseller von Flasch, der die Kirche auf der Grundlage seines lebenslangen Studiums der christlichen Geschichte anprangert.

Er übersieht in seinen philosophiehistorische Analysen, dass ein Text jeweils in einer bestimmten historischen Situation gemacht worden ist, zu dieser Situation (Zeit) haben wir doch überhaupt keinen inneren Zugang aus unserer Erfahrung heraus. - Wir sollten in der Schule eine Projektwoche zur Dritten Welt machen. An Vorschlägen der Kinder zu den Wünschen für die Projektwoche kamen:

- Wir wollen eine Woche hungern, um mal zu fühlen, wie sich Hunger anfühlt.

- Wir bauen selbst eine primitive Hütte und leben die Woche einmal unter primitiven Wohnbedingungen, heizen nicht, usw. usw.

Kann man einen inneren Erfahrungszugang überhaupt gewinnen oder wird das Ganze nicht einfach unerfahrbar, so dass wir dies demütig zur Kenntnis nehmen müssen, was wir aus Berichten anderer entnehmen können, als eine letztlich innerlich unerreichbare Welt?

Ein falscher Ansatz von Gotteskritik ist auch, wenn einer sagt, Gott habe doch noch nie jemand gesehen.

Diesen Einwand auf die Spitze getrieben:

Konnte Gott nicht klar präzise sagen, womit die Menschen Glaubensverstehschwierigkeiten bekommen werden, er konnte doch, der er alles weiß, voraussehen, welche Glaubenschwierigkeiten in späteren Jahrhunderten auftreten werden müssten. Denen konnte er doch die Spitze nehmen, indem er möglichst genau eine Vorschau auf die Glaubensentwicklung der folgenden Jahrhunderte vorlegte, zuerst als unverstandenes Papier, möglichst bei einem Notar hinterlegt, damit sich alles nachweisen ließe, wenn die Verstehensgrundlagen der Menschheit jeweils am entsprechenden Verstehenshorizont waren.

Flasch stellt die Auferstehung in Frage: Er schreibt:

"Vielleicht ist Jesus auferstanden, aber wir wissen es nicht bei dieser Quellenlage".

Da man Gott weder beweisen noch widerlegen kann, gehe er den bequemsten Weg durch das Leben, ohne Anforderungen an sich zu stellen. Wenn ich Christsein über Bord werfe, dann hat mir die Kirche nichts mehr zu sagen, das Leben wird dann vermeintlich einfacher.

Die heilige Kirche verwalte doch das Erbe einer blutrünstigen Wüstengottheit, darin ergehen sich auch Küng genauso wie übrigens auch Sloterdijk, die drei Bestsellerkritiker.

Für die Menschen war der Halt an der Kirche im Durchschnittsfalle immer hilfreich. Wir können heute doch gar nicht mehr auch nur ansatzweise nachvollziehen, was die Kirche den Menschen früher gegeben hat. Dazu ein Beispiel:

Ich zitiere aus dem Wort zum Sonntag vom 5.10.2013, Alfred Buß:

"Auf einem kleinen Bauernhof mitten in Ostfriesland bin ich aufgewachsen. Da lernte ich früh: Brot, Eier oder Fleisch sind keine Sachen. Was wir essen und trinken, wächst aus der Erde oder kommt von unseren Mitgeschöpfen, den Tieren. Wenn unsere Mutter samstags Brot backte, erfüllte der Duft das ganze Haus. Dieser Duft ruft bis heute in mir wach: Brot ist kostbar. Als Jüngster musste ich einkaufen, was es auf dem Hof nicht gab. Meine Mutter schrieb mir genau auf, was wir brauchten. Manchmal strich sie auch wieder was aus, weil das Geld dafür nicht reichte. Nahrung war kostbar. Wenn wir gemeinsam aßen, dankten wir Gott, dem Geber aller Gaben- für das tägliche Brot."

Welch total anderer Bewusstseinshorizont steckt heute hinter unserem Erfahren und Denken!

Jugendliche von heute können frühere Zeiten innerlich so gar nicht adäquat erfassen. Es sind in der Tat versunkene Welt für das Bewusstsein der Jüngeren.

Die Kirche in ihren Vertretern hat also den Menschen immer helfen können, um in ihrem Lebenskampf bestehen zu können. Wenn jemand daraus schließt, dass Gott immer wusste, was für die Menschen gut ist und unerbittlich deren Wohl durchsetzte, und die Kirche soweit ging, dass zum Wohle der Menschen die Drohung der Hölle herhalten musste, ist dies aus unserem modernen Denken heraus unfassbar, absurd und scheint hinterhältig zu sein, unter dem Strich aber war es hilfreich für das konkrete Lebenskampfbestehen.

Wir dürfen nicht alle Aussagen eins zu eins in unsere Zeit übertragen, die Bibel ist als Tatsachenbericht wenig geeignet. Sie stellt ungewollt die Menschen unter verschiedenen historischen, geistigen, politischen, sozialen Bedingungen,

interessegeleitet für die bestimmende Schicht, natürlich auch und selbstverständlich, das ist doch realistisch gesehen menschlich und real, dar.

Bibel ist ein Konglomerat von Texten, die den Menschen was sagen will, ihnen helfen will, ihr Dasein hilfreich anzugehen.

Gott besteht darauf, mehr zu sein, mehr zu wissen, mehr zu können als der Mensch.

Den Begriff Gott lasse ich jeweils stehen, werde ihn in der Folge durch "das Göttliche in uns" ersetzen.

Und heute?

Die absolutistisch herrschende päpstliche Monarchie gehört nicht mehr in unser Gesellschaftsverständnis. Verkrustete Strukturen müssen aufgebrochen werden. Das mittelalterlich römische Herrschaftssystem klebt noch an der

Reformunwilligkeit der Kirchenleitung.

Der Kirche werden zu Recht vorgeworfen: Inquisition, Hexenverbrennungen, Religionskriege, Kreuzzüge, Kämpfe, Morde, Gewalt, auch unter Beteiligung von Päpsten, Teufels- und Dämonenglauben.

Ihre Wissenschaftsfeindlichkeit zeigte sich besonders im Inquisitionsprozess gegen Galileo Galilei, der später halbherzig revidiert wurde.

Die immer noch bestehende Fortschrittsfeindlichkeit zeigt sich in Ablehnung der Antibabypille und der künstlichen Befruchtung.

Kirche erscheint als frauenfeindlich, rückwärtsorientiert, will eigenen Status verteidigen, ohne Rücksicht auf die Realität.

Konsequenzen:

- Aus der Geschichte des Christentums wurden schlimme Verbrechen nachgewiesen. Im Namen Gottes wurde in den Krieg gezogen, gemordet und gestorben.

Wenn jemand behaupten will, Gott ließe kein himmelschreiendes Unrecht und Verbrechen, die **in seinem Namen** begangen werden, zu, wäre eine solche Feststellung nicht haltbar.

- Die Berufung auf Gott beruht auf der Sicherung von Macht. Hätten die Herren Flasch und Küng größeren Einfluss im Vatikan, würden sie sich anders verhalten. Immerhin wurde Flasch in einem Alter, in dem andere aus dem aktiven Berufsleben ausscheiden, von dem sachlichen wissenschaftlich orientierten Fachmann gewandelt in den vorrangigen Kritiker. Bei Küng ist fast eine persönliche Feindschaft zwischen Benedikt und ihm förmlich greifbar.

Machtstreben ist nichts historisch Überholtes, sondern ein Grundzug des Menschen, auch und gerade bei den Kirchenleuten.

- Die Kirche hat zu wenig Bezug zu dem Führungsqualitätenerfordernis einer weltweit umspannenden Organisation. Sicherlich werden die Papstmessen groß herausgestellt und Papst Benedikt wurde wie ein Popstar aufgebaut, ansonsten weitgehendes Versagen der Kirche in wirtschaftlichen Führungsqualitäten. Jüngstes Beispiel ist der Bau der "Residenz" des Bischofs von Limburg. Aus veranschlagten zwei Millionen Kosten wurden als Zwischenstand 30 Millionen, und die Kirchenleitung kann keine Antwort darauf geben, wo all dieses Geld herkommt. Es werden sicherlich Untersuchungen zu möglichen überdimensionierten Bauten auch bischöflicher Residenzen an anderen Standorten folgen, wobei dies auch wieder ein sehr gutes Beispiel ist für die kirchliche Anpassung. Denn solange nach solchen Dingen nicht gefragt wurde, war alles in Ordnung. Da die Gläubigen in ihrem Hinterfragen mündiger geworden sind, müssen einige Bauernopfer gesucht werden, die man anprangern lässt.

- Der alleinige Wahrheitsanspruch der katholischen Kirche wurde insofern obsolet, als sich im Verlauf der Geschichte immer wieder einzelne Teile von der Kirche abgesondert haben und ihrerseits den Wahrheitsanspruch beanspruchten. Die katholische Kirche blieb immer dabei, dass sie allein den Wahrheitsanspruch hat. Genauso gegenüber den anderen monotheistischen Religionen, von denen auch wieder jede den alleinigen Wahrheitsanspruch erhebt.

Auf dieser Basis wird es mit Religionsauseinandersetzungen mit Anschlägen und Morden nie zu einem Ende kommen können, keine Position sieht ein, dass sie einen uneinlösbaren Wahrheitsanspruch hat.

Das Gebot der Stunde lautetet:

Wenn jede der monotheistischen Religionen allein den Wahrheitsanspruch beansprucht, muss man anders vorgehen:

Nicht jede Religion hat ihren "ureigenen" Gott im Jenseits, im Himmel, sondern der Himmel, das Göttliche, liegt in jedem einzelnen Menschen.

Mein Handeln wird dann nicht von drüben, vom Jenseits, von interessegeleiteten Machtmenschen gesteuert, sondern Kompass meines Handelns liegt in der Verwahrheitung und Verreinheitung meines Ichs. Und dabei gehe ich immer von meiner Lebensgeschichte, meinen Sozialisationsbedingungen, meinen Wünschen und Hoffnungen und Bedrückungen und Belastungen aus. Ich lebe ganz bewusst, nehme jede Erfahrung ernst, und frage mich nach jeder Erfahrung: Was sagt mir diese Erfahrung über mich, über meine Stellung in der Welt, zu meinem Selbstverständnis aus?

Letztlich also: Keinen Kampf für anderer Interessen, für Zwecke und Ziele ohne Bezug zu meinem Inneren, sondern es geht um mein Leben, mein Glück, meine Reinheit und meine Wahrheit.

Gerade die Auseinandersetzungen zu dem Buch von Flasch zeigen, wie Menschen aufeinander einhauen, sich gegenseitig lächerlich machen, sich profilieren wollen, aber wo die Ernsthaftigkeit fehlt, **in sich** die Wahrheit und die Reinheit zu erarbeiten, ist die Auseinandersetzung mit solchen Sichproduzierenden Zeitverschwendung.

Meine Schriften zeigen einen anderen Weg. Diesbezügliche Rezensionen und Informationen zu meinen Büchern sind unter amazon.de/ Bücher/ Walter Lück zugänglich.

Ein letztes Beispiel zu dem Wandel der geschichtlichen Bedingtheit: Mir ist noch in guter Erinnerung, als unser damaliger Arbeitsminister Blüm in Warschau theatralisch ausrief:

Marx ist tot. Jesus lebt.

Und in die Geschichte auch eingegangen ist er mit der sog. Rentenlüge, durch die ständig wiederholte Aussage:

Die Rente ist sicher.

Später sagte er dann immer belustigt: dass er nie gesagt habe, in welcher Höhe die Rente sicher sei, dass doch nur sicher sei, dass immer was für die Rentner übrig bleiben würde.

Wenn man also so harte Vorgaben an den Wahrheitsanspruch der Kirchenmänner macht, so muss man auch mal Politikeraussagen heranziehen, auch und besonders vor und nach Wahlen.

Warum sollten die Kirchenmänner aus den menschlichen Verhaltensweisen ausgeklammert sein?

Wie kann ich solchen "Irrtümern" entgehen?

Indem jeder vor Entscheidungen in sein eigenes Herz schaut. Beispiel Schulpolitik: Ist die Bildung mein Herzensanliegen oder schiele ich nach Stellen, Pöstchen, Ministeriallaufbahn? Also: Herzensanliegen oder Profilierung? Ich habe in der Schule immer wieder erlebt, wenn Beförderungsstellen ausgeschrieben worden sind, dass da Kolleg/inn/en in den Konferenzen nicht mehr in ihren Redebeitragen zu bremsen waren, immer wieder neue Ideen entwickelten, wie man durch weitere Konferenzen und damit Belastungen, für die mir kein sichtbarer Nutzen erkennbar sein konnte, votierten, um in diesen neu erschlossenen Bereichen ein neues qualifiziert und gratifiziert scheinendes Betätigungsfeld zu finden.

Ich frage mich dagegen:

Stehe ich mit allem, was mir heilig ist, hinter meinen Aussagen, hinter der Einlösbarkeit, Einlösbereitschaft?

Ein weiteres Beispiel: Die Behörde wünschte eine Stellungnahme des Kollegiums zu ministeriellen Entwürfen. Und da kann man sich lebhaft vorstellen: Es wird einzelne Kollegen geben, die sofort an dieser Aufgabe arbeiten, und es wird als Gegenpol ganze Kollegien geben, die erst mal warten, ob der behördliche Wunsch überhaupt umgesetzt werden kann oder wieder einkassiert wird.

In der Zeit meines Aufwachsens in der Nachkriegsgesellschaft bedrohte uns ständig die Gefahr eines Atomkrieges. Die Russen galten als absoluter Feind, der nur darauf wartete, eine Schwäche des Westens zu sehen, um loszuschlagen.

Wer in der Schule den Slogan "Lieber rot als tot" äußerte und sich damit gegen eine Kampfbereitschaft und ein Sterben für eine Ideologie aussprach, war unten durch. Selbst als es dann einen Präsidenten Gorbatschow gab, der von Glasnost und Perestroika sprach, gab es allüberall größtes Misstrauen. Diesem Wandel konnte man in der damaligen Zeit lange nicht trauen und war äußerst misstrauisch, ablehnend. Dieser Geist, der uns aus unseren geliebten klaren Denkgewohnheiten- dort der Feind und das Böse und der Sozialismus, hier das Gute und das Christentum, vorgab, stellte sich in den Folgejahren als ehrlich gemeint heraus. Ich erinnere mich, wie wir bei dieser schicksalhaften Begegnung zwischen Chruschtschows Raketen, die er auf Kuba verbringen wollte und der damit verbundenen Kriegsdrohung, die uns alle betroffen hätte, angstvoll damals im Unterricht saßen und eigentlich jeder für sich, ohne dies den anderen gegenüber zuzugeben, darauf warteten, dass jeden Moment die Kriegssirenen losgehen konnten. Das Radio hielt die Bevölkerung auf dem Laufenden, wo die russischen Kriegsschiffe wieweit von Kuba vor dem angestrebten Bestimmungshafen kreuzten.

Es dauerte lange, bis wir alle lernten, in den Russen nicht die kriegstreibende Nation zu sehen. Die Welt hatte sich geändert und keiner hatte es zunächst gemerkt.

Genauso stehen wir heute vor einem Wendepunkt der katholischen Kirche.

Der Papst hat den klassischen Papststil abgelehnt. Seine Erfahrung von Kirche-Sein hat sich in der sog. Dritten Welt entwickelt. Er wurde geprägt von den sozialen Ungerechtigkeiten, der Erfahrung der Slums, die wie ein Krebsgeschwür Städte der Dritten Welt umgeben, wo Diskriminierung einstiger afrikanischer Sklaven noch immer erfahrbar ist.

Während die europäische Christenheit von Traditionen geprägt ist, stehen für Franziskus die Armen im Mittelpunkt und so besuchte er zuerst die Flüchtlinge der Insel Lampedusa.

Er will eine Reform in der Haltung, er will Hirten und nicht Beamte. Sanftmut, Dialog und Mitgefühl prägen ihn.

Wenn Flasch sich in der Vergangenheit des christlichen Lebens orientiert, so hat er nicht den Knall gehört, der von Franziskus ausgehend in der Welt wiederzuhallen beginnt.

Flasch sollte noch so viel Kraft haben, dass er an dieser Orientierung nach vorne mitarbeiten kann, um inneren Frieden und Ruhe zu gewinnen.

Einführung in die dargestellten Erinnerungen

Im Folgenden stelle ich die für mich entscheidenden Begegnungen in meinem Leben dar.

Am meisten betroffen machte mich die Vorbereitung und Organisation zu unserem 50-jährigen Abiturjubiläum. Ergebnis meiner unspektakulären **ganz normalen Konfrontationen mit den Erinnerungen** an gemeinsam erlebte Szenen aus dem Leben führte zu Feststellungen und dem Eingeständnis zum **Menschen als Herdentier**. Einer schrieb mir sogar, er empfinde Erinnerungen als pathologisch, nur die Gegenwart würde für ihn Bedeutung für sein Leben haben. Jedes über sich selbst hinausgehende Denken, jeglichen Bezug zur Transzendenz lehne er ab, zu Nachdenken zu Dingen jenseits des jetzigen Lebens habe er weder Lust noch Zeit. Er würde in seiner jetzigen Arbeit ertrinken, versinke landunter, und hätte keine Zeit, um sich mit überflüssigen Sachen zu beschäftigen, die ihm nichts brächten. Gemeint waren Fragen zu religiös- philosophischer Vertiefung der menschlichen Daseinsgrundlagen. Er empfahl mir wohlwollend, einen Psychiater aufzusuchen, wenn ich Freude daran empfinden würde, Vergangenheit in mein Leben zu integrieren und im Leben mehr zu sehen als die Suche nach materiellen Wunscherfüllungen.

Ein anderer ehemaliger Schulkamerad reklamierte für sich Amnesie, weil für ihn jede Vergangenheit in einem wohltuenden Vergessen entschwunden sei. Da er Jurist war, reklamierte er für sich auch eine Amnestie für Handeln, das Jahrzehnte zurückliegt, wobei ja keinerlei strafbare Handlungen vorgelegen hatten, es ging ja nur darum, ob man psychisch schuldig geworden war, aus einem rein subjektiven Empfinden heraus, und ob man letztlich **aus allem**, also auch daraus, **menschlichen Gewinn und Reife gezogen** hatte. Es ging um die ganz subjektive Auswertung von Vorkommnissen, die wir weder ändern können noch wollen, und bei denen keine juristische Schuld entstanden war, wofür man also in irgendeiner Hinsicht hätte damals oder heute zur Rechenschaft gezogen werden können.

Diese in diesem Vorspann angedeutete vertiefte Sicht aus dem ehemaligen Schülersein heraus ergibt ja einen ganz anderen Blickwinkel als das Anklagen in der "geprügelten Generation".

Viele Autoren sehen journalistisch, bei welchen Themen die Leser Interesse zeigen, und dies ist in der Regel, wenn auf Fehler der Vergangenheit nach dem Maßstab des heutigen Erkenntnisstandes, des gesellschaftlichen Standes, der gesellschaftlichen Möglichkeiten und Notwendigkeiten ein Darstellen immer wohlwollende Zuhörer findet, weil man ja selbst innerlich nicht nur vordergründig einbezogen ist.

Sich empören ist zeitgemäß, scheint Leben in Aktion zu bringen und kostet nichts, weder äußerlich, und wenn überhaupt, dann eine kleine Spende, und schon gar nichts notwendigerweise innerlich.

Der nächste Abschnitt erlaubt einen Schwenk auf das Lehrerdasein: welche idealtypisch dargestellten Konfrontationen gab es **bei unterschiedlichen lehrerspezifischen Berufsauffassungen.**

Muss der stets korrekte, vorschriften- und paragraphenorientierte Lehrer das Ziel sein, oder besteht die zu Grunde liegende Würde des Lehrers in etwas ganz anderem? Dies wird in Konfrontationen mit einem ehemaligen Schüler und einem mich im Studium stets begleitenden Pädagogikprofessor lebendig gemacht.

Im dritten Abschnitt geht es **um tiefergehende Gedanken zum Aufwachsen, Werden und Vergehen.**

Gerade **bei Familienanzeigen** stelle ich immer wieder erschüttert fest, wie sich Betroffene Mustertexte vorlegen lassen und gedankenlos eine "schöne Anzeige" aus den Vorlagen aussuchen, wobei der Text in Gegensatz zu der gelebten Lebensauffassung steht oder ohne jegliches Reflexionsniveau unpassend scheint. Gerade der persönliche Bezug, wie er zum Ausdruck kommt, wenn sich Menschen mit dem Leben auseinandersetzen, fehlt oft als normal und selbstverständlich feststellbar.

Während ich mich mit diesen Lebenserinnerungen auseinandersetzte, also vor diesem Hintergrund, schrieb ich parallel Meditationen zu meinem eigenen Werden auf. Diese sind im zweiten Teil des Buches zusammengestellt. Diese Meditationen sind sinnvoll einzeln, jede für sich, zu lesen und beinhalten **die unterschiedlichsten Denkimpulse**.

Fazit:

Es geht hier um eine Lebensdarstellung, grob gesagt: von der Erziehung in einem einfachen katholischen Haushalt, in dem vorgegebenen katholischem Rahmen, bis zu einem Lehrerdasein an einem Gymnasium, in dem ich meine menschlichen Möglichkeiten verwirklichte. Mein einfacher schlichter Hintergrund differenzierte sich ein Leben lang, indem ich immer die Herausforderung und Konfrontation suchte, um damit bewusst und gezielt zu wachsen, also niemals, um

Menschen weh zu tun, einfache Geister lächerlich machen zu wollen, um vordergründig mehr sein zu wollen und zu werden. Das Aufblasen einfacher Geister als Selbstfehleinschätzung gehört problemfrei für uns in unseren erfahrenen Umgang.

Es war ein innerer Weg, und er wird beschwerlich beim Lesen immer innerlich nachvollziehbar sein. So gehe ich davon aus, dass nur wenige Leser die Ausdauer und den Sinn finden, sich innerlich damit auseinanderzusetzen.

Wen mein Weg in seinen Bann zieht, der hat eine grundsätzliche Entscheidung für Auseinandersetzungen und Wachsen gefällt.

Horde und Mündigkeit

Ehemaligentreffen zu einem 50- jährigen Abiturjubiläum

Die Helden vom Rabenhorst

Ich erinnere mich, wie bei der Feier des „Einjährigen" im Rabenhorst, andere nannten dies „mittlere Reife", alle Mitschüler, also die gesamte Klasse, geschlossen, grölend vor das Haus des Klassenlehrers zogen und öffentlich in der Straße am Haus des Klassenlehrers Beleidigungen grölten.

Ich hatte von den späteren Abiturienten aus der Klasse als einziger an dieser jugendlichen Entgleisung nicht teilgenommen.

Jetzt stand die 50jährige Jubiläumsfeier der Klasse zum Abiturtag, also dem damaligen Schulabschluß, an.

Der Organisator hatte aus seinen alten Unterlagen ein entsprechendes Foto gefunden und bekam als spontane Reaktionen der damaligen Beteiligten u.a. folgende Kommentare:

„Ein Wahnsinnsfoto"

„Ein köstliches Foto, das du ausgegraben hast"

Erinnerungen an den Hintergrund der Klasse waren total verdrängt. Die Organisatoren hatten ja noch nicht mal gewußt, wann wir Abitur hatten, „ weil sie sich Jahreszahlen nicht merken können." Aus einer Nachbarklasse hatte ein damaliger Mitschüler den daraufhin selbst ernannten Organisator für unsere Klasse für die 50Jahresfeier angeschrieben. Offensichtlich ging es um einen ganz beliebigen Anlaß, um sich mal zu treffen, was ja okay ist, wenn man dies nicht mit einem Jubiläumstag aufwerten muss.

Für mich hängen da viele Erinnerungen an dem Foto.

Dazu fiel mir der Satz, den ich irgendwo gelesen hatte, ein:

„Die deutsche Leitkultur ist das Herumtrampeln auf Schwächeren, um sich besser fühlen zu können.“

Unser von mir sehr verehrter Klassenlehrer bekam bei seiner Klasse, in der einige schwierige Schüler waren, kein Bein auf die Erde. Seine Philosophie, wie zum Beispiel Überlegungen wie:

„Es ist doch in der Schöpfung sehr unglücklich, dass der Mensch mit seinem ganzen Körper auf seinen zwei kleinen Füßen steht“, sorgte natürlich immer wieder für befremdlich empfundene Eindrücke. Ich spürte, dass dies ein durch und durch den Lebensauseinandersetzungen offen gegenüberstehender Mensch war, in totalem Gegensatz zu der ansozialisierten Ausrichtung der Rädelsführer der Klasse. Während unser Rädelsführer einen Philosophiekurs über Kant bei dem Religionslehrer privatissime besuchte und sich dadurch herausgehoben fühlte, und ein anderer, weil er offensichtlich gehört hatte, dass Griechisch eine Bildungssprache ist, diese Sprache lernte, und er nicht merkte, dass er in einem Kurs für moderne Landessprache war, war der Klassenlehrer natürlich so aufgeschlossen, dass er, als er mich bei dem Lesen eines spanischen Textes unter der Bank erwischte, dies anerkennend zur Kenntnis nahm, ohne die obligatorische damals übliche Strafe zu erteilen.

Rabenhorst heute?

Sollte man da nicht geschlossen zum Friedhof gehen und innerlich Abbitte leisten? Den Toten nutzt dies nichts, es geht immer nur um die Lebenden, die sich an ihrer ureigenen Seele versündigt hatten und dies jetzt innerlich anerkennen können, weil das Leben nach vorne weitergeht. Wir können aus der Vergangenheit lernen, wie spät auch immer sich solche Einsichten öffnen und seien sie anlässlich der Organisation einer Jubiläumsfeier.

Ich war ja dem Haupträdelsführer ein Leben lang verbunden, weil sein Vater mein erster Rektor wurde. Ich hatte mit ihm einen täglich zermürbenden Clinch, weil wir so total anders ausgerichtet waren. Damals mussten wir unsere Unterrichtsvorbereitungen noch schriftlich formulieren und diese Aufzeichnungen (ich benutzte immer gebundene dicke Hefte) dem Schulleiter vorlegen. Ich machte alles gewissenhaft und ausführlich, dies war die Pflicht der Junglehrer und wurde daher als selbstverständlich angesehen. Zusätzlich aber- und dies war mir letztendlich der wichtigere Teil- machte ich ausführliche Nachbesinnungen, auch über die Bedeutung eines gegebenen Unterrichtsgegenstandes, über soziale Erfahrungen im Umgang mit Schülern, über –im weitesten Sinne- lebensphilosophische Ausdeutungen von Kinderaussagen. Der Schulleiter fand es unmöglich, dass ich mir eigene Gedanken machte, und er bestellte den Oberschulrat des Landes ein, um meinen Unterricht zu überprüfen. Der Oberschulrat war der Onkel eines Klassenkameraden, mit dem ich mich besonders gut verstand, der also von privat her wußte, dass ich immer korrekt und fleißig war. Zusätzlich hatte ich den Sohn des Oberstudiendirektors des Gymnasiums in der Klasse, der ja auch positiv berichten konnte und den ich noch letztes Jahr besuchte. Nach meiner Kritik an dem Unterrichtstil dieses Rektors in seiner Seminararbeit mit Junglehrern, der auch mein Ausbildungs- Seminarleiter für Grundschulpädagogik war, musste ich zur Strafe eine zusätzliche Lehrprobe vor dem Seminarkurs halten, die – als weitere tief empfundene Demütigung und Fehlschlag für den Rektor - bei den Teilnehmern in guten Bewertungen zu meiner Unterrichtsarbeit äußerst positiv ankam. Entsprechend sagte mir der Oberschulrat, dass er überzeugt sei, dass ich wohl nicht ein Leben lang an einen solchen Grundschulrektor gebunden sein würde, dass ich aber in meiner Kritik ihm gegenüber klugerweise mich auf allen Ebenen zurückhalten sollte. Alles, was er äußerte, war in voller Übereinstimmung mit meinem Denken und Handeln und in weitgehendem

Gegensatz zu der menschlichen und beruflichen Einstellung des Schulleiters. Dessen Sohn war entsprechend- wie ich es damals mitbekam- in permanentem Konflikt mit seinem Vater, hatte aber bei aller selbst empfundenen Mündigkeit in seiner Kritik die Grundprinzipien seines Vaters unbewußt verinnerlicht, da hatte er kaum Spielraum. Da sein Vater Rektor an der Volksschule war (sein Sohn musste für die berufliche Klassenbucheintragung „Direktor“ eintragen lassen, ein gymnasialer Fachlehrer strich dies ohne Befugnis aus und machte „Rektor“ daraus, wie man die Volksschullehrer beamtenmäßig einstufte- da ich Klassenbuchführer war, bekam ich diese für andere sicherlich völlig unwichtigen Feinheiten mit), wobei man für dieses Lehramt zum damaligen Zeitpunkt kein Abitur brauchte, die Lehrer sollten ja entsprechend dem Staatsmotto „Lehrer vom Volk für das Volk“ ausgerichtet sein, fühlte sich der Vater, der gerne Akademiker sein wollte, äußerst unwohl in seinem Dasein. Er hatte aber nicht die Kraft zur notwendigen Weiterbildung (Ich hatte mich damals erkundigt, wie ich mich zum Realschullehrer weiterbilden könne, wofür er mich sehr abkanzelte, weil ich Volksschullehrer sei und eine Weiterbildungsmöglichkeit für weiterführende Lehrämter für Junglehrer nicht gegeben sei.) Mit dieser Sozialisationsgeschichte war besagter Mitschüler als sein Sohn belastet und von daher wurden viele Fehlhaltungen, wie diese Teilnahme mit maßgebendem Anteil bezüglich der öffentlichen Beleidigungen mit anderen für den Klassenlehrer unter den Teppich gekehrt, weil grundsätzlich die Kirche lebenstragend hinter dem Vater stand. Diese „Familienfehde“ zwischen dem Rektor und mir ging so weit, dass mir meine Schwester berichtete, dass der Rektor, an dessen Schule sie ebenfalls eine Lehrerstelle hatte, ihre Entlassung („aus gesundheitlichen Gründen“) erfolgreich betrieb und sie daraufhin wohl über Jahre in juristischen Auseinandersetzungen waren.

Ob die ehemaligen Klassenkameraden nach 50 Jahren innerlich Frieden mit ihrer Seele leisten, berührt mich für mich weniger. Ich denke immer realistisch.

„Die deutsche Leitkultur ist das Herumtrampeln auf Schwächeren, um sich besser fühlen zu können“ hatte ich oben zitiert.

Erfüllt sich der Inhalt des Satzes zwangsnotwenig oder kann er durchbrochen werden?

Die Abfahrt

Wir waren in meiner Schülerzeit eine Woche in einem Schullandheim. Ich lag in einem Zimmer auf dem Bett und träumte von den vergangenen schönen Tagen. Besonders im Vordergrund stand mir die Vergegenwärtigung des ausgiebigen Fussballspielenkönnens mit den Kameraden. Beim Fußballspielen fühlte ich mich glücklich, war ich mit Begeisterung bei der Sache. Andere ließen sich von der Begeisterung anstacheln, und wieder andere standen ihr ohne besondere Regung gegenüber, aber sie waren positiv voll in das Spiel eingebunden. Ich selbst war eigentlich kein besonders guter Spieler, mein Part war mehr, die anderen zu begeistern und mich in dem gemeinsamem Spiel wohlzufühlen.

Da fiel mir ein, dass wir nach Hause fahren wollten, aufbrechen wollten zur Rückfahrt. Hastig packte ich meine Sachen zusammen, und als ich mit dem Koffer vor das Haus trat, stand da schon der Bus und die Fahrzeugtür war schon verschlossen.

Da wachte ich auf, und schlief direkt wieder ein. Und der Traum setzte sich fort.

Wieder wiederholte sich die Szene des Packens der Sachen, des Fertigmachens des Koffers. Ich ging mit dem Koffer zum Bus, der vor der Tür stand. Wieder war alles soweit, dass die Abfahrt unmittelbar anstehen musste. Es war unheimlich still, in den Bus konnte man nicht sehen, aber keiner der Mitschüler war noch vor dem Haus herumstehend, alle mussten bereits zum Abfahren im Bus sitzen. Offensichtlich hatte von meinem Noch-Fehlen keiner Notiz genommen.

Eine bizarre Situation: Alle mussten im Bus sein, ich konnte aber nicht in das Innere des Busses schauen und ich hörte auch nichts. Es war so unendlich still vor dem Haus, auf dem Hof, in der angrenzenden Straße.

Die Tür des Busses war schon für die Abfahrt verschlossen.

Da ging ich zu der dem Fahrer gegenüberliegenden Seite und drückte auf das Fenster, durch das man im geschlossenen Zustand nicht durchsehen konnte.

Und ich war überrascht, dass sich das Seitenfenster von außen aufdrücken ließ. So konnte ich jetzt zum ersten mal in den Bus schauen. Da saßen stumme Gestalten, die ich aber nicht kannte. Es mussten aber die Klassenkameraden sein, identifizieren konnte ich diese Menschen als Klassenkameraden aber nicht.

Sie saßen da wie in Filmen zu den Sammlungen und Abfahrten zu den Vernichtungslagern. Regungslos, ohne einen Ausdruck von Leben, ohne Ausdruck von Willen zu einer Kontaktaufnahme.

Sie hatten keine Verbindung zu mir, die Klassenkameraden kannten mich nicht, und ich konnte die dasitzenden jungen Leute, meine Klassenkameraden, nicht als solche erkennen, identifizieren.

Mir war klar: Es war eine Fahrt ohne Wiederkehr. Sie wollten mich nicht mitnehmen auf der Rückfahrt, sie wollten mich aussperren, sie wollten mit mir nichts zu tun haben und ich war wie von einem anderen Stern. Ich für die und die für mich.

Hier bei mir das Leben, bei dem sich gar nichts verändert hatte, also alles wie immer und zu erwarten war. Ich wollte doch nur nach Hause, ganz normal mit den anderen, wozu ja der Bus bereitstand. Doch die Tür war verschlossen und mich konnte keiner wahrnehmen. Es waren zwei Welten, die nicht in Verbindung waren und sein konnten.

So nach und nach verstand ich die Situation und stellte mich innerlich darauf ein. Es konnte ja kein Problem sein, ohne diesen Bus der Schule nach Hause zu kommen. Schließlich gibt es die Eisenbahn, die man - zwar umständlich und ohne Erfahrung meinerseits - nutzen kann.

Schnell hatte ich mich mit der neuen Situation arrangiert. Kein Gedanken mehr an den still und stumm da stehenden Bus, der ohne mich abfahren würde, wo mir kein Zugang war.

Es gab ja keine Möglichkeit, die Situation misszudeuten. Während im ersten Teil des Traumes offen geblieben war, ob ich wirklich durch meine Schuld die Abfahrt zeitlich verfehlt hatte, war es beim zweiten Mal so:

Ich konnte ja ein Fenster aufdrücken und in den Bus hineinsehen. Da war aber keine innere Regung, keine Bereitschaft und Fähigkeit, mir die Tür zu öffnen, ich konnte ja alles glasklar überblicken.

Ich hatte, nachdem ich die Situation analysiert hatte, klar erkannt, dass ich mit den anderen nicht nach Hause fahren konnte. Aber nachdem ich alles analysiert hatte, war plötzlich die Sorge, nicht nach Hause kommen zu können ohne die anderen, einer Gewissheit gewichen, einer absoluten Sicherheit, dass sich da zwei Lebenswege trennen würden.

Dass ich allein, ohne die anderen, handeln musste; und dies war sehr beglückend, selbst gestalten, handeln, verantworten, denken zu können. Ich war in das kalte Wasser geworfen und ich musste reagieren, aber nicht als Getriebener, sondern als jemand, dem sich Türen geöffnet hatten.

Türen hatten sich zuerst, als Vorgabe für mich, geschlossen, aber damit gleichzeitig - nach einer Entscheidungssituation, die innerlich zu leisten war - hatte sich eine neue Tür geöffnet.

Der Bus setzte sich in Bewegung, wie Muselmanen saßen die Mitschüler hinter den Scheiben, ohne zu winken oder eine Regung zu zeigen. Sie fuhren in das Ungewisse, obwohl sie doch ihr vorgegebenes Ziel hatten.

Und ich brach auf, zwar ohne konkretes vorgegebenes Ziel, ohne Sicherheit, aber ich war einfach glücklich ob der vor mir liegenden Bewährungen.

Abstand gewinnen

Eine erhaltene Mail:

Lieber Walter,

ich weiß nicht, ob Du überhaupt noch damit gerechnet hast, auf Deine Zeilen etwas von mir zu hören.(Siehe Anmerkung unten) In den vergangenen zwei Monaten war bei mir, sowohl beruflich wie privat, Land unter, leider schaffe ich es erst heute, Dir meinerseits wenigstens ein paar Zeilen zukommen zu lassen.

Überrascht, erstaunt war ich, dass Du, eine beachtliche Lebensleistung, neben deinem Beruf philosophisch- literarisch tätig warst. Hut ab! Mit den schwergewichtigen Menschheitsfragen, mit Denen Du Dich über lange Jahre hinweg beschäftigt hast, vermag ich bedauerlicherweise nicht allzu viel anzufangen. Aus unserer gemeinsamen Schulzeit ist mir in dieser Hinsicht ein Ausspruch des Religionslehrers in Erinnerung geblieben, den ich gegen mich gelten lassen muss: danach gibt es Mensch, die "religiös unmusikalisch" sind. Da zweifellos genetisch bedingt, ist ihnen, wie ich resigniert feststellen muss, auch nicht weiter zu helfen.

Ein Wort verlieren sollte ich bei dieser Gelegenheit zu Deinen von mir mehr am Rande verfolgten, wenn auch mit einer Betroffenheit registrierten Schreiben im Vorfeld der letztjährigen Jubiläumsfeier. Allem Anschein hast Du in Schulzeit und frühen Berufsjahren damals bittere Lebenserfahrungen gemacht. Wenn da nach all den Jahren "noch was raus müsste", so hätte ich Verständnis dafür. Wünschen würde ich Dir, dass Du, was mehr oder minder für jeden von uns gilt, langsam davon Abstand gewinnen kannst. Vergangenheit lass Vergangenheit werden; in diesem Sinne

Dir und Deiner Partnerin eine gute Zeit

Anmerkung : Brief bezieht sich auf einen persönlichen ausführlichen Weihnachtsbrief

Meine Antwortmail:

Lieber (...),

ich habe mich über Dein Lebenszeichen sehr gefreut. Wir hatten ja eine gemeinsame Schulzeit bis zum Abitur und darüber hinaus führte uns unser Weg in die Finanzbehörde. Nach dem Abitur wurde ich Supernumerar- so nannte man damals tatsächlich die Ausbildung der Inspektorenanwärter für die gehobene Laufbahn. Dein Weg führte über ein Jura-Studium in die höhere Laufbahn.

Du bist da rasch beruflich aufgestiegen, während das Amtsstubendasein nicht meinen Erwartungen an das Leben entsprach.

Wir waren ja die Generation, die ganz anders erzogen worden war als heute. Ich hatte als Schüler immer mit innerer Begeisterung und Staunen und Bewunderung die Diskussionen zwischen Studienrat (...) und dem Mitschüler (...) verfolgt. Mein Traum war immer, mich geistig und menschlich derart entwickeln zu können, dass ich diese Ausrichtung erreichen konnte. Aufgrund meines sozialen Hintergrundes baute ich alles in einem lebensorientierten Zukunftsplan Schritt für Schritt auf. Zuerst absolvierte ich ein Studium an einer Pädagogischen Hochschule und wurde Volksschullehrer. Zur 2. Lehrerprüfung meldete ich mich an eine Sonderschule für Erziehungsschwierige, um gemäßigt anspruchsvollere Ausrichtung zu haben. Dann machte ich nach einem Jahrzehnt ein Aufbaustudium an der Universität Bonn für das Gymnasiallehramt und mit fast 50 Jahren fühlte ich mich fit, um eine zusätzliche Lehrbefähigung für das Gymnasialfach Philosophie zu absolvieren. Ich hatte dabei immer die Verbindung von Pädagogik und Philosophie im Auge. Mein Universitätslehrer in Bonn als ein führender Thomas von Aquin- Forscher war zuvor Professor an einer Pädagogischen Hochschule, mein weiterer

Pädagogikprofessor war viele Jahre Gymnasiallehrer u.a. für Erdkunde, Pädagogik und Philosophie.

Ich habe mein Leben immer "aus einem Guss" geplant, plante nach vorne und passte mich meinen Möglichkeiten an. Wer in dieser Offenheit lebt, hat zeitlebens klare Ziele, ist aber nie kleinschrittig festgelegt. Es war ein dynamischer Weg in Gegensatz zu den üblichen Karriereerstrebern, die in der Gefahr stehen, blind immer nur den nächsten Schritt ganz oder zu eng im Blick zu haben.

So war mein Weg je nach Horizont des Beurteilers sehr unterschiedlich bewertbar. Ich hatte immer beglückende Ziele und habe mein Inneres immer frei und offen gelebt. Da konnte alles "raus", weil es mein Leben war, wie ich es gestaltete. Und wenn man die jeweiligen Erfahrungen bis in letzte Tiefen annimmt, da gibt es auch schmerzhafte Erfahrungen, gar kurz als Niederlagen empfunden, Anstöße zu Umorientierungen, aber da das Leben immer geradlinig auf selbst gesetzte Ziele ging, war alles beglückend. Gerade in unserem (kath.) Religionslehrer hatte ich einen guten Geist, der mir immer konkret praktisch geholfen hat. Und in der Schule hatten wir die kleine engere Gruppe mit im Kern (...) und (...) , wobei unsere Sportstunden immer sehr beglückend waren. Wir waren die körperlich schwächeren/ ungeschickteren und da konnte ich helfen. Das drückte sich ja darin aus, dass ich im Sport im Leistungsbereich auf dem Zeugnis die Note "ausreichend" hatte, während ich in dem eigenen Beurteilungsfach "Leistungsstreben" auf dem Zeugnis immer "gut" hatte. Diese Anerkennung ging so weit, dass mich der Sportlehrer zur Teilnahme an den saarländischen Schulmeisterschaften anmeldete, um mir eine Freude zu machen. Ich sagte ihm damals, dass ich dieses Vertrauen ganz gut fände, dass ich aber wegen mangelnder Erfolgsaussichten von mir her auf die Teilnahme verzichten wolle.

Wolfgang war mir innerlich immer sehr nahe und ich war sehr traurig und betroffen als unser Organisator herausgefunden hatte, dass er verstorben war. Zu meinem Banknachbarn suchte ich wiederholt den Kontakt durch Mails, letztlich reichte es als Antwort nur zu zwei Postkarten.

Zurück zum Kern: Muss ich langsam Abstand gewinnen, wie du es als allgemeine Lebenstatsache für uns alle schreibst? Ich glaube, dass ich immer voll in den Erfahrungen und deren Auswertungen gestanden hatte. Und da mein Lebensrahmen ein christliches Umfeld war, habe ich meine Erfahrungen in diesem Bereich gemacht. Es waren aber die Erfahrungen, die damals viele Jugendliche mit Schule und Kirche gemacht haben, ohne dass ihnen dies bewusst geworden ist und selbst heute noch in ihnen sie herunterziehend drin ist. Ich fand ja ganz interessant, wie auf einmal überall öffentlich gegen die Kirchenmänner rebelliert worden ist, so als ob diese jahrzehntelangen Vergrabungen im Inneren nun plötzlich freigesetzt werden mussten, als ob sie überfallartig vom Himmel fielen. Die lieben durchschnittlichen Christen ändern sich nur immer soweit, wie man sie aus ihrem Käfig lugen lässt, ich habe nichts gegen die Kirche, gegen die gelebte Vergangenheit, und - ob man sich mit einer solchen Aussage selbst belügt oder damit wahrhaftig bleibt, ergibt sich doch im Nachdenken zu folgendem Gedankenexperiment:

- Kann ich beglückt an Begebenheiten der Vergangenheit zurückdenken. Kann ich alles beglückt und frei erinnern?

Oder - Wehren andere, die in/mit meinen Erinnerungen an Vergangenes konfrontiert werden, teilweise heftig ab, teilweise mit Unterstellungen und Beleidigungen?

Ich habe ja einige Mitschüler mit den Erinnerungen von "Die Helden vom Rabenhorst" konfrontiert. Ich hatte vorgeschlagen, uns im Rabenhorst zu treffen, um diese innerliche Konfrontation nochmals nachzuerleben. Wie mir einer mitteilte, haben sich die Mitschüler abgesprochen, mich zum Treffen auszuladen und solche Erinnerungen auszuklammern.

Nein, ich habe mich in meinem Leben immer gestellt und meine Möglichkeiten gelebt und ausgelebt. Ich bin stolz auf jede Begebenheit und jede Reaktion, auch wenn sie in der Situation zuweilen unverständlich (selbst mir) gewesen sein kann. Ich lebe ganz frei und offen im Einklang mit meinem Unbewussten, dies zeigt sich beispielsweise darin, dass ich beim Schreiben von Briefen/ Mails einfach nur heraussprudeln lasse, was mir in der jeweiligen Situation aufgeht.

Ich wünsche uns noch erfüllte Jahre, vielleicht können wir uns mal sehen, wenn sich dies ohne stringente Planung einfach ergibt. Sicherlich kann ich dich mal zu einem Kaffee bei Dir besuchen, wenn wir durch das Saarland kommen oder du findest uns in Düsseldorf oder Köln- Leverkusen, dort wohnen wir direkt an der Stadtgrenze (Burscheid im Bergischen Land) bzw. in der Stadt (Düsseldorf-Bilk). Heute kann man ja im googel alles von oben sehen.

Walter

Absagen riskieren

Eine erhaltene Mail:

Lieber Walter,

über Deinen Brief habe ich mich gefreut - vor allem deshalb, weil ich zwischenzeitlich die Sorge hatte, Dir mit meinen Zeilen "vor den Kopf gestoßen" zu haben.

Wenn Du nunmehr - gegenüber jemanden, zu dem Du seit einem halben Jahrhundert keinen Kontakt mehr hattest- ausholend Deinen zwischenzeitlichen, inneren Werdegang schilderst, so kann ich mich nicht ganz des Eindrucks erwehren, dass da jemand schreibt, der meint, sich rechtfertigen zu müssen, um Anerkennung für sein damaliges Verhalten nachsuchen zu müssen. Zurufen möchte ich Dir an dieser Stelle deshalb: Du hast das nicht nötig! Mit bemerkenswerter Energie, Hartnäckigkeit und Zielstrebigkeit hast Du einen Lebenslauf hinter Dich gebracht, auf den Du mit Genugtuung- andere würden Stolz hervorkehren- zurückblicken kannst. Damit sollte das Kapitel, um das Kameraden unnötig viel Aufhebens gemacht haben, erledigt sein.

Mich mit Dir bei Gelegenheit in Erinnerungen an gemeinsame Schulzeit und in Auseinandersetzung mit der heutigen Denkhaltung der Ehemaligen zu treffen, bin ich grundsätzlich nicht ablehnend, fürchte allerdings, dass ich Dir eine herbe Enttäuschung bereiten würde. Was Dich aus der Schulzeit noch berührt, offenbar noch für weitere Aufarbeitung offen ist, ist für mich seit langer Zeit mehr und mehr in einem Nebel wohltuenden Vergessens verschwunden. In Bezug auf das ein oder andere von Dir Angesprochene helfen aus meiner beruflich erworbenen juristischen Grundhaltung heraus nur Amnesie und Amnestie; schlichter ausgedrückt: man muss im Leben immer wieder in der Lage sein, "Dinge unter den Teppich zu kehren". Wenn einem das nicht gelingt, riskiert man konsequenterweise Absagen und Ausladungen.

Dich von Herzen grüßend

Absagen riskieren

Meine Antwortmail:

Lieber (...),

ganz herzlichen Dank für das Schreiben von Gedanken zu dem 50Jahresabiturtreffen, zu dem ich ausgeladen worden war. Du versuchst in einer rührenden menschlichen Art, Verständnis für das Verhalten der Klassenkameraden als Denkimpulse anzubieten. Diese Geste des guten Willens weiß ich zu schätzen.

Über Austausch von Höflichkeits-- und Respektbekundungen hinausgehend will ich nochmals auf den Punkt bringen, was diesem Treffen zugrunde lag. Sollten wir uns da nicht einfach mal auf das besinnen, worum es im Eigentlichen und Tiefsten geht, bevor alles oberflächlich ausufert und dann folgerichtig nur durch "Amnesie und Amnestie" noch zu retten wäre? Wir hatten uns als ehemaliger Abiturjahrgang 1962 zum Teil seit 50 Jahren nicht mehr gesehen. Uns hatte es unter anderem nach Hamburg, Stuttgart, Köln, Düsseldorf, München verstreut gehabt, wobei die meisten allerdings ihren saarländischen Wurzeln verhaftetet geblieben waren.

Ein Mitschüler aus der Parallelklasse hatte die mit niemand abgesprochene Idee, einfach mal auf Spurensuche zu gehen und anzuregen, dass wir uns mal suchen, sammeln, austauschen, treffen könnten. War es da abwegig, über unsere ganz konkrete damalige Klasse nachzudenken, alte Fotos zu suchen, Adressen auszutauschen? Erst war ja alles nur ein abenteuerliches Experimentieren, welche Möglichkeiten zu einem Treffen in dem Internetzeitalter möglich sind. Da gab es ja inzwischen, für uns alle neu, u.a. die Google-Suchkasten, konnte man einen Namen und "Foto" eingeben und bekam im günstigsten Falle Infos zu einem gesuchten Namen samt Foto, soweit das Internet über den Betreffenden "gesammelt" hatte. In der Zeitung hatte ich von einem anderen 50jährigen Abiturjubiläum gelesen, dass sich die Schüler von einst versammelt hatten und geschlossen das Grab des ehemaligen Klassenlehrers des Abiturjahrganges auf dem Friedhof besuchten. Da waren eigene Gedanken zu unserem Klassenlehrer, zur Klasse doch verdammt legitim. Ich schrieb eine Erinnerung über "Die Helden von Rabenhorst" und hatte keine Ahnung, dass dies wie ein Wespennest oder gar wie Dynamit Reaktionen hervorrief. Einige Kameraden bliesen sich auf, als ob sie nie zu dieser Klasse gehört hätten. Statt der sonst üblichen Beleidigungen und Rechtfertigungen schreibst du - vom Ansatz her ganz anders kreativ- sinngemäß:

"Wenn einem nicht gelingt, Dinge unter den Teppich zu kehren, riskiert man Absagen"."In Bezug auf das von Dir Angesprochene helfen wohl auch nur Amnesie und Amnestie".

"Absagen riskieren" ist m.E. kein gutes Bild. Jeder ist frei so zu reagieren, wie es seinem Charakter, seiner Würde, seiner Haltung entspricht. Da sollte sich keiner verbiegen müssen. Ich liebe Wahrhaftigkeit und nehme daher Absagen fair und wohlwollend und mit Verständnis hin. "Hilft nur Amnesie" mag im einen oder anderen Fall zutreffen, lässt sich nicht auf alle verallgemeinern.

Die Mitschüler mussten sich - um dies nochmals herauszustellen- zu keinem Zeitpunkt rechtfertigen. Stattdessen drehst du nun in der Rechtfertigung den Spieß um und schreibst:

"Ich kann mich nicht ganz des Eindrucks erwehren, dass da jemand schreibt, der meint, sich in gewisser Weise rechtfertigen zu müssen, um Anerkennung nachsuchen zu sollen."

Um genau diesem Eindruck von vorneherein entgegenzutreten, hatte ich meine Lebensgeschichte skizziert, um die Ganzheit, die Einheit, den Zusammenhang von menschlichem Werden, persönlichen und beruflichen Werden als eine Einheit herauszuarbeiten. Es ist ein total anderer Ansatz wie deine tabellarische Internetpräsentation "beruflicher Stationen".

Und da ging es nicht um Stolz und Genugtuung. Tugenden stehen immer in einer Mitte, in "einem mittleren Weg", da gehören genauso Stolz, Bescheidenheit dazu wie Niederlagen und Absagen. Wer sich nicht bewegt, wird ein Leben lang geschoben und wenn er es geschickt anstellt, wird er so geschoben, dass er irgendwann sogar ganz vorne sein kann. Dazu haben wir sieben Jahrzehnte Lebenserfahrung, um Sachverhalte vertiefter und umfassender zu sehen.

Die Kameraden, die mich beschimpften, mögen eine retrograde Amnesie haben, sollten aber nicht die Fakten, an die sie sich doch sonst so gut erinnern können, unterschlagen. Ich hatte jedenfalls sofort nach Aufkommen der Idee zu einem Treffen in den Internetkasten geschrieben, dass ich jedes Datum zu einem Treffen ermöglichen würde. Zu dem vorgeschlagenen Zeitpunkt hatten wir eine sechswöchige Hawaiireise geplant, die wir sofort auf Oktober verschoben hatten. Übrigens schickte ich von Hawaii auch eine Karte an den Organisator, der sich nach der Ausladung selbst daraufhin nie mehr meldete.

Während ich, um zu diesem Treffen kommen zu können, derartige Einschnitte in meine Planung bereitwillig auf mich nahm, fand ich lächerlich, wie die Kameraden auf den vorgegebenen Termin reagierten.

Unter anderem schrieb einer sogar im Internet , dass er an dem vorgegebenen Wochenende einen weniger wichtigen Termin habe, dass er sich aber das Wochenende nicht mit Terminen belasten wolle.

Fazit:

All die scheinheiligen Argumente "stinken doch zum Himmel", wie du es ausdrücken würdest. Da ist das kollektive Vergessensollen ausgebrochen, Du sprichst für Dich "von einem Nebel - teilweise wohltuenden- Vergessens" und wenn wir uns treffen würden, würdest du fürchten, "mir eine herbe Enttäuschung zu bereiten". Die Kameraden hatten sich abgesprochen, keinerlei Kontakt zu mir haben zu wollen. Du bist da ausgebrochen und hast sehr einfühlsam gemäß deinen Möglichkeiten und Lebenseinsichten versucht, freundlich und höflich zu schreiben. Insoweit danke ich Dir besonders herzlich für deinen Versuch, da nochmals nachzuhaken, bevor nun endgütig sämtliche Erinnerungen für Dich "in einem Nebel wohltuenden Vergessens verschwinden".

Sei ganz herzlich gegrüßt, wir wünschen Dir alles Gute und weiterhin sinnvoll ausgewähltes Vergessen, aber nur falls ein solcher Wunsch für Dich rein positiv ist.

Ich habe mich immer ehrlich und offen verhalten. Nur auf dieser Grundlage kann man sich der Vergangenheit, wenn irgendwann irgendwo von irgendwem eine Erinnerung angesprochen wird und g e w ü n s c h t ist, stellen.

Die anderen vergessen wohltuend und schlussendlich möge es dann tatsächlich so für die sein.

Walter

Nachgehakt

Meditation eins

Reaktionen sagen immer etwas über die heutige Einstellung, also nach mehr als 50 Jahren, und nachfolgender Lebenserfahrung aus.

Wie denken die Klassenkameraden heute über diese damaligen Entgleisungen? War es ein stolzer Event, der noch heute als Triumph in den Seelen der inzwischen Betagten, die alle im Rentenalter stehen, als ein Lebenshöhepunkt in Erinnerung ist, auf den man stolz blieb?

Wird jeder, der Kritik am damaligen Verhalten übt, aus der Gemeinschaft ausgestoßen? Wird jegliche Rückäußerung in gegenseitiger Absprache als ein Tabuverhalten eingestuft?

Die Leitfrage ist: Hat sich in den Köpfen und Herzen der damals Betroffenen in dem halben Jahrhundert etwas bewegt, modifiziert? Sucht jemand die Auseinandersetzung oder wird man schweigend und, nachtrottend wie immer, denen folgen, die Vorgaben "machen", die beispielsweise das Thema der Auseinandersetzung damit abwürgen, dass sie mich zu dem Treffen nach 50 Jahren ausladen bzw. nicht zulassen, weil dies irgendwelche Meinungsführer so vorgeben?

Meditation zwei

Was mich von (...) fundamental unterscheidet, ist die unterschiedliche Tiefe existentieller Erfahrung. Was besagt einem betreffenden Menschen eine herausgegriffene Begebenheit? Taumeln/Gaukeln wir wie Schmetterlinge, nichts sagend, unverbindlich für unser Inneres, von Lebensdatum zu Lebensdatum, von Ereignis zu Ereignis, oder gibt es Stufungen unterschiedlichen Betroffenseins, unterschiedlicher Tiefen? Je tiefer ich getroffen werde, desto mehr wird dies jeweils Grundlage der weiteren Entwicklung, wobei die Erinnerungsfähigkeit im Normalfalle, auch durch späteres menschliches Wachsen, gestärkt wird. Gegensatz ist Verdrängen, Vergessen, Sich-Blockieren- Wollen, alles tun, um das wegzudrücken, was mit einem nichtgewünschten Erlebnis zusammenhängt. Wie tief kann mich jemandes Verhalten treffen? Ich hörte gerade eine Sendung über Massentierhaltungs- Fleischqualität. Mit Fleisch kann man sich satt essen, diese Aussage kann die einzige (oberflächliche) „Tiefe“ eines Menschen ausmachen. Der psychisch starke Mensch wird mitfühlen, mitleiden, sich betrogen fühlen; es ist, als ob die Menschen beim Fleischkauf den Verstand an der Eingangstür zurücklassen würden. Kein Nachdenken über die Grundlegung der Immer-billiger- Forderung der durchschnittlichen Verbraucher, Hauptsache billig und Spaß in absoluter Abstumpfung. Da trotteten junge mündig werdende Gymnasialschüler mit einem frustrierten Anführer und brüllten zu später Abendstunde in einer gutbürgerlichen Siedlung vor dem Hause eines Studienrates Beleidigungen weithin hörbar durch die Straße. Und als jemand von diesem Haufen zu einem 50jährigen Jubiläum aufrief, da konnte sich keiner mehr erinnern.

Gut, die Erinnerungsfähigkeit ist sicherlich unterschiedlich. Betroffen und angesprochen von diesem „ Event“ waren spätere Akademiker in guten Berufen genauso wie Kameraden, die sich mühsam durch das Leben schlagen. Die einen haben eine andere Lebensproblematik als die, die im Laufe des Lebens mehr dazu gelernt haben. Man kann etwa einen Berufssoldaten mit einem Wissenschaftlicher nur von den Berufen her von vornherein gleichsetzen in den Erwartungen. Das ist doch alles so banal wie selbstverständlich. Wenn aber der Soldat zu meinen Gedanken schreibt, dass ich psychisch krank sei, wenn ich zu solchen Dingen, die so lange zurückliegen, noch eine Erinnerungsfähigkeit hätte und triumphierend darauf verweist, dass sich alle abgesprochen hätten, mit mir keinen Kontakt zu haben, so ist dies anders zu bewerten als wenn ein höherer Ministerialbeamter ernsthaft von notwendigem Vergessen, von Amnesie und Amnestie spricht, gerade weil doch im strafrechtlichen Sinne nie was verbockt wurde, was der Klassenlehrer nicht in seiner gütigen Grundhaltung verzeihen konnte und wollte. Die Behörde hat diese Haltung sicherlich positiv registriert, und er wurde ja später zum Direktor befördert.

Fazit:

Gerade weil es absolut um nichts geht, da wurde weder jemand im übertragenen Sinne gehängt noch ließ der Gedemütigte zu, dass jemand "gehängt" wurde, kann man alles doch total entspannt, gerade auch im Abstand von 50 Jahren, sehen. Wenn dann Leute den Kontakt verweigern, ausfällig beleidigend werden, so zeigt ein solches Beispiel, wie die Menschen so oft in zwei Ebenen leben. Darüber müsste man verdammt nachdenken, im Idealfalle in gemeinsamer Anstrengung bezüglich der zugrundleliegenden menschlichen Schwächen.

Und da wird immer wieder ein Bruch deutlich: Zwischen der Vernunft, der nüchtern-sachlichen Intelligenz, die gut ausgebildete Menschen in besondere Höhen bringen kann, und Herzensbildung und emotionaler Intelligenz und die betreffenden Menschen auszeichnender Empathie. Wir wurden weitgehend in nüchtern- sachlicher Intelligenz erzogen und jeder von uns musste später ohne Schule in seiner Entwicklung die emotionale und empathische Struktur entwickeln.

Wir werden immer wieder neu herausgefordert, es ist immer wieder eine neue Chance, mehr Mensch zu werden. Wer statt Entwicklungsmöglichkeiten zu entwickeln einfach nur als fertiger Mensch stehen bleibt, kann zwar vorneweg immer wieder neu mitmachen, aber dies ist unter dem Strich nicht dies, was wir als Mensch an Möglichkeiten haben.

(...) hat zu diesem menschlichen Ansatz als "Soldat sachlich-nüchterner Intelligenz" keinen lebenstragenden Bezug.

Ich hoffe, dass damit der Brief von (...) endgültig innerlich abgehakt ist. Solche Einschnitte und Betroffenheiten kann man zulassen, daran reifen. Gerade weil ich ja ganz entspannt aus Abstand und aktuellem NichtBetroffensein des Ausgangspunktes diese Diskussionen nicht angestoßen hatte.

Letztlich liegt hier ein wundervolles Musterbeispiel für eine Konfliktbewältigung vor.

Der Studienrat hätte alle Möglichkeiten der Schulstrafe ausschöpfen können und die weitere Führung der Klassengeschäfte einem "schärferen" Kollegen überlassen können. Es kann Kollegen geben, die eine Chance auf eine vermeintliche Bewährung in einer schwierigen Klasse für sich nutzen wollen und können.

Nichts von alledem. Der Beleidigte ließ sich nicht provozieren, er nahm zur Kenntnis, wie sich die Jungen daneben benommen hatten und ein Tischtuch absolut zerschnitten hatten. Er tat nach außen so, als ob dies alles im Bereich des Normalen sei. So konnten die Jungen ihr Gesicht wahren ohne schulische Konsequenzen. Letztlich blieb allen ein endloser schulrechtlicher Weg mit Bestrafung und Entfernung von der Schule für die Rädelsführer erspart.

Wunderbar finde ich, das die Behörde die ganze Dramatik und Absurdität verstand und der betreffende Studienrat später zum Studiendirektor befördert worden ist, was ihm innere Genugtuung, Anerkennung nach oben und von oben, Verstehen seiner sicherlich unterschiedlich zu bewertenden Reaktion beinhaltete.

Natürlich wäre es genau so angemessen, solche Typen zu ignorieren und keiner Auseinandersetzung zu unterziehen, natürlich, klar. Aber da geht es ja immer um die ureigene Auseinandersetzung mit dem Leben, so dem Sinne nach: Was sagt mir eine Begebenheit?

Meditation drei

Eine neue Qualität im Abwehren und Zurückziehen hatte aber (...) durchaus. Er behauptete einfach, ihm fehle die Erinnerung, zumal es ja in der Tat und ohne jeden Zweifel wichtigere Dinge gibt. Nur, und da ist der Haken: Ich hatte doch diese Erinnerung nicht angeleiert, es war die Idee und die Initiative und der Wunsch eines Mitschülers unter ausdrücklichem Bezug auf unser 50jähriges Abiturjubiläum ein Treffen vorzuschlagen. Jeder war damit aufgefordert, ob direkt oder indirekt, sich zu erinnern. Und wenn sich einer nicht mehr erinnern kann, oder ob nur dunkel, vage, ungenau, unter Ausklammerung bzw. mit Erinnerungslücken und -schleiern usw. usw., dann ist es dessen Schwäche, da können die anderen doch nichts dafür. Meine Haltung war doch: 'Egal, wo und wie ihr euch treffen wollt, ich habe damit kein Problem, ich stehe auf der Matte. wann und wo ihr euch geeinigt habt.' Dass man also vergessen sollte, vergessen müsste, dass dies gar ein wohltuendes Vergessen sei, das ist doch kein Thema, das ich etwa nicht anerkennen wollte und würde. Aber nicht als meine Schwäche. Zu seinen Schwächen kann und muss man stehen und nicht abwehren. Menschliches Feigesein durchzieht immer solche illusorischen Begegnungen. (Ich hatte nach fünf Jahrzehnten in Niederbayern die Familie besucht, bei denen wir im Krieg als Flüchtlinge eingewiesen worden waren. Da war auch eine Begegnung als Risiko und Abenteuer, weil sich Menschen in diesem Falle ja noch extremer entwickelt hatten. Entscheidend ist dann immer: Aus allem für den inneren Gewinn was machen zu können und die anderen nicht abwerten wollen und müssen, etwa weil der innere Zugang sehr schwierig geworden war.) Von solchen Begegnungen haben nur Leute inneren Gewinn, die frei und offen sind, waren, sich zumindest so entwickelt haben. Für die anderen ist es eine Schaubühne, wo sie sich aufspielen und innerlich wegduckend dann äußerlich hochheben. Sicherlich interessante Aspekte, die vielschichtig sind. Einen Nebel von wohltuendem Vergessen vorzugeben, ist allerdings für einen Mann, der noch voll im Beruf steht, also zumindest geistig fit sein muss, ein unwürdiges nicht überzeugendes Abtauchen. Er tauchte ja, wie er schrieb, in der Schulzeit schon in seinem Denken jenseits der geforderten Schulfächer weg, er war "religiös unmusikalisch", wie er es unter Berufung auf einen Schultheologen ungewollt treffend aussprach.

Meditation vier

Die Normalbürger (...) versuchen überhaupt nicht, tiefer zu blicken. Sie sagen nicht: Da habe ich Scheiße gebaut, deswegen dumm gelaufen, sondern: das ist doch alles im Bereich des Normalen. Und die Klügeren (...) sagen: Es ist, wie es ist bzw. war dumm gelaufen, aber wenn man sich damit auseinandersetzt, dann ist und bringt dies eine vertiefte Sicht des Lebens, die man sogar bewundern kann.

Also: Neutral und gut beurteilen, statt: abwehren und beleidigen und heftig reagieren. Einmal Kampf, negatives Reagieren, Abweisen, und einmal: Achten, die Auseinandersetzung nicht abweisen und: konstruktiv/kreativ daraus innerlichen Gewinn ziehen.

Ich kann die anderen nicht ändern, ich kann nur neue Blickwinkel suchen und finden und diese Räume kreativ nutzen. Und da gibt es die Starren, die Festgefahrenen, die sich selbst belügen, und da gibt es die Kreativen, die Menschlichen. Und weil es um unterschiedliche soziale Hintergründe geht, fühlen sich die einen hochwohlgeboren, solange sie nicht hinten runterfallen in einer Beurteilung ohne Substanz.

Die Festen, Starren, die Festgefahrenen können sich jeder Situation s o f o r t, *ohne innere Beteiligung*, anpassen und w e n d e n, wo es opportun ist. Die Menschlichen suchen kreativ neue Blickwinkel und lassen seelische Verletzungen gesund und harmonisch ausklingen. Da ist keine Eile. Jeder läuft ungebremst in neue Erfahrungen, wenn er in neue Felder gestoßen ist. Sich zuvor nicht sinnlos abzubremsen, gehört zum ehrlichen Menschsein.

Und wenn *gegenseitig* Fehler gemacht wurden: Die Starren sehen keine Fehler, und die Kreativ-Menschlichen setzen auch erst mal an sich an.

Rechtfertigung des Mitläufertums

Aus einem Brief an einen Mitschüler der Parallelklasse, der ebenfalls nicht eingeladen worden war:

Deine Einschätzung:

"Täter waren nicht ernst zu nehmende Schüler, die sich vor über 50 Jahren ganz groß vorkamen" hat mich sehr überrascht. In meinem Aufsatz "Die Helden vom Rabenhorst" ging es ja gerade darum, wie sich menschliche Grundstrukturen durch das Leben durchziehen und lebenstragend ausbauen und erhalten. Diesen bodenlosen Eklat der

Rädelsführer mit ihren willigen Mitläufern bezeichnest Du als Rabenhorst- "Event". (Unter Event verstehe ich was anderes!)

In der Gymnasialen Oberstufe, als keiner aus der Klasse "für den Klassenlehrer" dessen notwendige Aufgaben bezüglich Klassenbuchführung und Klassengeschäfte übernehmen wollte und ich ganz selbstverständlich gegen die gesamte geschlossene Klasse diese Aufgaben übernahm, sicherlich nicht um "Rad zu fahren", wie es die damaligen **schon** unmündigen Mitschüler (Die spätere Lebensunmündigkeit ist natürlich eine andere, wie dieses Beispiel wieder exemplarisch nachweist) interpretierten und durch die gesamte Oberstufe diesen Protest gegen den Klassenlehrer durchzelebrierten. Oh nein, das waren junge Menschen, die nicht wussten, was sie taten, die aber vor dem Abitur sehr wohl **wissen konnten**, dass dies gegen alles gerichtet ist, was ihnen die Schule vorzuleben und beizubringen beabsichtigte. Klassenlehrer (...) war ja fachlich und menschlich derart anerkannt, dass er anschließend zum Studiendirektor befördert worden ist, die Behörde stand durchaus hinter dessen pädagogischen Handeln.

Da ist nichts zu beschönigen und schon gar nicht, wenn Schüler in diesem für die damalige Zeit auch da **absolut unüblichen Handeln aus dem Rahmen fielen**.

Ich habe selbst in Grundschulklassen in meiner Grundschullehrertätigkeit großartige Schülerpersönlichkeiten erfahren, an die ich noch heute mit innerer Freude und Anteilnahme denke. Persönlichkeit zu sein, ist keine Frage des Alters, sondern eine Frage der erfahrenen Sozialisation und der ausgefallenen Personalisation, mit der man sich innerlich auseinandergesetzt hat als Lebensaufgabe und - auseinandersetzung. Einer der größten erfahrenen Grundschulpersönlichkeiten war der Sohn von Oberstudiendirektor (...), und im Gymnasium beispielsweise (...), der heutige Bundesparteivorsitzende von (...). Es ist allzu billig, wenn man als Persönlichkeitsgrundlegung und Mündigkeit immer mit dem kalendarischen Alter als alleiniger Basis operiert. Ich hatte sicher schon in der Grundschule Schüler, die auch als Erwachsene keinen/zu geringen personalisierten Lebensweg fanden und sicher Abiturienten, die sich einzig und allein nach dem beruflichen Markt und der eigenen Verwertbarkeit orientierten.

Die Leute hatten nichts dazugelernt, dies ist das Festhaltenswerte.

Da ist auch nie "Schuld" entstanden, da sind nie Fragen von Schuld und schon gar nicht von juristischer Schuld zu stellen. Es geht ganz einfach um die Menschlichkeit, um den menschlichen Umgang.

Und wo da ein Bewusstsein fehlt, da ist es, wie es ist, ohne Groll auf solche Leute zu haben. (Schließlich haben sie ja nie gelernt, sich **mit sich** auseinanderzusetzen.)

Wir waren eine andere Generation und das Dazulernenkönnen ist bei unserer Generation oft zu sehr und manchmal weitgehend ausgefallen, wurde solange Fehlanzeige, wie es äußerlich in den betreffenden Lebenswegen aufwärts, teilweise ohne jegliches Dazutun, ging.

Unterschiedliche Lebensentwürfe

Beruf des Lehrers in unterschiedlichen Sichtweisen

Weihnachtsbrief an einen Professor

Lieber Prof. (...),

die Vorweihnachtszeit der großen Hetzjagd möchte ich auch dieses Jahr wieder anders als die üblichen Zeitgenossen nutzen und lieben Menschen, die mein Leben entscheidend im konstruktiven Sinn geprägt haben, niederschreiben, was mir an diesen Begegnungen für meine Seele wichtig geworden ist und lebendig geblieben ist. Erinnerungen sind das, was das Bewusstsein des Menschen prägt, und da ist es wichtiger, Menschen frohe Erinnerungen ins Bewusstsein zu rufen als ihnen vordergründige nichtssagende Phrasen zu schicken oder gar übliche verordnete materielle Kleinigkeiten zu verschenken. Soweit ich Menschen in ihrem Inneren erreiche, ist es das, was mir an erster Stelle steht. Dies verbindet Menschen, prägt Menschen, macht das eigentliche Menschsein aus. Wir sind reich, wenn beglückende Erinnerungen uns im Kern ausmachen, unabhängig davon, aus welchem Felde sie herrühren. Lebenswege sind so verschieden, wie es Menschen gibt und entsprechend hat jeder andere Erinnerungen, wobei nur zählt, wie beglückend sie letztlich das Leben bereichert haben.

Viele Erinnerungen wurden aber im Laufe des Lebens verschüttet oder sie sind niemals zum Bewusstsein gekommen, da man in deren Entstehungszeit innerlich durch ganz andere Aufnahmebereitschaft bestimmt war.

So kann es mithin beglückend sein, sich Zeit zu nehmen, vielfältigen Dank abzustatten, für die eigene Vertiefung und- dies als jeweilige Hoffnung- , dass auch der andere dadurch bereichert wird.

Meine Gedanken zur letztjährigen Weihnachtszeit hatte ich niedergeschrieben als „Weihnachten erfahren als Friedenssuche“, „Weihnachten im Du“, „Weihnachtsvorbereitungen“, die ich 2010 im Rahmen meines Ethikbuches „Menschsein im Internetzeitalter Selbstwerdung als Verwirklichung von Offenheit“ als Band 71 der Reihe „Philosophie in der Blauen Eule“ veröffentlichte.

Ich hatte Sie immer bewundert ob Ihrer beruflichen Zielstrebigkeit und habe in meinem Leben immer versucht, eine solche Ausrichtung zu verwirklichen. Ich liebte immer derart ausgerichtete Menschen. Zuletzt hatte ich in Prof. Borden einen solchen Menschen gefunden, der mich an der Universität Bonn immer persönlich und wohlwollend begleitete und an meiner ganz persönlichen menschlichen Entwicklung über ein Jahrzehnt bis zu seinem Tode interessiert blieb. Er hatte von der Ausbildung her meine gymnasialen Lehrbefähigungen und war bis fast zur Pensionierung in diesen gemeinsamen Fächern Gymnasiallehrer. Dann spezialisierte er sich an der Universität Bonn auf das Fach Philosophie, erhielt einen entsprechenden Lehrauftrag dort, und war zuletzt Professor für Pädagogik, wobei er aufgrund seiner Lebensreife die philosophischen Aspekte und seine konkrete Lebenserfahrung in hervorragender Weise vermitteln konnte. Es beindruckte mich, dass er in einem Obersseminar zur Benotung der Teilnehmer meinte, dass sich alle konstruktiv und engagiert eingebracht hätten und er daher keine unterschiedlichen Notenstufen vergeben würde. Menschen wie Prof. Borden und Sie haben mein Leben im Innersten geprägt, beide haben mich immer als Menschen gesehen, mit der Fülle der

Möglichkeiten, in der ganzen Einsatzbereitschaft und ohne Scheuklappen in der Zurkenntnisnahme von Belastungen.

Als ich in der Junglehrerzeit mit meinem Schulleiter nicht auf gleicher Wellenlänge war, hatten Sie, lieber Herr Professor, damals ein Gespräch mit diesem Schulleiter geführt und ihn scharf angegriffen, dass er mich als Klassenlehrer in einem ersten Schuljahr eingesetzt hatte, wo ich meine Mediensammlung so gar nicht einbringen und ausbauen konnte. Auch wenn Sie nichts für mich erreichen konnten, so tat es unendlich gut, dass ich nicht allein stand und meine menschliche, fachliche und engagierte Art Anerkennung von dem für mich innerlich am meisten anerkannten Menschen kam. Vor diesem Hintergrund kann man dann all die mittelmäßigen Mitmenschen ertragen und dann seinerseits versuchen, mehr Menschsein zu initiieren, ohne ihre Freiheit außer Kraft zu setzen. Menschen haben immer die Freiheit, sich dem Guten, das in ihnen liegt, zu widersetzen. Positive Erfolge sind mir oft gegenüber Kollegen und Mitmenschen beglückend gelungen, wobei man da die eigenen Grenzen und die der anderen einfach anerkennen muss. Auch sein Scheitern, Menschen innerlich erreichen zu wollen, muss man anerkennen.

Sie begannen ihre berufliche Laufbahn als Volksschullehrer und kamen in dem Jahr, in dem ich mein Studium an der Peter-Wust-Hochschule Saarbrücken begonnen hatte, als Dozent nach Saarbrücken. In dem Jahr, in dem ich mein Studium beendete, wurden Sie zum Professor ernannt. Ihr weiterer Weg führte sie als Pädagogikprofesssor an die Universität Saarbrücken und dort wurden Sie u.a. Leiter des Medienzentrums.

Mich hatte damals beeindruckt, wie Sie mit wenigen guten Ideen frischen Wind in die Schulstuben brachten. Sie wiesen darauf hin, dass die Zusammenarbeit mit Industrie- und Handwerksbetrieben wichtig sei, zu einer Zeit, als die Schulen keinerlei Bereitschaft, Offenheit, Denkausrichtung auf Betriebspraktikum oder überhaupt Ausrichtung auf die Arbeitswelt zeigten.

So wiesen Sie darauf hin, dass Betriebe für ein schulisches Interesse aufgeschlossen wären und die Öffnung einzelner Lehrer bereitwillig unterstützen würden.

Ich hatte damals, von diesen Anregungen ausgehend, breite Kontakte zu Firmen gesucht und Arbeitsmaterialsammlungen für die Schule gesammelt.

Als ich Ihnen dies berichtete, regten Sie an, solche Sammelaktionen für Ihr Institut durchzuführen. Stolz durfte ich in den Semesterferien, als Sie nicht anwesend waren, in Ihrem Arbeitszimmer in der Hochschule die entsprechende Verwaltungsarbeit machen und die eingehenden Materialien in Empfang nehmen, registrieren und zuordnen. Neben der inhaltlichen Arbeit, die sehr beglückend war, genoss ich es, in Ihrem Arbeitsraum tätig sein zu dürfen.

Später wiesen Sie Ihre Studenten auf meine Arbeiten hin und meine Kollegen an der Schule wurden indirekt durch Praktikumsstudenten auf meine Arbeit an der Hochschule aufmerksam und ich genoss diese „Berühmtheit“, zumal ich in unzähligen Fachzeitschriftenaufsätzen, u. a. in den Verlagen Klett, Stuttgart, Herder, Freiburg, Klinkhard, Bad Heilbrunn, Henn, Ratingen, einem breiten interessierten Lehrerkreis bekannt geworden war. Beeindruckt hatte mich hierzu Ihr Rat, nicht zu viel in Fachzeitschriften zu veröffentlichen, da sich dadurch ein Namen in der Fachwelt an Ansehen verbrauchen würde, wenn man also nicht verstärkt auf Aufsätze setzen würde, die über Berichte der Sammelaktivitäten hinausgehend seien. Dieser Hinweis zeigte mir, wie Sie an meiner Arbeit interessiert waren und sie zu schätzen wussten, denn kritisch zu sein ist ja immer ein Zeichen dafür, dass man einen schätzt. Übliche Menschen gehen ja durch Kritik kein menschliches Risiko ein und es ging ja um die sechziger Jahre in einem konservativen Volksschullehrerumfeld.

Besonders beeindruckte mich eine Begegnung an der Sporthochschule. Ich war dort zu einer Lehrerfortbildung, wir mussten ja zu der damaligen Zeit als Volksschullehrer in allen Bereichen fit gemacht werden, so mussten wir einen einwöchigen Kurs an der Sporthochschule absolvieren, und wir waren als Gruppe in der Mensa zum Abendessen, als Sie mit Ihren Mitarbeitern zu einem Essen dorthin kamen und ich mich an Ihren Tisch setzen durfte. Ich genoss es, in der Runde der Fortbildungsstudenten abgesondert mit Ihnen und Ihren Mitarbeitern am Tisch sitzen zu dürfen.

Sie haben immer Anteil an meinen beruflichen Plänen genommen. Ich war nicht einer der Durchschnittsstudenten, die aus vordergründigen Motiven mehr oder weniger ohne große eigene Initiative den Beruf gewählt hatten. Gerade da ich aus einem einfachen Elternhaus kam, imponierte Ihnen dieser Hintergrund und das, was ich daraus machte. Als ich meine Semesterarbeit mit 240 Seiten Umfang bei Ihnen abgab, sagten Sie mir, dass Sie bei einem solchen großen Umfang, wie ihn nur wenige Studenten vorlegten, durchaus bereit gewesen wären, die Arbeit handschriftlich anzunehmen. Für das so gesparte Geld für Tipparbeiten könne ich mir doch Kleidung kaufen. Sie haben immer den ganzen Menschen, das ganze Umfeld gesehen und waren so breit und menschlich ausgerichtet, ganz im Gegensatz zu Menschen, die nur mit menschlichen Scheuklappen brutal jede Menschlichkeit niederwalzen, wenn es um ihr berufliches Fortkommen geht und Fairplay nichts gilt. Als beispielsweise mein Schulleiter überhaupt nicht mehr klar kam, ließ er sich nach Südafrika versetzen und die Kollegen meinten übereinstimmend: Was der mit sich macht, ist ja sein Problem, aber dass er seine Familie da mit reinziehen muss, sei unverantwortlich. Dies nur als Beispiel, dass Ihre Ausrichtung in Menschlichkeit und hohem beruflichem Engagement ja nicht so selbstverständlich ist.

Menschlichkeit darf natürlich nie im luftleeren Idealraum so angesetzt werden, dass die betroffenen Menschen die Bodenhaftung verlieren. Sie haben sich intensiv mit alternativen Schulen und den Reformpädagogen beschäftigt, zu einer Zeit, wo Alternativsein noch mehr eine Angelegenheit führender geistiger Vertreter der Pädagogik war und nicht auf vordergründige politische „action“ ausgerichtet war. So wie ich irgendwann einmal sagte, es sei zwar schön und gut, wenn man viele philosophische Werke gelesen habe, so sei es mir aber wichtiger, einen, dessen geistige Ausrichtung meiner nahe stünde, in aller Differenziertheit inhaltlich nachvollziehbar „ausbohren" zu wollen, so hatten Sie sich besonders mit dem Reformpädagogen Celestin Freinet auseinandergesetzt. Sie wurden Herausgeber der „Pädagogischen Werke" von Freinet. Es geht meiner Meinung nach immer darum, sich in eine pädagogische oder philosophische Gestalt zu vertiefen und dann zu den anderen Vertretern des Faches von dieser vertieften Grundlage ausgehend deren Werk richtig zuordnen zu können, „vernetzen" würde man heute sagen. So wäre abschließend auf den Einfluss von Bollnow für meine Pädagogik und menschliche Ausrichtung hinzuweisen. Ich habe im Verlaufe des Lebens das umfangreiche Werk von Bollnow verinnerlicht. Bollnow war wie Borden sowohl Pädagoge als auch Philosoph, was meine Ausrichtung war. Geblieben ist mir von dem verstorbenen Prof. Bollnow ein persönlicher Brief, in dem er mir bescheinigte, dass ich als erster auf den Begriff der Begegnungsfähigkeit hingewiesen und ihn entwickelt hätte. Leben ist für mich immer ein Tun, Leben geht nach vorwärts, wird gespeist von verbewusstheiteten Erinnerungen. Ich war nie ein Theoretiker als Selbstzweck, Lebenseinsichten müssen immer durch Handeln abgesichert sein.

Auch wenn Sie nicht mehr in Saarbrücken wohnen, wo ich Sie mal besuchen durfte, als Ihre Gattin dabei war, Kuchen zu backen, und es ja immer schön ist, wenn man sich den anderen auch in seinem privaten Umfeld bei allem Denken erleben kann, so entnehme ich Ihren Veröffentlichungen zur Ortsgeschichte, Heimatkunde und der liebevollen Auseinandersetzung mit dem dortigen Eisenwerk und dem Hammerwerk, dass Sie auch in Ihrer nachberuflichen Zeit so geblieben sind, wie ich Sie in liebevoller Erinnerung habe.

Ich wünsche Ihnen eine gesunde und frohe Adventzeit.

Ihr Walter Lück, der dankbar anerkennt, welch ein Glücksfall Sie für meine menschliche Entwicklung geworden waren und in meiner Erinnerung geblieben sind.

Eine Nachbesinnung:

Erinnerungen, Entwicklung von Gedanken haben ja nur dann einen Sinn, wenn man innerlich daran wieder ein Stück vertiefter in das Menschsein gekommen ist. Was sagt mir persönlich dieser Brief für meine eigene Entwicklung?

Es gibt Menschen, die ganz in ihren vordergründigen Aufgaben aufgehen. Die gute Schulmeister, Ingenieure, Ärzte sind, ganz ohne Tadel, wenigstens mehr oder weniger. Und um sich menschlich stabilisieren zu können, setzen sie dabei unter anderem auf die berufliche Karriereleiter. Die von mir favorisierten Menschen gehen jeweils über die zu erfüllenden Aufgaben für die Gesellschaft hinaus. Sie sind glücklich im Hier und Jetzt und streben nicht vordergründig, immer als letztes Ziel der Orientierung das Gefallenwollen gegenüber den vorgeordneten Personen an. Ich lehnte es gegenüber meinem Schulleiter ab, mich für eine von ihm angebotene schulinterne Direktorenstelle zu bewerben, weil damit automatisch von mir empfundene Abhängigkeiten entstehen. Im persönlichen Umfeld habe ich wiederholt erlebt, wie Kollegen, die eine solche Karriereausrichtung hatten und dann merkten, dass dies eine vergebliche Hoffnung war, menschlich total zusammengebrochen sind. Sollte man ein solches Risiko für sich und seine Familie eingehen? Besonders erinnere ich mich an einen Schulleiter, der zeitlebens klagte, dass er ja eigentlich Medizin studieren wollte und nun familiengeschichtlich bedingt in dem ungeliebten Volksschullehrerdasein gelandet sei. Und dann bekam er irgendwann die Chance, eine Schulratstelle zu bekommen. Offensichtlich hatte er auch konkrete Unterstützung von den Leuten, die eine solche Qualifikation politisch durchsetzen können, da schien alles im Hintergrund zu stimmen. Besagter Schulleiter war wie ausgewechselt. Er lachte wieder, hatte Zeit für die Kollegen, suchte überall das Gespräch, man merkte, dass er einfach glücklich war. Während er vorher darauf hingewiesen hatte, dass sein Nachttischschrank voll mit Medikamenten, die er über die Maßen einzunehmen habe, gepackt sei, war er plötzlich gesund und sportlich. Und dann kam es zur Vergabe der Schulratstelle, und er bekam sie nicht. Er wurde in seiner üblichen menschlichen Art pensioniert und verstarb ziemlich rasch nach seiner Pensionierung.

In einer anderen Schule sollte ein stellvertretender Schulleiter die Schulleiterstelle bekommen, er war wie aufgedreht. Er rannte vor jeden, um ihm die Tür aufhalten zu können, begrüßte jeden mit Handschlag, stellte sich zu den Oberstufenschülern und diskutierte mit ihnen, ließ überall verlauten, dass er immer Zeit zu persönlichen Gesprächen habe. Dann wurde bekannt, dass die anvisierte Stelle für einen Versorgungsfall reserviert worden sei, das heißt, dass es andernorts einen Schulleiter an einer Schule gab, die aufgelöst werden sollte und deren Leiter als Lebzeitbeamter andernorts eine neue Stelle bekommen musste. Schlagartig wurde keiner mehr mit Handschlag begrüßt, die Kollegen waren Luft, er wich aus, verschloss sich, wurde unhöflich. Und dann wurde der Versorgungsfall doch an einer anderen Stelle untergebracht, die Schulleiterstelle war überraschend wieder frei geräumt und der betreffende stellvertretende Schulleiter bekam die Stelle. Die Welt war wieder in Ordnung. Und als er dann nicht zurecht kam, schwammen wieder alle Felle weg und er ließ sich versetzen, wobei er erneut alle Hürden zur Erlangung einer Schulleiterstelle durchleiden musste.

Kann dies ein notwendiger Weg sein, für die berufliche Karriere jedwede als Erniedrigung empfundene Ausrichtung auf Entscheidungsträger auf sich zu nehmen? Objektiv ist ein Anstreben einer Schulleiterstelle sicherlich nicht eine Erniedrigung, es geht nur um das, was die Betroffenen für sich empfinden. Andererseits können heute viele Leiterstellen im Hauptschulbereich mangels Bewerber nicht sofort besetzt werden. Wer dann für die Übernahme einer solchen Stelle angesprochen wird, steht dann letztlich auch wieder unter einem Druck der Abhängigkeit.

Meine von mir geliebten Kollegen, wie ich sie hier in persönliche Erinnerung gerufen hatte, gingen einen anderen Weg. Und nebenbei waren sie gerade deshalb in ihrem Fach derart beliebt, kompetent und zufrieden.

Für meinen Weg war es immer wichtig, berufliche Ausrichtung und menschliche Ausrichtung als eine Einheit zu sehen. Meine Frau ist promovierte Medizinerin, die sich von ihrem Zugang zum Menschsein vertieft der Seele zuwendet und wo unsere innere gemeinsame Ausrichtung in einer WirEinheit nicht verordnet ist. Wo freie Menschen frei geblieben sind und diese Ausrichtung in die Welt hinaus verkörpern.

Brief an einen Schüler

„Leider lässt sich eine wahre Dankbarkeit in Worten nicht ausdrücken."

J.W. von Goethe

Lieber (...) ,

in diesem Jahr möchte ich meine persönlichen Weihnachtsgrüße unter dem Aspekt der Dankbarkeit schreiben.

Da fällt mir in erster Linie ein, wie Du, ohne diese Tragweite einschätzen zu können, mir vor Jahren geholfen hattest, in das Computerzeitalter einsteigen zu dürfen. Andere ältere Kollegen hatten lange gerungen, wie man sich mit dem PC zurechtfinden könne, einige haben diesen Sprung dann letztlich nicht mehr geschafft. In meinen umfassenden Bemühungen stand zentral die Idee, eine verbesserte Schreibmaschine zu kaufen, in Bonn gab es eine Schreibmaschine mit einem großen separaten Monitor. Oft stand ich in diesem Geschäft und bestaunte diesen Fortschritt. Beim jährlichen Tippen der Abituraufgaben, ich hatte ja in jedem Jahr Abiturkurse in Pädagogik und zuweilen zusätzlich noch in Geographie, die fehlerfrei an die Behörde geschickt werden mussten, war es ja mühsam, im traditionellen Stil anschließend Texte zu bearbeiten, selbst das Ausmerzen von Tippfehlern war ja schon mühsam. Textverschiebung, Einfügen von Textergänzungen u.ä., das alles war ja nicht möglich. Manche Seite musste daher komplett neu geschrieben werden.

Und dann kam Dein Vater, wir waren ja Kollegen, und machte mich auf einen Klassenkameraden von Dir aufmerksam, der sich einen neuen größeren PC gekauft hatte und seinen alten PC für 800 DM abgeben wollte. Er sagte mir auch, dass ich da nicht erschrecken müsse, denn Du würdest mir, wenn ich dies wünschen würde, diesen gebrauchten Computer bei mir in Burscheid installieren. Und dann hast Du ganz liebevoll bei mir in meinem Arbeitszimmer, ohne jede Rücksicht auf deine Zeit (es war ein Tag der Zeugnisausgabe, wo alles nach Hause drängte), alles installiert. Und dann konnte ich, für mich so unglaublich, Texte eingeben, bearbeiten, speichern usw., das war alles so traumhaft. Und da ich für meine Unterrichtsvorbereitungen täglich Stunden mit dem Tippen von Unterrichtsmaterialien aus aktuellen Fachzeitschriften und Büchern beschäftigt war, war dies eine der umwälzendsten Erfahrungen meines Lebens. Zuvor hatte ich einen Matrizenapparat, da musste ich mühsam Matrizen beschreiben, ohne jegliche Korrekturmöglichkeiten und mit der Belastung, beim Abziehen der Vervielfältigungen das Lösungsmittel über Hände und Kleidung abzubekommen. Mit dem Computer konnte man saubere Vorlagen machen und diese dann problemlos kopieren, zu der Zeit waren Kopien für die Schüler ohne Kostenbeitrag für Schüler und Lehrer. Später habe ich mich dann an der Schule zu der Betreuung der technischen Geräte zur Verfügung gestellt und ich schaute jeden Morgen, dass die Kopierer und Drucker genug Papier hatten, Toner verfügbar war, keine Staus vorlagen. Was Du für mich für zu Hause im Arbeitszimmer initiiert hattest, dazu durfte ich jetzt die Schulgeräte zur weiteren Herstellung der Kopien voll integrieren.

Es gibt in der Entwicklung des Menschen immer wieder „Quantensprünge", Deine Hilfe, auf die moderne Entwicklung umstellen zu können, war ein solcher für einen Lehrer, der mit diesen Dingen ja nicht groß geworden war. Und so nebenbei ist in diesem Zusammenhang anzumerken, dass Dein Vater als Kollege sich didaktisch so in die neue Materie reinkniete, dass er anschließend Kurse für das Kollegium gab.

Wenn man solche - aus heutiger Sicht - „Selbstverständlichkeiten" anspricht, so ist besonders bezeichnend, wie dabei unterschiedliche menschliche Strukturen klar werden. Ein anderer Kollege half nicht im Hintergrund und ohne dies an die große Glocke zu hängen, sondern er stand bei ins Auge springenden Aktionen im Kollegium immer an der Front. Er half, Zeugnisse mit dem Schulcomputer zu tippen, Zeugnisformulare zu erstellen, womit er einzelne Kollegen entlastete und deren dankbare Gesinnung und innere Abhängigkeit aufbaute. Dann gab es eine Direktorenstelle zu vergeben und aufgrund seiner Verdienste um das Kollegium bekam er diese. Natürlich läuft Bewerbung und Annahme einer Bewerbung offiziell anders, aber man muss ja dann unterscheiden, zwischen den offiziellen „Geradlinigkeiten", die natürlich immer eingehalten werden müssen und überprüfbar sind, und dem seichten Hintergrundgeflecht, das es offiziell ja gar nicht gibt und daher auch nicht geben kann. Jedenfalls lehnte er jegliche weiterhinnige Computerhilfe nach seiner Beförderung ab mit der Begründung, er habe sich genug dafür engagiert, jetzt sollten es andere machen.

Das erinnert mich an das Engagement eines anderen Direktorenkollegen, der sich zum Vertrauenslehrer wählen ließ, und dann die Veranstaltungen der Schüler aufsichtsmäßig, also als übernommene Pflicht, die zwangsnotwendig zu dieser Aufgabe gehörte, übernehmen musste. Er stöhnte immer über den Zeitaufwand, den er für die Schüler aufbringen musste. Als mir dieses Gejammer mal wieder zu viel wurde, sagte ich ihm, dass ich gerne bereit sei, seine sämtlichen Aufgaben, die er mit der Annahme des Postens als Vertrauenslehrer übernommen hatte, für ihn zu übernehmen. Beleidigt vermied er den Kontakt zu mir und hat nie mehr geklagt über seine Überlastung. So nebenbei: Nicht immer wehrten beförderte Kollegen eine Arbeitsübernahme durch andere ab. Als ich meinem Fachvorsitzenden für die Fachkonferenz Philosophie anbot, ihn durch die Übernahme des Fachvorsitzes für Philosophie zu entlasten, schlug er mich in der folgenden Konferenz als Fachvorsitzenden vor und auf dieser Grundlage wurde ich von allen als Fachvorsitzender für Philosophie gewählt.

Was ich mit den Beispielen zeigen will: Bei Dir und Deinem Vater war immer Freude an der Sache, Engagement ohne Schielen auf Posten; die Kollegen bzw. die Lehrer zählten als Menschen und nicht als Dominosteine im Schacher um vordergründig berechenbare Ziele des üblichen Beförderungspokers (als ehemaliger Volksschullehrer hatte ich dazu ja sozialisationsbedingt ein ganz anderes Verhältnis, weil in der Volkschule damals alle Lehrer gleich waren), die jeder sehen konnte, wer die Augen offenhalten wollte, aber nichts sagen und sehen wollte, um sich keinen Ärger zu machen.

Zu dem Gegenbild zu dieser Haltung und Einstellung passt dein Einsatz im Unterricht. Stolz erzähltest du mir, wie du dir einen neuen Computer für unterrichtliche Themenrecherchen „vom Munde abgespart" hattest, es war deine Leidenschaft, die Welt vertieft zu erfahren, wofür du Opfer zu bringen bereit warst. Beeindruckt hatte mich am Anfang in der Klasse, in der du Schüler warst, mit welcher Konzentration du bei der Sache warst. Einmal waren einige Mädchen besonders unruhig im Unterricht, da drehtest du dich um und sagtest: „Seid still, ich bin da um zu lernen und will keine Störung". Wenn man dies so niederschreibt, klingt dies nach billiger Show. Man muss als Lehrer den Ernst der Situation erlebt haben, um diese Ernsthaftigkeit nachempfinden zu können. Die Mädchen waren von deinem ansteckenden Lerneifer auch beeindruckt und waren die gesamte Unterrichtsstunde dann zumindest ganz still. Oft sprach ich über diese einzigartige Haltung von Dir mit deinem Klassenlehrer, der richtig traurig war, als er die Klassenführung ohne Notwendigkeit, wie er es beurteilte, an einen anderen Kollegen abgeben musste, weil der Schulleiter es so wollte. Dein Klassenlehrer hatte sich so ganz und gar mit der Klasse identifiziert und dies waren innerliche Gründe und nicht etwa Angeben mit einer leistungsstarken konzentriert arbeitenden Klasse, die eben für einen Lehrer, der weiterkommen will, immer als Vorzeigeklasse förderlich ist.

Ich komme zurück auf den Ausgangsatz. Der übliche Normalfall ist die Dankbarkeit des Schülers dem Lehrer gegenüber. Ich halte nichts von solchen Einbahnstraßen. Für mich steht an erster Stelle die Dankbarkeit dem Leben gegenüber, so wie ich dies in meinen Schriften zum Ausdruck bringe. Leben ist Dankbarkeit. Und Du hast eine großartige Synthese für Dich gesucht: Einerseits bist du fest im Leben verwurzelt, siehst das Leben konstruktiv pragmatisch, menschenorientiert, siehst die großen gesellschaftlichen Zusammenhänge, hast eine entsprechende politische Heimat gefunden, und gleichzeitig bist du das geblieben, was du schon als Schüler warst: interessiert an den philosophischen Grundfragen, Ausloten des Menschsein in den wirklich zugänglichen Tiefen und nicht in Geschwafel von verlogen gelebten Ideologien (ansonsten sind Ideologien wichtig und man kann allem das entnehmen, womit man die eigenen Lebenserfahrungen verfeinern, messen kann.).

Das neue Jahr wird dir Herausforderungen vielfältiger Art bringen. Aber da du nie einen Posten vordergründig angestrebt hast und schon gar nicht an irgendwas kleben musst, denke ich, dass du innerlich frei geblieben bist und gelassen deine vielfältigen Möglichkeiten, die das Leben immer wieder, und manchmal auch überraschend, bietet, mit klarem Blick sehen wirst. Gerade in unserer Schule hattest du ja einen vorherigen Mitschüler, der heute Europaabgeordneter ist, der ein Leben lang nie in einem Beruf außer der Politik so richtig heimisch wurde und daher immer an den Mehrheiten, den Wahlen, dem Wohlwollen, dem Gutseinmenschenbild, der ideologischen Absicherung kleben musste.

Ich wünsche Dir, dass du dich auch künftig nicht verkaufen musst und auch im neuen Jahr einfach Mensch bleiben darfst. Zum Weihnachtsfest wünsche ich ein paar ruhige Tage oder auch nur Stunden, da du ja sehr eingespannt bist. Das Leben türmt manchmal mächtige aktuell zu bearbeitende Aufgaben auf, und danach gibt es Phasen, wo man weniger hektisch gefordert ist. Ich bin sicher, dass du die notwendige Balance finden wirst, wie bisher, und auch das Neue Jahr für dein weiteres Wachsen in das Leben fruchtbar sein wird, zu deinem inneren Glück, deiner inneren Bereicherung, und damit dem indirekten und nicht direkt angestrebten Verschenken an die Menschen, die Dir auf dieser Grundlage hoffentlich wieder ihr Vertrauen aussprechen werden.

Dein

Walter Lück

Der ökologische Ansatz

Als Beispiel meines konkretisierten ökologischen Ansatzes drucke ich hier mit Erlaubnis des Aulis Verlages eine in der Fachzeitschrift „Schule und Unterricht" im Themenheft „Wirtschaftsgeographie" abgedruckte Abiturklausur für einen Leistungskurs Geographie von mir verfasste Aufgabe, die von der Schulaufsichtsbehörde als Abituraufgabenstellung genehmigt worden war, ab.

Quelle:

Walter Lück, Ist nachhaltige Raumnutzung in einem agraren Intensivgebiet möglich? Seite 33 – 36, Geographie und Schule, Heft 141, Themenheft Geographie und Wirtschaft, Februar 2003

Ist nachhaltige Raumnutzung in einem agraren Intensivgebiet möglich?

Aufgaben

1. Beschreiben Sie den Naturraum „Dümmer" (M1) und die agrarwirtschaftliche Raumnutzung in Rüschendorf (M2). Beziehen Sie zur Abgrenzung und weiteren Informationen die Atlaskarte „Dümmer" (Diercke Weltatlas 1996, S. 54, Karte 4) in Ihre Ausführungen ein.

2. Zeigen Sie die ökologischen Folgen der stark intensivierten Viehwirtschaft im Kartenausschnitt auf.

3. Entwerfen Sie kritisch Handlungsmöglichkeiten zu einer nachhaltigen Nutzung des Raumes.

Material

Diercke Weltatlas 1996, Seite 54, Karte 4,

M1—M3 = 3 Anlagen (siehe abschließende Anmerkung zum Beziehen)

Quellen der Materialien

M1: Geographische Exkursionen in Nordwestdeutschland, Vechtaer Studien zur Angewandten Geographie und Regionalwissenschaft, 1995, Seite 37

M2: Werner Klohn, Hans-Wilhelm Windhorst, Das agrarische Intensivgebiet Südoldenburg, Vechta 2001, Seite 45

M3: ***Werner Klohn, Hans-Wilhelm Windhorst,*** Das agrarische Intensivgebiet Südoldenburg, Vechta 2001, Seite 128

Beschreibung der zu erwartenden Schülerleistung

Unterrichtliche Voraussetzungen

„Ernährungssicherung und Nachhaltigkeit" ist Thema in 13/2. Nachhaltigkeit wird besonders in 13/1 akzentuiert. Die landwirtschaftlichen Grundlagen wurden in 12/1 erarbeitet. Die Kenntnisse zum Naturraum (glaziale Serie und Verlauf der Eiszeit) wurden in 11/1 beim Thema "Lüneburger Heide" erarbeitet und beim Thema „Agrarwirtschaftlicher Strukturwandel in Deutschland" in 12/1 grundlegend einbezogen. Das Thema „Industrialisierte Landwirtschaft" ist schwerpunktmäßig in der Unterrichtseinheit "Agrobusiness in Kalifornien" grundgelegt worden. Ein Transfer auf einen Raum in Deutschland muss selbstständig geleistet werden.

Arbeit mit dem Atlas und besonders Spezialkarten wurde in sämtlichen Halbjahren eingeübt. Das Durchdenken räumlicher Sachverhalte unter den Aspekten „Nachhaltigkeit und Zukunftsfähigkeit von Räumen" war mir durchgehend ein unterrichtliches Anliegen.

Bodenkundliche und klimatische Grundlagen

- Umweltrelevante Auswirkungen der Landwirtschaft
- Organisationsformen und Träger landwirtschaftlicher Produktionsprozesse
- Intensivierung in der Veredelung
- Sonderkulturanbau
- Wasserhaushalt, Wasserversorgung
- Arbeit an Karten, Kartogrammen
- Einübung einer kritischen Einstellung zu

räumlichen Prozessen

- Einübung einer kritischen Einstellung zu Umweltproblemen

zu 1

Der Naturraum

Zwischen Ankumer Berge und Dammer Berge liegt ein ehemaliges Zungenbecken der Eiszeit. (Diese glazial geformte Beckenlandschaft war Akkumulationsraum für Abtragungsprozesse aus den umgebenden Höhen der Endmoränenrücken sowie für die fluviatilen Sedimente der Hase.) Die Dammer Berge sind Endmoränen der Eiszeit. Vor der Endmoräne finden wir Sanderflächen.

Östlich an die Dammer Berge anschließend sind die Niederungsgebiete von Hunte, Dümmer und Großem Moor, die mit ihren postglazialen Ablagerungen die Sanderflächen überdecken. Es handelt sich um eiszeitliche Schmelzwasserrinnen vor der Eisrandlage bzw. der Endmoräne.

Böden:

Vor der Endmoräne (im Beispielraum südöstlich der Dammer Berge) befinden sich die Sanderflächen (glazifluviatile Sedimente der Stauchzone), die für Ackerbau weniger geeignet sind. Die Zone der

Schmelzwasserabflussrinne ist weitgehend vermoort. Nordöstlich von Damme finden wir Sandlöss. Hier handelt es sich um ein fruchtbares Ausnahmegebiet. Während die Hunteniederungen weitgehend vermoort sind, finden wir im Kartenausschnitt in Rüschendorf und nördlich von Rüschendorf den fruchtbaren Sandlöss, der grundsätzlich Ackerbau zulässt. Dieses Gebiet liegt auch — nach Westen gesehen — im Schutze der Dammer Berge. Die Dammer Berge heben sich über 100 m über das Gebiet des Zungenbeckens und die nach Norden anschließenden Grundmoränen.

Der geologischen Karte im Diercke Weltatlas Seite 74 ist zu entnehmen, dass die vorliegende typische Abfolge der glazialen Serie aus der vorletzten Eiszeit stammt.

Zur agrarwirtschaftliche Nutzung: Voraussetzung für die großräumige Ackernutzung der Flächen um den Dümmer war die Eindeichung. Auf der Grundlage dieses Schutzes vor Hochwasser ist die landwirtschaftliche Nutzung möglich.

Im Kartenausschnitt dominieren die monotonen großen Zweckbauten der Viehhaltungen (= „Bäuerliche Veredlungsbetriebe mit Stallungen"). An „Sonstigen Betrieben" sind in M2 für Rüschendorf lediglich drei Betriebe zu finden. Insofern muss eine beispiellose räumliche Konzentration bäuerlicher Veredlungsbetriebe vorliegen. Deutlich wird neben der Verdichtung von Stallanlagen auf den Hofplätzen die enge Koppelung von intensiver Tierhaltung mit Getreide- und Maisanbau. Das Vordringen der Ackerflächen in die Niederungsgebiete ist aus den Atlasangaben „Im großen Moor" und „Kuhweide" ableitbar.

Der Mais hat einen sehr hohen Flächenanteil. Es wird aber nicht ausschließlich Futtergetreide angebaut. Mit dem Anbau von Senf ist eine Industrierohstoffpflanze vorzufinden. Der Anbau von Weizen zeigt an, dass auch anspruchsvolle Pflanzen angebaut werden können.

zu 2

Zentrales Problem ist der hohe Anfall tierischer Exkremente. Sie werden mit Wasser verdünnt als Gülle auf die Flächen rund um den See aufgebracht. Dadurch wird das Grundwasser mit Nitraten belastet. Dies gefährdet den Dümmer und sein Umland, welches unter Naturschutz steht und Brut- und Rastplatz für gefährdete Vogelarten ist. Die Feuchtwiesen wurden besonders für den Maisanbau umgewidmet, damit besonders hohe Güllemengen aufgetragen werden können. Immer mehr Grundwasserbrunnen müssen schließen, weil sie den Grenzwert der bundesdeutschen Trinkwasserverordnung von 50 mg Nitrat pro Liter Wasser überschreiten. Die Gesundheit der Menschen in diesem Gebiet ist durch die hohe Nitratbelastung, selbst wenn sie unter den gesetzlichen Werten bleibt, gefährdet.

Infolge des Maisanbaus steigen Austrocknung und Erosionsanfälligkeit der Böden, da Mais weitständig und mit langen Brachezeiten (aber ohne Fruchtwechsel) angebaut werden kann.

Mit einer Schwermetallbelastung der Böden als Folge der Gülledüngung ist zu rechnen. In diesen Monokulturflächen ist intensiver Einsatz von Pestiziden erforderlich. Dies hat schädliche Auswirkungen auf Fauna, Flora und Wasser.

zu 3

Im Kartenausschnitt ist die Landwirtschaft in Gebiete vorgedrungen, die 1965 als Feuchtgrünland/ Dauergrünland galten. In neuerer Zeit hat man offensichtlich die Bedeutung dieses Gebietes für den Naturschutz erkannt. Große Teile des Raumes werden als geplantes Naturschutzgebiet und internationales Feuchtgebiet ausgewiesen. Es handelt sich u. a. um den Lebensraum gefährdeter Vogelarten.

Der Naturraum würde folgende sinnvolle Vorgabe bereitstellen:

In den vermoorten Gebieten sollte nicht mit erheblichem Aufwand Ackerland gewonnen werden. Die Gebiete, die für den Naturschutz besonders ausgewiesen sind, sollten vor intensiver landwirtschaftlicher Nutzung geschützt werden. In Rüschendorf und dem nördlich angrenzenden Lösslehmgebiet könnte Sonderkulturanbau betrieben werden.

Da die Entwicklung offensichtlich solche Vorgaben der Natur ignoriert hat (Wandel der Werte der Gesellschaft), müssten behutsam notwendige Veränderungen eingeleitet werden. Diesen Veränderungen kann man sich inzwischen nicht mehr entziehen, weil die Umweltgesetze eine weitere Ausbreitung und Intensivierung der Massentierhaltung unterbinden.

Eine radikale Forderung könnte darin bestehen, die Massentierhaltung in diesem Raum einzuschränken und neue Erwerbsmöglichkeiten in einer ökologischen Landwirtschaft auf Sonderkulturbasis mit Naturtourismus zu schaffen. Die Pflege und Erhaltung der wertvollen Naturschutzgebiete, die durchaus ausgeweitet werden könnten, würden völlig neue Arbeitsplätze erforderlich machen.

Überlegungen im Anschluss an M 3: Durch die Möglichkeit des Baus von Heizkraftwerken zur Verbrennung der anfallenden Menge an Trockenkot in der Hühnerhaltung ist dieser Betriebszweig unter Umweltgesichtspunkten vertretbar. Unabhängig davon müssen die Haltungsbedingungen grundsätzlich verbessert werden. Die Emissionsbelastung würde nur am Standort einer zentralen Verbrennungsanlage entstehen. Als Folgeeinrichtung könnte man beispielsweise Unterglaskulturen mit Wärme versorgen.

Folgerungen:

- Da die Nitratbelastung zu hoch ist und inzwischen ein Umdenken in Umweltfragen erfolgt ist, ist eine Reduzierung der Tierbestände unumgänglich.

- Hühnerhaltung im Rahmen neuer gesetzlicher Verordnungen kann weitergeführt werden, soweit die notwendige Verbrennungsanlage für Geflügelkot geschaffen wird. Hier müssen die Naturschützer zu einem Kompromiß bereit sein. Die Argumente der Naturschützer im Material sind nicht zwingend für ein Verbot.

- Durch die Geflügelkotverbrennung wird Wärme gewonnen, die in Unterglaskulturen genutzt werden kann.

- Der Boden und die Lage erlauben grundsätzlich eine anspruchsvolle landwirtschaftliche Nutzung im Sandlössgebiet. Sonderkulturen (z. B. Beerenfrüchte) und Unterglaskulturen lassen sich als Betriebszweige vereinbaren.

- Hingewiesen werden könnte darauf, dass Ansatzpunkte zu einer alternativen Landwirtschaft durchaus bereits zu verzeichnen sind. So ist Raps als Feldfrucht ein nachwachsender Rohstoff, während Senf ein Industrierohstoff ist.

In der Argumentation muss deutlich werden, dass die Materialien verstanden worden sind und mit einem angemessenen Problembewusstsein diskutiert wird.

Anschrift des Verfassers:

OStR Walter Lück, Hammerweg 72a, 51399 Burscheid

MATERIAL:

M3: Argumente gegen das geplante Heizkraftwerk; Quelle: Oldenburgische Volkszeitung vom 24.6.1995

Geflügelmistverbrennung: Nur ein „Akt der Verzweiflung"?

Oldenburger Münsterland - Die geplante Verbrennung von Geflügelmist lehnt der Naturschutzbund (NABU), Kreisgruppe Vechta, weiterhin ab.

Die Verantwortlichen würden hier auf ein englisches Konzept zurückgreifen. Dabei, so kritisieren die Naturschützer, habe gerade die Auseinandersetzung um die Versenkung der Ölplattform bewiesen, wie niedrig die Umweltstandards in England bisher gehandhabt werden.

Es mute schon als Akt der Verzweiflung an, wenn die Verantwortlichen der Projektträgergesellschaft sich ausgerechnet Anlagen im „Umweltschmuddelland" der EU als Vorbild nehmen würden.

Der NABU führt im wesentlichen sieben Argumente an, die gegen Geflügelmistverbrennung im Oldenburger Münsterland sprechen:

Jede Anlage dieser Art bringt zusätzliche Emissionen und Luftbelastungen.

Die gesundheitlichen Gefahren und Risiken sind nicht genügend einschätzbar, hier wird die Bevölkerung als Versuchskaninchen benutzt.

Die geplante Kapazität erfordert eine riesige Anlage mit allen Begleiterscheinungen wie Lagerhaltung von Trockenkot, Anlieferung und daher zusätzliche Verkehrsbelastung.

Mit dieser Anlage wird versucht, den Landwirten zu suggerieren, dass die Probleme der Schweinegülle über diesen Umweg zu lösen seien.

Die Errichtung der Anlage und ihr Betrieb ist nur in Verbindung mit dem geplanten Restmüllzentrum zu sehen und bedeutet die Fortführung der Pläne eines riesigen Müllparks.

Es werden sich nur Betriebe aus dem Müllbereich ansiedeln, d. h. die Firmen in einem bestehenden Gewerbegebiet werden nicht mitziehen.

Anstelle eines Konzeptes für die Zukunft, ist dies nur ein windiges Vorhaben.

Abschließende Kommentierung:

In meiner Philosophie geht es immer um konkrete Verwirklichung von menschlichen Anliegen. So wie mir die vorgetragene Wahrheitssuche fundamental ist, so wurde mir der ökologische Ansatz tragend. Meine damaligen Ideen für die Umnutzung des Raumes wurden in der Zwischenzeit teilweise ganz konkret von den Planern dieses Raumes umgesetzt, auf das Raumbeispiel wurde im Internet verwiesen. Die Verbindung des philosophischen Ansatzes mit ganz konkreten sozialgeographischen Verknüpfungen in Raumbeispielen führt zu einem Menschenbild, wie es für unsere Zeit fern von oberflächlichem Bildungskanonvermittlung, wie er noch in einigen Köpfen beheimatet ist, auf die künftigen Aufgaben der Schüler in unserer Gesellschaft optimal vorbereitet.

Für eine Öffnung zu diesem Denken danke ich besonders meinem Universitätslehrer Borden (Universität Bonn), der die beiden Fächer Pädagogik und Philosophie lehrte und während seiner Lehramtszeit an einem Gymnasium auch das Fach Geographie unterrichtet hatte.

Als ich die oben vorgetragene Aufgabenstellung meinem neuen Schulleiter in einem folgenden Jahr im Rahmen der routinemäßigen Überprüfung von Klausuren, die durch den Schulleiter vorgeschrieben ist, vorlegte, schrieb er (wohl spontan) drunter: „Respekt, Herr Kollege", er hatte also sehr wohl meinen Ansatz verstanden und wusste dies zu würdigen, im Gegensatz zu dem vormaligen Schulleiter, der in einer schriftlichen Bemerkung zur Kenntnisnahme der Klausuren auf den Beurteilungsbogen mit roter Tinte (!) zu meinen Kommentierungen schrieb:

„Fein gemacht, den Schülern werden die ausführlichen Kommentierungen hilfreich sein."

Da hatte man sich mehr an vorgegebenen althergebrachten Klischees zu orientieren und wurde wie ein Untergebener, Abhängiger, Unmündiger betrachtet, was ich innerlich nie angenommen hatte.

Die Materialien 1- 3 können von mir per Internet angefordert werden.

Walter.Lueck@t-online.de

Werden und Vergehen

Haltung in/zu menschlichen Grundfragen: Scheitern und Wiederauferstehen

Brief zu einer Verabschiedung

Verabschiedung

Liebe (...),

zu deiner Verabschiedung aus dem Schuldienst möchte ich Dir ein paar Zeilen schreiben.

In Dir hatte ich einen der wenigen authentischen Menschen kennen lernen dürfen. Das heutige Menschenbild ist so ganz anders wie das, was ich im "harten Kern" Eurer Kolleginnengruppe, die sich regelmäßig trafen, kennen gelernt habe. Du warst immer ausgeglichen, offen, ohne Druck vernünftig zeiteinteilend, ohne je die Übersicht zu verlieren. Du warst im Kollegium der Fels in der Brandung, die sich einerseits mit allem so auseinandersetzte, wie es die Sache erforderte, aber ohne je von Kleinigkeiten als Selbstzweck aufgefressen zu werden.

Mich faszinieren immer die Hintergründe solcher Alltagsmenschen, die unauffällig authentisch wirken. Vielleicht fange ich mit einem Vergleich an. Ihr hattet in der Schule einen "harten Kern", so wie sich zumindest (...) diese Gruppe von Kolleginnen nannte. Diese Kolleginnen trafen sich regelmäßig einmal im Monat und tauschten sich in privater Atmosphäre über schulische und private Dinge aus. Du und

(...) waren im Rahmen dieses Umfeldes die Persönlichkeiten mit etwas mehr Tiefgang und weiterem Horizont. Dabei erschütterte mich, als mir (...) anvertraute, dass alle nur oberflächlich verbunden seien, dies eine reine pragmatische Verbindung sei und die Kolleginnen schon lägst meine Frau "herausgeschmissen" hätten, wenn ihr Tod (sie hatte ja Krebs und mehrfache Operationen) nicht absehbar wäre. Ich stellte mir solche Treffen immer bildlich vor: Jemand ist nett, freundlich, herzlich, proklamiert laut und aufgetragen immer wieder die Freundschaft und lebt dabei in seinem Herzen woanders, und ganz anders. Wir kümmerten uns jeweils um die Mutter von (...) , wenn die "jungen" Leute alljährlich unbekümmert-sorglos in Urlaub fuhren. Die Betreuung ging so weit, dass wir sie auch, wenn sie in dieser Zeit für ein paar Tage in ein Kurbad ausgelagert worden war, besuchten, beispielsweise in Bad Pyrmont und Bad Neuenahr. Ich hatte hieran derart herzliche und glückliche Erinnerungen, dass ich mit meiner jetzigen Frau diese Orte jeweils aufsuchte. Als wir mit dieser alten Frau beispielsweise nach Maria Laach fuhren, endete dieser Ausflug damit, dass die alte Frau aus dem Hotel Maria Laach mit Notwagen und Blaulicht in ein Krankenhaus gebracht werden musste, weil (...) uns nicht auf notwendige Medikamente und Verhaltensmaßnahmen in sich wiederholenden lebensbedrohenden Situationen hingewiesen hatte. Im Krankenhaus war daher der Gesundheitszustand schnell abgeklärt und wir konnten die Frau am Abend trotz Notfalltransport ins Krankenhaus wohlbehalten bei (...) wieder abliefern, die Tochter registrierte den Vorfall überhaupt nicht. Offensichtlich, als die alte Dame nicht mehr antworten konnte und ich kein Dankeschön für einen großen Blumenstrauß bekam, den ich ihr zu einem Geburtstag geschickt hatte, war dann die Verbindung meinerseits auch zwangsläufig beendet. Und als ich glaubte, jetzt lang genug auf ein Lebenszeichen gewartet zu haben und ich von mir aus anfragte, ob ich die Dame zu ihrem Geburtstagsfest besuchen dürfe, bekam ich ohne Kommentar eine Todesanzeige geschickt, der zu entnehmen war, dass die alte Dame vor einem Jahr verstorben war.

Meine Lebenserfahrung ist, dass die meisten Menschen oberflächlich durch das Leben schliddern und selbst in engen Freundschaften und Ehen nichts unverbrüchlich Tragendes ist. Mehr tragend sind wohl nur Rivalität, Abwerten, Neid, Verachten.

Lebenstiefe wird nur erreicht, wenn einen das Leben herausgefordert hat, wenn man so ganz unten war, und wenn man sich dann herausgearbeitet hat, allein, nur im Vertrauen auf die eigene Kraft, den eigenen Wert, die eigene Würde. Das "Ganz unten" kann in der Kindheit liegen, kann von Menschen bereitet worden sein, von Zeitumständen, von Fehlschlägen jeglicher Art.

Dabei habe ich dich ja erfahren, als du ganz unten warst. Während deine Schwester permanent in der Zeitung stand als wichtige Person, mit Artikel über jedes Projekt, auch wenn es noch so klein und nichts sagend war, den Weg in die Lokalzeitung suchte, hattest du so viele persönliche Tiefschläge, dass du Trinkerin wurdest. Meine Frau hat immer zu Dir gestanden, immer hinter Dir gestanden. Sie hätte und hat ja auch ganz konkret alles für Dich getan, um Dich „aus der Gosse zu holen". Du hast dann u.a. eine Entziehungskur in der Nähe von Maria Laach gemacht und aus dem Glauben an aufrichtige Menschen ganz von unten innerlich wieder aufgebaut und wurdest auf dieser Erfahrung der absoluten unüberbietbaren Tiefe der wunderbare authentische Mensch, der Du geworden bist, zumal du auch an Glück, und an selbst aufgebauten inneren früheren psychischen Reichtum, anknüpfen konntest.

Nur in persönlichen Herausforderungen lernt man die Menschen kennen. Es waren ja wenige Kolleginnen und Verwandte, die Hedwig besuchten, als sie gesundheitlich keine Kraft mehr hatte, sich gegen irgendjemanden zu wehren. Leute wie (...) hätten und haben sie nie mehr besucht. Deine innere Verbundenheit war eine ganz andere: zutiefst ehrlich, in erfahrener Lebenstiefe, die in der Situation zwar hart und brutal jeweils ist, die man keinem wünschen würde, um vertiefter Mensch zu werden. Aber wenn man da herauskommt, aus eigener Kraft, mit der Gnade der Hilfe anderer Menschen, die ihren eigenen Tiefgang haben, dann ist dies mehr als alle Karriereschritte, Lottogewinne, angepasstes leichtes und erfolgreiches Vorwärtsgleiten durch das Leben als hingenommener sich nicht bewusster Spielball des Schicksals.

Du hast innerlich viel erreicht, dein neuer Lebensabschnitt nach der Pensionierung wird dir noch reichliche Erfahrungen und noch mehr Genießen schenken.

In diesem Sinne wünsche ich Dir weiterhin psychische und körperliche Gesundheit

Ein Kind wird geboren

Was eine Kinderseele aus jedem Blick verspricht,

so reich ist doch an Hoffnung ein ganzer Frühling nicht.

(Hoffmann von Fallersleben)

Dieser Satz gefällt mir sehr gut, spricht er doch das aus, was das von mir vertretene anthropologische Seinsverständnis beinhaltet.

Hoffmann von Fallersleben hebt in der ersten Zeile ab auf „Blick“ und „versprechen“.

Noch ist ein Kind nicht sozialisiert und damit eingepasst in die Gesellschaft. Noch kann es sich nicht in der erwachsenen Ausdrucksfähigkeit adäquat artikulieren, die Seele zeigt sich unverstellt in dem Blick. Der Blick ist offen, freudig, glücklich, das Kind ist der Welt ohne jede Einschränkung zugewandt.

Der Blick sagt: Das Abenteuer Leben kann beginnen.

Alle Möglichkeiten für dieses Abenteuer sind gegeben.

Mögen ihm die Eltern eine weltzugewandte zukunftsoffene Lebenssicht vorbildlich vorgelebt selbst verkörpern und dafür sorgen, das alle Möglichkeiten zur Entfaltung von Geist, Verstand und Seele vorgestellt und angeboten werden.

Dieses werdende Leben ist ganz von der Hoffnung geprägt. Einer Hoffnung, die aber nicht im luftleeren Raum dahinschwebt, der Nahrung gegeben werden muss für jeden Tag. Die Eltern haben dem Kind das Leben geschenkt, das Kind wurde mit dieser Welt konfrontiert, jetzt will sich Leben entfalten. So wie das Kind das tägliche Essen bekommt, so braucht es auf seinem Weg die tägliche Nahrung genauso für Seele, Geist und Verstand.

Das Kind wird annehmen und spüren, ob es die Geborgenheit, in der Leben nur gedeihen kann, geschenkt bekommt.

Ein solches Kind wird nicht in das Leben „geworfen", nicht „sozialisiert von dem Zeitgeist", sondern es wird mit dem umsorgt in und mit dem, was in der Pädagogik als Personalisation dargestellt wird.

Frühling steht für einen solchen Anfang. Das Werden kann beginnen.

Und wie sieht oft die Realität aus?

Eltern schenken kein Leben im echten Sinne des Wortes, sondern sie „setzen Lebensanfang", weil sie selbst Defizite in sich spüren und nun bei einem Kinde die Sünden des eigenen Versagens abladen.

Da ist der verantwortungslose Luftikus, der sich durch das Leben geschnorrt und sich aus allem Gebotenen die Rosinen herausgepickt hatte, bis er in Hartz IV abstürzte und neben einer geleerten Rotweinflasche sein Ende perspektivlos hinnehmen musste.

Da ist eine Mutter, die bis zum 30. Lebensjahr keinen Arbeitsplatz gesehen hatte, sich von den Eltern in komfortabler Lebensausstattung ohne jede Leistung aushalten ließ und die dann ihre Eltern aus ihrem Leben aussperrte, als sie anrufen wollten, um zu wissen, wie es ihr geht. Deren Telefonverbindung gesperrt wurde, damit nur ja niemand vielleicht in das Gewissen der Lebensvergeudenden einreden konnte. Sie war gewohnt, alles zu nehmen, alles geboten zu bekommen, nichts zu tun, nichts zu leisten, sich dem Leben nicht würdig zu zeigen. So lebte sie ein Jahrzehnt mit zur Verfügung gestelltem Auto, zur Verfügung gestellter Wohnung, und wenn die Eltern an ihrem Geburtstag wenigstens einen Blumengruß persönlich abgeben wollten, fanden sie sich Jahr für Jahr vor einer verschlossenen Wohnungstür.

Sie hatte sich ein anderes Vorbild gewählt. Ihr als Vorbild gesehener Onkel wohnte zeitlebens bis in dessen sechsten Lebensjahrzehnt bei seinen Eltern, die hatten für die tägliche Essensbereitung und das Dach über dem Kopf zu sorgen. Als dessen Eltern starben, konnte und sollte er das mit der Mutter (Schwester) gemeinsam geerbte Elternhaus übernehmen, dafür hätte er nur der Schwester einen angemessenen Erbanteil ausbezahlen müssen. Statt selbst einmal ein Dach über dem Kopf haben zu wollen, beantragte er die Zwangsversteigerung, um an Geld zu kommen, die reichlich angesammelten Freundinnen sollten fürderhin dafür sorgen, dass ihm von neuer Stelle ein Dach über dem Kopf und sein tägliches Brot dargeboten wurden.

Er wurde von dem Kind zu dem Freiheitshelden hochstilisiert, der ohne Arbeit, ohne Lebensperspektive, ohne Glauben an sich und seine wirklichen Fähigkeiten sich durch das Leben schnorrte mit den Freiheitsparolen von gestern.

Wird ein Kind mit derartigen Strukturen sein Glück finden?

Einerseits kann sich kaum jemand aus solchen Belastungen befreien. Die Herausforderungen für ein solches Leben sind einfach übermächtig. Wer mit beiden Beinen im Leben steht und vielfältige Erfahrungen mit solchen Menschen, beispielsweise in einer Sonderschule für Heimkinder, gesammelt hat, kennt realistisch den engen Rahmen der Gestaltungsmöglichkeiten.

Und doch.

Leben vollzieht sich auch und gerade in innerlich erkanntem und dem äußeren Lebensweg entgegengesetztem Widerstand. Widerstand ist immer auch Geschenk, soweit er den betroffenen Menschen nicht erdrückt.

Irgendwann wird jeder Mensch für sich selbst verantwortlich und kann ganz bewusst einen verantwortungsvollen Anfangspunkt für ein künftiges Leben setzen. Und keiner ist ja mit nichts ins Leben entlassen worden. Die positiven Ansätze beispielsweise auch von einem vorgelebten Freiheitsideal und einem liebenswürdigen Taugenichts, was zwar insgesamt verantwortungslos war, kann dennoch in seinem positiven Ansatz gesehen und in den positiven Aspekten in einen verantwortungsvollen Lebensvollzug integriert werden.

Letztlich geht es dann darum, ob sich jemand seinen Depressionen, seinen Vergleichen mit vermeintlich anderen erfüllteren Lebensentwürfen, seinen Vorwürfen gegenüber seinen empfundenen Sozialisationsbedingungen hingibt und frustriert die Brocken hinschmeißt, weil Hartz IV jeden Menschen aufzufangen vermag, ob also jemand Leben auffasst als eine Bürde und Last, für den es in seiner Einschätzung besser gewesen sei, wenn er nicht geboren worden wäre, oder ob er das Geschenk des Lebens bewusst annehmen will, sich einen „Frühling setzt", seinen Blick klar nach vorne richtet und die menschliche Hoffnung in ihren Möglichkeiten bewusst lebt.

Und letztlich kann ein neuer Mensch auch für die Eltern, die sich abgeschrieben haben, ein Impuls für eine neue Auseinandersetzung mit dem Leben abgeben. Mögen die Eltern sich abgeschrieben haben, aber da ist ein werdendes Leben, das eine Aufgabe setzt, die man annehmen kann. Und indem ich, auch wenn das eigene Leben schon weggeschmissen worden war, diese Aufgabe um des Kindes willen annehme, werden in mir wieder neue Lebensmöglichkeiten frei:

Neue Lebensmöglichkeiten für das bewusste verantwortungsvolle Setzen für einen Neuanfangspunkt.

Nehmen wir in jedem neuen Leben wahr, dass es um die Chance zu einem Weg des neuen Lebens **und** den Weg der Eltern geht, wobei in beiden Fällen neue Ausgangspunkte zum Leben gegeben werden.

Jedes Kind ist eine Chance, eine Verpflichtung, ein Appell zu sorgfältigem Umgang mit dem Geschenk des Lebens.

Kommentierung:

Das Ausgangszitat wird sicherlich inhaltlich von einer Mehrzahl von Eltern geteilt, zumal in einer abgehobenen Sichtweise ohne die konkrete Erfahrung der Elternschaft. Selbst in der Bibel wird auf das Kindsein hingewiesen mit dem bekannten Zitat: "Wenn ihr nicht werdet wie die Kinder."

Mein Beitrag sollte eine einseitige Sichtweise in ihrem inhaltlichen Wert relativieren und für die Aufgaben und Belastungen der Elternschaft sensibilisieren.

Fazit:

Einladungen zu Geburt und Taufe können vordergründig gesehen und "abgearbeitet" werden.

Für mich sind Konfrontationen mit Taufen, Beerdigung immer Anlass, mich mit den betreffenden Familienhintergründen auseinanderzusetzen und nachzudenken und dies in der jeweiligen Haltung dann ungewollt und unbewusst rüberzubringen.

Wenn einer bei einer Beerdigung von einer "Beerdigungsparty" spricht oder eine Taufe eine vordergründige Abrechnung mit der eigenen Religion ist, wird die Chance von Begegnung und notwendiger Konfrontation vertan.

Geburt und Taufe sind mir Impuls zu einer Auseinandersetzung mit dem Leben. Die Öffnung der Menschen und deren Erreichbarkeit wird sich nie mehr in derartiger Ansprechtiefe ergeben. Je mehr ich mich darauf vorbereite, desto sensibler kann ich in der Situation mit den Menschen umgehen.

Dagegen habe ich Kollegen als Priester erlebt, die mir vor einer Beerdigung in entsprechender Haltung sagten: "Schon wieder eine Beerdigung. Mein Tag ist wieder randvoll." Oder ein Priester sagte mir bei der Beerdigung meiner Frau desinteressiert, weil er zur pfarramtlichen Vertretung eingesetzt worden war: "Ihre Frau interessiert mich nicht, ich werde nichts dazu sagen, auch wenn sie im Domchor Jahrzehnte gesungen hat, Firmunterricht geleitet hatte und katholischen Religionsunterricht gegeben hatte, weil ich ja so gar nichts von ihr persönlich weiß. Ich lasse alles formal ablaufen."

Werden in Distanz zu pragmatischer Religion

Erinnerung an einen Schulkameraden

„Verlassen hast du uns schon vor langer Zeit- kein Leben- kein Tod". So stand es in der Traueranzeige. Mein Schulkamerad (...) war zuletzt in der Langezeitrehabilitation und der Intensivpflege, in einem langen Abschied.

Menschen, die wir lieben, bleiben in uns, denn sie sind eine Wurzel unseres Werdens, die für dumpfe Augen unsichtbar bleibt. Wir leben aus unseren Begegnungen in der Vergangenheit auf ein nicht konkret vorgegebenes Ziel der Zukunft hin. Diesen Schulkamerad habe ich immer als Vorbild bewundert. Er hatte als einziger vor dem Abitur den Mut, sich zu seiner Religionsablehnung als Abiturfach zu bekennen und damit gegen übliche eingefahrene Schulstrukturen seine innere Haltung zu bekennen und für sich durchzusetzen. Während andere, ohne nachzudenken, das Vorgegebene hinnahmen, war da ein Wille zur inneren Wahrheit, zu eigenem Denken, zu eigener Würde in der Lebenslinie, in einer bewundernswerten Klarheit und Festigkeit. Pragmatisch orientierte Religionsausübung war ihm fremd, wobei er für das Unbegreifliche in seiner Art und Weise fundamental offen war. Und symbolisch hat er für seinen Eintritt in die Ewigkeit nochmals eine Zeit der Besinnung für die Menschen, die sein Denken teilten, gesetzt. Während fromme Freunde sicherlich darauf setzen, dass die Zeit alle Wunden heilt, wußte er in voller Klarheit, dass Leben auch heißt, mit dem Schmerzlichen umzugehen. Er war nie ein innerer Soldat, der das Vorgegebene kritiklos gelebt hätte und ein kritikloser Ausführender des Lebens geworden wäre.

Als Klassenkamerad in seiner Abiturklasse bleibt mir (...) in bewundernswerter und leuchtender Erinnerung.

Walter Lück Burscheid

Ein erfahrenes Vorbild

Ich spreche Ihnen hiermit

mein herzliches Beileid aus.

(...) nutzte in seiner

aufmerksamen, höflichen,

interessierten zuversichtlichen Art

das Geschenk des Lebens.

Er war immer um Ausgleich bemüht

und konnte über den Tellerrand hinaus

größere Zusammenhänge sehen,

was ihm ruhige Bedächtigkeit

und Zuverlässlichkeit in seinem Urteil verlieh.

Ich hoffe, dass Ihnen Kraft und Trost zuteil werden,

den Verlust zu ertragen.

(...), der mir zu einem menschlichen Vorbild

geworden ist, wird mir als nachbarschaftlicher Freund

in würdevoller Erinnerung bleiben

Mit stillem Gruß

Auseinandersetzung mit kirchlichem Denken

Das Wort zum Sonntag

Im Wort zum Sonntag werden durchschnittliche Christen in allgemeinen Beispielen aus dem konkreten Leben ohne theologischen Selbstzweck angesprochen. Ein Beispiel, das leicht nachvollzogen werden kann, wird in der Regel jeweils theologisch ausgewertet. Um einen Übergang zu finden von den persönlichen Begegnungen, erfolgt somit eine Auseinandersetzung zu allgemeinen religiös - ethischen Fragen, wobei der Sprecher in der Regel bemüht ist, den Bezug zu christlichen Aussagen herzustellen.

In meinem Buch setze ich damit einen **Übergang** zu Überlegungen, die nicht mehr weder von der Vergangenheit noch dem persönlichen rein subjektiven Urteil bestimmt sind, sondern die sich in der Regel an Gottes Wort orientieren.

"Wahrheit um jeden Preis?"

Quelle:
Das "Wort zum Sonntag" in der ARD vom 9.11.2013,
gesprochen von: Pastorin Annette Behnken
zum Thema: Wahrheit um jeden Preis?
Aus dem Sendetext:

"....Wenn ich mir vorstelle, ich hätte so einen Whistleblower in meiner Firma. Einen, der genau beobachtet, was schief läuft. Wo gemauschelt und betrogen wird. Und eben auch mitkriegt, wo meine Kollegen und ich uns nicht korrekt verhalten. Und der erzählt das dann. Ich wäre sauer. Ich würde mich verraten fühlen. Was ist denn das für ein Kollege? Das ist doch nicht loyal! "Nestbeschmutzer" würde ich wahrscheinlich denken. Der sagt die Wahrheit, aber gefährdet damit Arbeitsplätze, auch meinen. Ist das die Wahrheit wert?

Ja. Ist es. Keine Denunzianten, aber kritische Geister, die braucht unsere Gesellschaft. Menschen, die uns wachrütteln und laut sagen, was schief läuft. In der Bibel heißen solche Querulanten Propheten. Jesaja, Jeremia oder Amos: Die ersten Querulanten der Zeitrechnung. Unbequeme Kritiker und Mahner ihrer Zeit. Sie prangern an: Betrug und Bestechung, Ungerechtigkeit, Unterdrückung der Armen. "Ihr habt das Recht in Gift verwandelt", sagt der Prophet Amos.

Ein großer und unbequemer Anspruch, den die Propheten an uns stellen: dass die Wahrheit gesagt werden muss. Weil sie eine befreiende Wirkung hat. "Die Wahrheit wird Euch frei machen", heißt es in der Bibel.

...Angenommen es klingelt jetzt an Ihrer Tür. Sie öffnen. Und da steht so einer, ein Querulant und Whistleblower wie Edward Snowden. Tür auf oder Tür zu ? Wie wäre es, wenn wir ihn hereinbitten, das Gästebett beziehen, einen guten Kaffee kochen und sagen: Erzähl mal."

Kritik zu dem vorgetragenen Anspruch der Wahrheit:

Welches Weltbild entwirft die Pastorin?

Sie bezeichnet ihr pastorales Arbeitsfeld als "Firma". Sie möchte nicht genau beobachtet und gesehen werden mit dem, was schief läuft. Sie möchte nicht, dass jemand mitbekommt, dass sie sich nicht korrekt verhält, natürlich inklusive der Kollegen in diesem Berufsfeld. Mauscheln und Betrügen ist da normale Arbeitsatmosphäre.

Der als "Nestbeschmutzer" eingestufte Kollege wird wegen der Gefährdung der Arbeitsplätze schief angesehen.

Selbst wenn ich von der besonderen Situation des Arbeitsplatzes einer kirchlichen Mitarbeiterin absehe (wo ja besondere Bedingungen von der christlichen Grundlage her sein müssten, dass da Mauscheln und Betrug ausgeschlossen sein müssten), würde ich mich auf einem solchen Arbeitsplatz nicht wohl fühlen.

Ist dies wirklich menschliche Realität? Muss dies so sein, oder kann nicht jeder am Abbau solcher Schieflagen konstruktiv mitarbeiten?

Die Pastorin spricht aus, dass unsere Gesellschaft kritische Geister braucht, die "laut sagen", also aussprechen, wo was schief läuft.

Ich finde das vorgetragene Gesellschaftsbild sehr schwach, feige und genau besehen duckmäuserisch. Kann man Missstände in der Firma nicht ehrlich ansprechen? Gibt es dafür nicht organisierte Gremien, an die man sich wenden kann? Muss man das Modell des kirchlichen Arbeitsplatzes auf die gesamte Arbeitsplatzsituation übertragen?

Und dann hebt die Pastorin ab auf das christliche Aufdecken in den Zeiten der Propheten. Schon vor der Zeitenwende gab es demnach Betrug, Bestechung, Unterdrückung.

Der lautstark vertretene Anspruch der Christen war damals wie heute: die Wahrheit zu sagen wegen der befreienden Wirkung.

Wir stellen also immer wieder fest: Das ganz normale Leben, das ganz normale Verhalten und der Anspruch des Christen, dem Worte nach, klaffen auseinander. Sie haben bis heute keine gerechte und wahre Welt geschaffen. Moderne Theologen beziehen sich dann in dieses so normale und durchschnittliche und mainstream-abgesicherte Fehlverhalten ein, da wird quasi als Ablenkmanöver eine entsprechende Sprache gewählt, die einfach und Nähe suggerierend sein soll, weil sie von der Erfüllung des Wahrheitsanspruches konkret überfordert zu sein scheinen.

Sprüche, für andere, sind die eine Seite, und an sich arbeiten, Anforderungen an sich stellen, das andere, das nicht in den Blickwinkel gerät.

Es wäre doch furchtbar interessant, einmal aus Beichtgesprächen zu analysieren, was den gläubigen Menschen als fehlerhaftes Verhalten denn überhaupt noch bewusst werden kann.

Wahrheit ist das Fundament unseres Selbstverständnisses, da entstünden gewaltige Ansprüche an uns, wenn wir daran arbeiten würden.

So ergibt sich die spannende Frage:

Was an kleinen Schritten, zu einem fundamentalen Anspruch hin, können wir realistisch gehen? Und da wird dann häufig empfohlen, betroffene Menschen einfach mal erzählen zu lassen. Im Urlaub hatten wir ein Zimmer neben einem Tagesraum des Hotels. In diesen Tagesraum hatte ein Gastehepaar des Hotels einen Whistleblower eingeladen, der als Nichthausgast ständig in der Nähe des Hauses war und alles beobachtete. Das Gastehepaar "feierte" mit diesem Informanten zu dem Haus laut und bis weit über Mitternacht und hatte so gar kein Verständnis dafür, dass und als die anderen Gäste diese Gastfreundschaft durch den Hotelbesitzer verbieten ließen.

Es ist reichlich naiv und oberflächlich, wenn man für jeden Whistleblower, der irgendwo was auskundschaftet, das ihm persönlich aufdeckenswert ist, "ein Gästebett bezieht und einen guten Kaffee kocht".

Gerade in der Vorweihnachtszeit steht die Zeitung voll von Berichten, wie Menschen bestohlen und betrogen werden; zu den bekannten Maschen kommen täglich neue Varianten, die viel kreatives betrügerisches Potential aufzeigen, hinzu.

Probleme der Welt werden nicht mal punktuell und bescheiden erträglicher abgemindert, es sind oft vergebliche Liebesbemühungen von den Christen des Alltags und den Propheten aus der Geschichte, die nichts bringen, die zelebriert werden. Die Probleme bezüglich

Verwirklichung von Wahrheit werden verschleiert und gerade deswegen hat sich seit den Zeiten der genannten Propheten nichts wirklich bewegt.

Gottesgeschenk

"Wort zum Sonntag" vom 24.08.2013, Stefan Claaß

Schulerinnerungen zu Vertrauen

"Eine wichtige Kursarbeit in Mathematik, Klasse 12. Ich war siebzehn. Ausgerechnet an diesem Morgen kam ich 40 Minuten zu spät, weil ich auf dem Schulweg Zeuge eines Verkehrsunfalls wurde. In der Schule angekommen, hat mir meine Mathelehrerin das Arbeitsblatt in die Hände gedrückt und gesagt: "Schreiben Sie die Pause durch und hängen Sie noch 20 Minuten dran. Sie können mir dann die Arbeit in Raum soundso bringen". Im ersten Moment war ich total erleichtert, nicht allein nachschreiben zu müssen. In den Wochen danach habe ich mich gefragt, wie ich das deuten sollte. War sie naiv? Leichtfertig? Optimistisch? Was für ein Vertrauen! Ich hätte doch in aller Ruhe spicken können.....

Vor ein paar Wochen habe ich meine Mathelehrerin wieder getroffen. Nach 30 Jahren. Und ich habe sie nach der Arbeit damals gefragt. Sie hat erwidert "Das hätte ich nicht bei jedem gemacht." Sie war nicht naiv. Aus heutiger Sicht würde ich sagen: Sie war erfahren und risikobereit. Gott sei Dank! Dadurch habe ich von ihr nicht nur Differentialrechnung, sondern auch etwas fürs Leben gelernt. Meine Mathelehrerin hat mir nicht blind vertraut, sondern sehend, aber sie hat mir vertraut. Und ihr Vertrauen hat mich bis heute tief geprägt. Ein echtes Gottesgeschenk."

Wirklich ein "echtes Gottesgeschenk"?

Der Schüler war Zeuge eines Unfalles, hat sich deswegen verspätet und hat den Zeitpunkt des Beginns der Unterrichtstunden mit einer anstehenden Kursarbeit versäumt.

Wie solle die Lehrerin damit umgehen?

Es hätte ein Recht auf Nachschreibendürfen angestanden. Für den Schüler hätte es den Vorteil gehabt, dass er entspannt und ruhig diese Kursarbeit angehen kann, er hätte auch erfahren, wie die Fragestellungen der versäumten Klausur gewesen wären und hätte daraus seine weitere Vorbereitung ableiten können.

Für die Lehrerin hieß das Fehlen des Schülers: Eine neue gleichwertige Aufgabe suchen und vorbereiten zu müssen, einzeln zu korrigieren statt einer Korrektur in einem Rutsch bei identischen Aufgaben. Sie lässt den Schüler unbeaufsichtigt die Prüfungsarbeit schreiben und kümmert sich nicht weiter darum.

Der Schüler fragt sich: "Ist die naiv, lässt mich in aller Ruhe spicken"?

Ich war als Schüler in derselben Situation. Wir schrieben damals noch in Klassenarbeitshefte, wir mussten zur Klassenarbeit die Hefte von zu Hause mitbringen. Ich hatte vergessen, mein Klassenarbeitsheft einzustecken und saß da ohne die Möglichkeit mitzuschreiben. Der strenge Mathelehrer sagte mir, ich solle die Arbeit auf Blätter schreiben und zur Strafe müsse ich am Nachmittag zur Schule kommen, um die auf Blätter mitgeschriebene Klassenarbeit in mein Klassenarbeitsheft zu übertragen. Er hatte am Nachmittag Vorbereitungen zu erledigen, ich konnte mich in seinen Raum setzen und die Klassenarbeit übertragen. Schnell hatte ich erkannt, dass er die morgendliche Klassenarbeit noch nicht korrigiert hatte, dass alles noch jungfräulich war. Da war es doch natürlich, dass ich in meiner Klassenarbeit nutzte, was ich in den Nachbesprechungen der Klasse in Bezug auf meine Fehler gelernt hatte. Die Klassenarbeit korrigierte ich entsprechend und übertrug diese Arbeit in das Klassenarbeitsheft. Nach der Eintragungszeit gab ich Blatt und Heft ab und der Lehrer meinte: "Hast Du jetzt auch alles richtig?" Ich war verdutzt und ich sagte ehrlich: Ja. Und dies nahm er wohlwollend zur Kenntnis. Er war Realist genug, um zu wissen, dass ich "meine Chance" genutzt hatte, und für ihn zählte, dass seine geschriebene Arbeit mit der Klasse jetzt vollständig war.

Der Lehrer hatte es sich also einfach gemacht, er ließ mich die Klassenarbeit ohne ernsthafte Aufsicht übertragen, und er wusste, dass zwischen "Gelegenheit macht Diebe" und Ehrlichkeit kein Bruch war. Ich war spontan ehrlich, aber ich war doch nicht naiv.

Mit diesen sonst bei frommen Lehrern vorgefundenen Strukturen hatte ich immer meine Probleme, weil sie ja von Grund auf unehrlich sind.

Wir hatten einen Lateinlehrer, der auch auf dieser Vertrauenswelle mitschwamm. Er ließ uns bei der Klassenarbeit allein und ging demonstrativ für längere Zeit aus dem Klassenarbeitsraum. Anschließend verdächtigte er Schüler, dass sie wohl abgeschrieben haben, als er weg war. Ich hatte in den Klassenarbeiten gute Benotungsergebnisse, aber als die Blauen Briefe wegen Gefahr der Nichtversetzung verteilt wurden, bekam ich einen blauen Brief wegen nicht ausreichender Leistungen, offensichtlich konnte er beliebig Schüler verdächtigen, sein Vertrauen missbraucht zu haben.

Ähnlich erlebte ich es bei einer Klausur in der Uni bei einem katholischen Theologen. Alle saßen so eng, wir hatten keine Tische, nur Stühle mit einer behelfsmäßigen Schreibfläche. Die Klausuren wanderten zwischen den Nachbarn hin und her. Alle konnten miteinander vergleichen. Als wir die Klausurergebnisse bekamen, hatten die einen ausreichende Leistungen bescheinigt und die anderen waren als unter den Anforderungen beurteilt.

Ein abschließendes Beispiel für Vertrauen. Nach den Bundesjugendspielen lagen die Blätter mit den angekreuzten Leistungen der Schüler in einem Klassenraum herum. Jeder konnte die mit Bleistift eingetragenen Leistungen mit den entsprechend erreichten Punkten, auf deren Grundlage dann Urkunden ausgestellt wurden, mit danebenliegendem Radiergummi und Bleistift abändern. Der Sportlehrer erfuhr von dieser Manipulation und alle mussten in der nächsten Sportstunde die Leistungen nochmals wiederholen. Demonstrativ nahm er mich von dieser Leistungsüberprüfung aus, weil für ihn klar war, dass ich niemals manipulieren würde.

Die Aussage im Wort zum Sonntag : "Das hätte ich nicht bei jedem gemacht" macht ja die ganze übliche christlich Naivität deutlich. Gelegenheit macht Diebe, jeder mogelt dort, wo er keinem weh tut, keinem was wegnimmt, das Schicksal mal positiv ausgleichen lässt. Wir werden oft benachteiligt und wir werden genauso oft ungerechtfertigt beschenkt. Unter dem Strich gleicht sich alles im Leben aus.

Was aber heißt "Das hätte ich nicht bei jedem gemacht" als Grundhaltung konkret?

Die Lehrerin in dem Beispiel ist risikobereit, weil sie den Vorteil davon hat, wie oben dargestellt. Ihre Bequemlichkeit stellt sie als große psychische Leistungen und Menschenkenntnis heraus. Sie weiß, wem sie vertrauen kann.

Ich hatte eine Schülerin, die jedes Diktat fehlerfrei schrieb. Ungelesen könnte man unter die Arbeit eine "sehr gut" Bewertung setzen. Diese Arbeit konnte ich sofort zu Beginn der Korrektur zur Seite legen und die Benotung unter die Arbeit schreiben. Doch es wäre mir nie in den Sinn gekommen, diese Arbeit nicht anschließend entspannt genießend zu lesen und ich hätte kein Problem gehabt, die Note wieder durchzustreichen und neu zu schreiben, wenn ich wider alles Erwarten doch einen Fehler gefunden hätte, der angestrichen hätte werden müssen.

Mit den frommen Sprüchen von risikobereit, nicht bei jedem gleiche Maßstäbe anzulegen, habe ich für mich große Probleme.

Wozu das Wort zum Sonntag leicht neigt, ist die Übertreibung auf der gesellschaftlichen Ebene mit Aussagen wie "Es ist verhängnisvoll, wenn Sicherheitsmaßnahmen ausufern, dass ein allgemeines Klima des Misstrauens entsteht".

Und dann kommt in der Regel ein Bezug zu Begebenheiten in der Bibel, die alles und nichts beinhalten.

Der Sprecher plädiert schlussendlich für die Möglichkeit eines Vertrauens ohne Kontrolle. Dies kann er nur deswegen derart naiv sehen, weil er sicherlich als Schüler ein vertrauender junger Mensch war, dessen ganzes Verhalten von den strikt einzuhaltenden Vorgaben des christlichen Glaubens geregelt und begrenzt waren. Sein Glauben begrenzt ihn, haust ihn ein, macht ihn verlässlich. Der frühere Messdienertyp würde idealerweise dieses zugrunde liegende Weltbild verkörpern. Und auf der Grundlage dieses Begrenztseins und Eingehaustsein haben Worte nach Risikobereitschaft und Vertrauen in unterschiedlichen Maßstäben und Graden ja eine Bedeutung, die unserem heutigen menschlichen Grundverständnis nicht unbedingt entsprechen.

Ich möchte abschließend das Vertrauensproblem von einer nichtfrommen Basis aus angehen, so, wie es jeder in der Realität vorfinden kann, wenn er seinen Verstand auf Aufnahmeoffenheit und Einwirkenlassen von Realität ausgerichtet hat.

Der nachstehende Text wurde als Mail geschrieben:

Vertrauen

Du hast (...) Geld geliehen, wir hier hatten Frau (...) Geld geliehen, und Vertrauen ist ja eine wunderbare Tugend-- oder doch halt einfach nur Dummheit, unrealistische Dummheit. Was zählen im Leben die Schwüre von gestern, die Einschätzungen der anderen bis zu jeweils und immer ehrlich gemeinter Verblendung und Lobhudelei, im Glauben an das Erträumte.

Da muss man einfach mal intensivst und fundamental darüber nachdenken, bis wieweit all das hält, was jeweils momentan doch so selbstverständlich ist.

Oder die Vertrauensthematik bezogen auf die christlichen Eheversprechen, die "bis der Tod euch scheidet" Sprüchebasis, die solange gilt, wie rundum alle ihre Vorteile und Bequemlichkeiten haben:

Bis zu der nächsten großen Liebe oder bis zum nächsten Lebensüberdruss, bis zu Depressionen, Krankheiten, Misserfolgen, aber genauso auch: bis zu einer steilen Aufwärtsentwicklung einer Seite und gleichzeitigem Stagnieren oder Abfallen der anderen Seite.

Letztlich und vereinfacht: Ob ein Paar eine absolute Einheit erarbeiten und darauf aufbauen kann.

Oder ob man halt nach allen Seiten, ganz selbstverständlich, offen, flexibel, Spielball- Hinnehmer der unvermeidlichen Veränderungen, **die das Leben** einwirft, **uns hinwirft**, als conditio humana verinnerlicht hat.

Man hat immer Spielräume im Leben nach allen Richtungen.

Und letztlich läuft es immer darauf raus: Kann ich in allem in meiner letzten Tiefe frei denken, handeln, Kritik üben, urteilen?

Wir haben alle Möglichkeiten nach vorne, wie wir unseren Lebensweg in kleinen Schritten ausrichten und das Vergangene zur Harmonisierung nach rückwärts in den neuen Weg integrieren, neu aufarbeiten und uns vertiefter verstehen. Vergangenheit ist weder eine Last noch eine vergebliche Auseinandersetzung, denn der heutige Weg kommt von dem Weg der Vergangenheit her und wird ein Stück von daher verständlich. Man muss nur die Augen aufmachen und nicht feige gut, schön und leicht und locker im Lebensstrom, dem wir alle **ausgesetzt** sind, mitschwimmen.

Bei vielen funktioniert diese Balance von Zukunftsgestaltung und Vergangenheitseinbringung ganz gesund und harmonisch; und andere fallen aus ihrem Dornröschenschlaf, wenn das Leben **Klippen und Stromschnellen** einbaut.

Ich bin glücklich mit Dir. Leben heißt letztlich immer daran zu arbeiten, um seine Möglichkeiten zu analysieren, sie konsequent öffnen, damit man nie von heute auf morgen aus den Wolken fällt, weil man nichts innerlich vorbereitet.

Schlafe schön und freue dich auf jeden neuen Tag mit seinen **kleinen und unmerklichen** Weichenstellungen.

Für blöde Augen gibt es dieses Geheimnisvolle, dieses verborgen Mögliche nicht, dazu muss man **sehend geworden** sein.

Sehend werden als ureigene Leistung!

Jede Widerfahrnis, die uns öffnet, sehender macht, ist ein Geschenk.

Und das größte Geschenk meines Lebens bist Du für mich.

Leben als Gottesgeschenk?

Nein, kein äußerer Gott schenkt mir was.

Aber wichtiger:

Ja, wenn ich mich mit dem Geschenk des Lebens auseinandersetze, keine Sprüche ungefragt hinnehme, mein Leben nicht auf eine bequeme missbraucht werden könnende Vertrauensbasis aufbaue.

Indem ich all die vermeintlichen Geschenke nicht hinnehme, sondern in mir die Basis für Lebensglück und Erfüllung suche, verzichte ich auf vieles, was ich im Leben vorfinde.

Lebenserfüllung zu erarbeiten ist letztlich Leistung.

Und von dieser grundlegend anderen Sicht her gewinnen Begriffe wie Vertrauen und Glück eine ganz andere Bedeutung.

Der Himmel ist in dir!

Das Wort zum Sonntag vom 22.12.2012 von Maria Kitz

" ....Und dann fiel mir noch dieser Spruch ein - ein paar Tage vorher hatte ich ihn aus meinem Adventskalender abgeschrieben, weil ich ihn so gut fand. Der ging so: "Halt an. wo läufst du hin? Der Himmel ist in dir." 400 Jahre alt, der Spruch, von Angelus Silesius, aber wie für mich gemacht in der Situation. Halt an, wo läufst du hin? Was soll diese ganze Hetzerei vor Weihnachten? Der Himmel ist in dir, du musst ihn nicht machen. Sagt der Spruch! Komm zu dir! Es ist gut, dass du da bist, und Gott nimmt dich so wie du bist! Egal, ob du jetzt deinen Plan erfüllst oder nicht!" ....

Wodurch war die Sprecherin zu dieser Besinnung gekommen? Sie erzählt:

Sie war mit dem Fahrrad zur Kirche gefahren. Die Tochter war nach dem Gottesdienst bereits nach Hause gefahren und hatte den Fahrradschlüssel mitgenommen. Die Pastorin musste nach Hause laufen. Mit dem Schlüsselbund läuft sie zurück zu ihrem Fahrrad und stellt dort fest, dass sie das falsche Schlüsselbund eingesteckt hat. Und so muss sie wiederum einen langen Weg machen. Dabei denkt sie an all die unerledigt liegen bleibenden Tagesaufgaben.

Ein Bekannter sagt ihr, dass sie den Stress vergessen solle und sich auf den Spaziergang freuen solle.

Der Himmel ist in uns. Erst wenn wir Ruhe und Besinnung haben, kann uns dies aufleuchten. Die These ist, dass Gott kein äußerer Gott für uns ist, sondern dass der Himmel in uns liegt.

In dieser Besinnung liegt der Himmel also nicht in äußerlich festmachbaren Gegenständen, sondern er liegt in uns. Wenn wir ganz zu Hause sind, ganz bei uns sind, dann sind wir im Himmel.

Dieses Wort zum Sonntag nimmt einmal die Blickrichtung, wenn über Gott nachgedacht werden soll, nach innen. Es geht nicht um einen äußeren Gott, um einen strafenden Gott, um einen Polizistengott, um einen Gott, vor dem wir Angst haben müsse, weil er alle Missetaten festhält. Der uns von seinem äußeren Himmel ausschließen kann und uns obendrein mit Fegefeuer bestraft.

Und wir sehen in diesem Wort zum Sonntag, dass die Pastorin ganz in das äußere Leben eingeordnet war, ihre Termine vorrangig sah, ihren Zeitverlust, ihre Lauferei, um an den Fahrradschlüssel zu kommen. Das bevorstehende Weihnachtsfest hatte mit dem momentanen vorweihnachtlichen Laufen, Hetzen, Ablaufen von Terminen nichts zu tun.

Ähnlich ging es meiner Schuldirektorin in der Vorweihnachtszeit und in der anschließenden Entspannung:

Mein Weihnachtsbrief an die Schulleiterin:

Ich habe mich über Ihre besinnlichen und realistischen Weihnachtsgrüße gefreut. Sie zeigen in wenigen Zeilen die Lebensperspektive des noch aktiven Lehrers auf. Sie sprechen von „Innehalten" und „Besinnen" als den guten Vorsätzen. Weihnachten rufe uns „immer wieder" zurück zum Innehalten und zu Dankbarkeit. Ja, das ist das Lebenbestimmende des Berufstätigen. Wenn man seinen Beruf gut machen will, bleibt einem kaum Zeit für das Eigentliche, das Wesentliche.

Als Pensionär kann dann die Sicht auf das Leben anders aussehen. Man kann jederzeit innehalten, wenn wir durch die Erfordernisse des Lebens fruchtbar zu dem Innehalten eingeladen sind. Man hat keine Termine, keine Verpflichtungen beruflicher Art, kann sich ganz auf das besinnen, was Sie besonders um Weihnachten leben können und dann in das jeweils nächste Jahr ausstrahlen lassen.

Beruf und nachberufliche Zeit müsste man viel bewusster miteinander verbinden. Ich habe immer das, was mir in dem Beruf Freude gemacht hat und nicht mit zusätzlichem Aufwand für (tatsächlich oder vermeintlich) karrierebedingte Zusatzaufgaben verbunden war, gut und aufopferungsvoll gemacht, daneben habe ich aber immer das Ganze des Lebens in den Blick genommen und eigentlich immer wieder, besonders nach wichtigen Erfahrungen, innegehalten und mich immer wieder gefragt:

„Was ist der Mensch, wenn ich ernst nehme, was mir im konkreten Fall widerfahren ist." Jede Erfahrung hat mich jeweils menschlich wachsen und reifen lassen und mich innerlich verändert.

Insofern gehörte existentielle Seelenarbeit immer in das Zentrum meines Menschseins, das ich nie zur üblich menschlich notwendigen

Entlastung an Theologen oder andere gesellschaftlich bezahlte Fachleute abgegeben hätte. Der Lohn ist, dass man in sich glücklich und erfüllt wird, der Preis ist, wenn man dies so fremd beurteilt sehen würde, dass man nicht im Zentrum der Meinungsbildenden Prozesse in seiner Institution eingreift.

Und in jeder Institution ist ja zur Fremdbeurteilung entscheidend, wer meinungsbildend eine Institution prägt und stützt.

Damit ist die Problematik der Pastorin aus meinem konkreten Betroffensein dieser Situation angenommen.

Der Himmel ist für den berufsbedingt hetzenden Alltagsmenschen immer in einer anderen Welt, in einer anderen Seh- und Denkrichtung. Und die Pastorin erkennt: Der Himmel ist doch in dir. Dieses Bewusstmachen ist eine derart fundamentale Begegnung, Bewusstwerdungsprozess, dass sie den Spruch an den Spiegel hängt und dort bleibt er.

Sie spricht das Verstehen als eine Ahnung an, die sie ihren Zuschauern wünscht.

Demütig, liebevoll, als ansatzweisen Zugang zu einer vertieften Wahrheit ohne die äußeren Schwerpunkte, die uns im Glauben wichtig sein könnten.

"Ein Auge ist, das alles sieht..."

Das Wort zum Sonntag vom 06.07.2013 zum Thema "Ein Auge ist, das alles sieht..." wurde von Gereon Alter gesprochen. Der Sprecher studierte an der Päpstlichen Universität Gregoriana und dem Jesuitenkolleg Rom. Katholische Priesterweihe 1993, seither im Bistum Essen tätig.

Zitate aus dem Sendetext:

" ...Früher hat man Gott herangezogen, um Menschen auszuforschen und einzuschüchtern. Einen Gott, der alles von mir weiß und nur darauf bedacht ist, mich bei irgendeinem Fehler zu ertappen. Ich kenne noch Menschen, die mit dieser Vorstellung groß geworden sind. Verhuscht und ängstlich sind sie durchs Leben gegangen. Gott sei Dank ist meine Generation nicht mehr so aufgewachsen. Gott sei Dank haben wir gelernt, dass der "Polizistengott" ein übles Zerrbild ist und nicht das, was die Bibel uns von Gott erzählt.

Und nun kehrt der perfide Kontrollmechanismus in einer neuen Form zurück- und funktioniert wieder!.... Warum funktioniert dieser Mechanismus so gut ?- Ich glaube, weil er uns an einer sehr empfindlichen Stelle packt. Wir alle haben das Bedürfnis uns mitzuteilen und anzuvertrauen. Ohne das könnten wir gar nicht leben. Wir brauchen andere, die um uns wissen. Deshalb ist auch der saloppe Rat, doch keine Daten herauszugeben, nicht wirklich hilfreich. Wir müssen uns mitteilen, wenn wir menschlich und lebendig bleiben wollen. ....

...bei allem Guten, das die modernen Informationstechnologien haben, und bei aller Angewiesenheit auf sie - über eines dürfen wir uns nicht täuschen: Sie werden uns niemals das geben können, was wir uns insgeheim doch erhoffen. Sie werden uns weder ein Gefühl von Sicherheit geben, noch das Gefühl, wirklich gesehen und so, wie wir sind, gewollt zu sein.

Dieses Gefühl kann uns nur ein anderer geben. Einer, der uns eben nicht Tag und Nacht ausspäht und kontrolliert, sondern mit großem Wohlwollen auf uns schaut und uns gerade aus den Abhängigkeiten, in die wir uns so leicht verstricken, herausführen will. Mir jedenfalls tut es gut, mich einem solchen Gott anzuvertrauen. Dann muss ich das, was ich an Persönlichstem in mir trage, nicht anonymen und unsicheren Medien anvertrauen, sondern habe dafür einen eigenen, höchst verlässlichen Raum..."

Kommentierung:

Im Wort zum Sonntag wird an den früheren "Polizistengott" erinnert. Gott wurde herangezogen, um Menschen auszuforschen und einzuschüchtern. Gott sei in dieser Vorstellung darauf bedacht, die Menschen bei irgendeinem Fehler zu ertappen Die Menschen seien verhuscht und ängstlich durchs Leben gegangen.

Fast jeder von uns, der in einem christlichen Umfeld aufgewachsen ist, hat seine ganz persönlichen Erinnerungen. Schon in der Schulzeit ging es los: Wir wurden montags im Gymnasium vom Religionslehrer gefragt, einer nach dem anderen, in der Klasse, ob wir zur Messe waren und die Heilige Kommunion empfangen hatten. Später, als ich selbst Lehrer war, mussten wir die gesamten Schulkinder geschlossen in die Kirche zum Beichtstuhl führen, damit sie beichteten.

"Verhuscht und ängstlich" waren die Menschen damals allerdings wohl kaum. Für sie war dies alles so selbstverständlich, da sie ihrem Glauben vertrauten und die Kirchenmänner geachtete Autoritäten waren. In einer Recherche zu den Kirchenaustritten in der früheren Zeit könnte man überprüfen, ob die Menschen in diesem Glaubens- und Gesellschaftssystem integriert waren. Gott wurde auch sicherlich nicht als "Polizistengott" wahrgenommen.

Nach unserem heutigen Selbstverständnis war ein solches Glaubensleben sicherlich ein Zerrbild, den die frommen Kirchenleute für ihre Schäfchen aufgebaut hatten. Aber, ob das, was die Bibel von Gott erzählt, nicht richtig ausgelegt worden ist, die Auslegungen gar ein "übles Zerrbild" waren, gehört zur Geschichte der Glaubensauslegung und ist in der Tat von der Kirche zu verantworten.

"Wort zum Sonntag" läuft oft in diesem Schema ab. Erst wird auf die Kirche eingehauen, sich distanziert, und dann packt man psychische Grundgegebenheiten des Menschseins an und aus, die dem Bewusstseinsstand heutiger denkender Menschen entsprechen. Und da wird zu Recht herausgestellt, dass wir alle ein Bedürfnis haben uns mitzuteilen und uns anzuvertrauen. "Ohne dies könnten wir gar nicht leben" unterstreicht nochmals die Bedeutung dieser Aussage.

Dann kommt der Schwenk auf die Fehlleistungen der heutigen Gesellschaft. "Perfide Kontrollmechanismen", die "wieder funktionieren" und da helfe nicht der Rat, keine Daten herauszugeben. So wie die Kirche früher keinen gezwungen hat, so wird heutzutage jeder noch viel weniger gezwungen. Früher hat man die Menschen immerhin über ihren Tod hinaus bedrohen können, indem die Kirche eine katholische Beerdigung verweigert hätte, wenn jemand nicht so gelebt hätte, wie es der Glauben vorgeschrieben hatte.

Abschließend kommt der Bogen zu einem zeitgemäßen Gottesbild:

- Gott will uns aus den Abhängigkeiten herausführen.

- Was ich an Persönlichstem in mir trage, kann ich Gott anvertrauen.

- Ich habe dafür einen eigenen höchst verlässlichen Raum.

Da ist ein anderes Gottesbild als das, was früher angesprochen war. Doch die Bibel gab es schon immer, den Gott gab es schon immer, den Gott als Grundlegung unseres Lebens gab es schon immer. Und in der Geschichte wurde daraus doch immer etwas gemacht, was nicht zu dem passte, was die Kirche in einer Epoche vorher oder nachher von einem gläubigen Menschen erwartete.

Modern ist da, dass man sich auf tiefgründige fundamentale Aussagen zum Menschsein beruft, die auch ohne ausdrückliche Einbeziehung eines Gottes von vertieft lebenden Menschen gelebt werden.

Der Mensch kann in seinen Lebensstufen immer vertiefter in sein Inneres eindringen, seine Lebenserfahrungen immer wieder auf ihre Stimmigkeit mit Erfahrenem, Gewesenem, auf die Stimmigkeit auf Lebensziele und -ideen hin, die sich im Verlaufe der Lebenserfahrungen auch immer verfeinern, sogar abwandeln können, beziehen, und in diesem Inneren kann er damit Gott immer näher kommen. Dieses Persönlichste kann ich in beispielsweise Tagebüchern, Meditationen, in Gesprächen mit anderen suchenden Menschen, in der Einheit von zwei sich total öffnenden Menschen in einer Ehe als eine Einheit auf Gott hin, erarbeiten. Gottessuche ist ein Leisten, ist eine Aufgabe, ist ein Tun und diese ganze Zielrichtung geht nach innen in die Tiefe der Verbewusstheitung der konkreten Erfahrungen, wie ich sie tagtäglich mache.

Bei dieser Denkrichtung und -ausrichtung muss der Name " Gott" ja gar nicht fallen, wenn jeder aus diesem Namen ja doch etwas ganz Konträres machen kann, in unserem hier vorliegenden Beispiel des "Wort zum Sonntag" schafft es ja dieselbe katholische Kirche, in einer Generation von einem Polizistengott zu einem Gottesbild zu kommen, das dann für alle anderen Religionen auch im pragmatischen Lebensvollzug kompatibel ist.

Wenn das "Wort zum Sonntag" dazu beiträgt, dass ein früheres Gottesbild demaskiert wird, dass es als "übles Zerrbild" angesprochen wird, was bei dem durchschnittlichen Gläubigen angekommen ist, so müssen wir darauf bauen, dass auch andere Religionen diese Demaskierungen leisten wollen und dass es nicht mehr darum geht, welcher Glaubensgemeinschaft der einzelne angehört,

sondern in welcher Tiefe er das Innerste in sich gesucht hat und sucht. Da liegt dann die Gemeinsamkeit der suchenden Menschen.

Was folgt daraus ganz konkret für mein Leben?

Ein Gott, der alles von mir weiß, wird nicht als "perfider Kontrollmechanismus" eingestuft. Ich muss im Verlaufe des Lebens derart in mich einzudringen vermögen, mein Bewusstsein öffnen, dass ich mir alles Zugänglich- gemacht- werden- könnende dann auch bewusst mache. Dass ich die Vergangenheit nicht abwehre, gar stolz bin, dass ich mich dem süßen Vergessenkönnen anvertraue und dies auch noch kultiviere, wo Erfahrungen und Erlebnisse einer Erinnerung und Erfahrung, einer Auseinandersetzung mit Betroffenen, die jetzt noch ansprechbar da sind, vorliegen. Ich will also- so ich es jetzt auf den Punkt bringe- alles in meinem Inneren heben, was zugänglich ist. Und in dem Maße, in dem ich in das Innere eindringe, werden immer weitere Erinnerungsfelder angesprochen werden können.

Und dann werde ich leicht erkennen, in welche Abhängigkeiten ich oder andere uns begeben haben können, ohne dass dies bei einer vordergründigen Lebensauslegung möglich gewesen wäre.

Dabei komme ich auf Einsichten und Erfahrungen bezüglich des Begreifens der Wertschätzung des Geschenkes des Lebens und der innerst erfahrenen Annahme dieses Lebens.

Nicht andere nehmen mich an, auch kein abstrakter Gott, der heute so und morgen anders ausgelegt wird, sondern ich muss mich annehmen aus tiefster Seele, in tiefstem Herzen.

Und da ist dann das Göttliche, das ich suche, vielleicht ohne das missverständliche Wort Gott gebrauchen zu müssen.

Kirche ist eigentlich immer in der Gefahr, es immer den Menschen recht machen zu wollen und auf der jeweiligen Zeitgeistwelle mit zu schwimmen. So wie das Bild eines Polizistengottes mal angemessen war, so ist jetzt das vordergründige Benutzen von tiefen Wahrheitsbegriffen nicht falsch, allein, wenn sie nicht mit einer persönlichen Leistung, als persönliche Aufgabe, Glauben zu leisten, verbunden sind, sind sie wahr und nichts sagend zugleich.

Früher störten die Forderungen der Kirche keinen. Die Gläubigen waren eingebunden und lebten so, wie es sich für sie gehörte. Sie hatten also kein Problem mit ihrem Polizistenglaubensverständnis, das sie innerlich nicht wirklich berührte.

Und heute wird viel von Freiheit, von Mündigkeit, von Emanzipation, von Abnabeln, von Lächerlichmachen der eigenen Glaubenshistorie gesprochen, aber wieder wird das nicht angesprochen und geleistet, was auf der neuen Grundlage möglich wäre: Dass Glauben zu leisten ist, dass Glauben eine Aufgabe ist, dass dieses Geschenk des Lebens seinen Kern im Innersten des Menschen hat und wir niemanden außer uns fürchten müssen, auch und gerade keinen äußeren Gott.

In unserer Zeit machen manche Leute Karriere, indem sie Alteingefahrenes, über das die Zeit hinweggegangen ist, angreifen. Und so wie man abgestorbenes Holz leicht aus einem abgestorbenen Wald entfernen kann, so kann man auf der Grundlage von Einreißen Karriere machen, ohne dass dies den Geist in seiner Entfaltung fördert oder hindert, einfach nur nullhaft ist.

Und nullhaft lässt sich immer mitschwimmen.

Das Prinzip Barmherzigkeit

Wort zum Sonntag vom 07.07.2012, von Gereon Alter

Aus dem Sendungstext:

" ...Wie gehen wir mit Menschen um, die an kirchlichen Idealen gescheitert sind? Zum Beispiel mit Menschen, deren Ehe zerbrochen ist und die dann wieder geheiratet haben. Um diese Frage wird in der katholischen Kirche schon seit vielen Jahren gerungen. Das Kirchenrecht sieht gravierende Sanktionen vor. In der Praxis dagegen gilt meist das Prinzip Barmherzigkeit. Also klaffen Recht und Praxis weit auseinander.

Eine Situation, die vor allem für die Betroffenen schwierig ist, auch für die Kirchengemeinde, in denen sie leben- und nicht zuletzt: für mich als Seelsorger. Denn wie soll ich entscheiden? Entweder verstoße ich gegen geltendes Recht oder ich werde den Menschen mit ihrer je eigenen Geschichte nicht gerecht. Deshalb fordern immer mehr Priester und mittlerweile auch Bischöfe Änderungen im Kirchenrecht. Damit das, was in der Praxis Gott sei Dank schon geschieht, auch kirchenrechtlich in Ordnung ist. ...."

Der Sprecher in seiner Eigenschaft als katholischer Priester stellt fest, dass Kirchenrecht und Praxis manchmal "weit auseinander" klaffen. Das katholische Kirchenrecht sieht "gravierende Sanktionen" vor, wenn Katholiken, die geschieden wurden, wieder heiraten.

Daraus ergäbe sich dann eine schwierige Situation für die Betroffenen. In der Tat stellt man fest, das die Kirchengemeinde gespalten reagiert. Entweder steht man zu den Betroffenen in einem guten persönlichen Verhältnis, da scheint alles unter den Teppich gekehrt zu werden. Hat man ein nicht gutes Verhältnis, dann gehen die Betroffenen quasi durch ein Fegefeier von Anfeindungen. Und im Verhältnis der Kirchengemeinde zum Priester gilt dasselbe: Gewinnt er Kontakte zu Gläubigen in Nachbargemeinden, zumal wenn sie auf Grenzen wohnen, oder muss er Gläubige verlieren, die sich andernorts eine neue kirchliche Heimat suchen. Priester und Bischöfe fordern oder wünschen sicherlich eine einheitliche Praxis, denn Glaubenslebenspraxis bezüglich katholischem Kirchenrecht kann nicht von der jeweiligenKirchengemeinde bestimmt werden.

Es ist sicherlich nicht hilfreich, wenn in einem Wort zum Sonntag eines katholischen Priesters dieses kirchenrechtliche Chaos ohne irgendwelche Hilfestellung in den Raum gestellt wird.

Auch in solchen Sendungen ist es zwingend notwendig, wenn Betroffene und solche Personen, die sich näher informieren wollen, in Zusatzinternettexten, die abrufbar bereit gestellt werden, umfassender informiert werden, wenn beispielsweise Listen von Priestern veröffentlicht werden, die sich strikt an das ihnen zwingend vorgegebene Kirchenrecht halten und solche, die da "barmherzig" sein wollen, wie der Sprecher diese Gruppe wohlwollend einstuft.

Das Ganze zeigt doch: Die Kirche ist stets unter dem jeweiligen Zeitdruck, muss sich laufend verändernd im Inneren anpassen. Während früher die Gläubigen Teil des Gottesvolkes waren, die sich von ihrem Glauben geleitet und geführt sahen, bricht diese Macht der Kirche immer mehr weg. Und da muss sich die Kirche anpassen, wenn sie in der Gesellschaft nicht immer mehr herausgedrängt werden will. Wenn derart gravierende Fragen, ob Katholiken sich scheiden lassen können und wieder heiraten können, einen Riss zwischen den Gläubigen bedingen, dann kann man doch jeweils immer sachlich feststellen, wohin dieser Anpassungsdruck zum Überleben drängen wird. Alles verändert sich in der Gesellschaft und auch die Kirche verändert sich laufend, nur geschieht dies bei der Kirche langsamer und subtiler.

Keiner wagt es in solchen Medienthematisierungen grundlegender Fragen, einmal tiefer zu argumentieren.

In einer Ehe wächst in der Liebe Glück, Erfüllung, Zufriedenheit. Zwei Eheleute sammeln dieses Kapital an innerer Erfüllung und gewinnen einen inneren Schatz, der ein Leben lang ihre Identität ausmacht.

Und da gibt es dann zwei ganz unterschiedliche Strukturen. Eine Ehe kann aus äußeren Gründen geschlossen werden. Zwei Menschen schließen sich zusammen, weil alles beinahe perfekt zusammen passt: Das vermeintliche gute Aussehen, der angenommene materielle Hintergrund, die erhofften Aussichten auf beruflichen Aufstieg, die Zerstreuungen in Urlaub und Freizeit, die in dieselbe Richtung gehen. Und das Ganze lässt man sich absichern durch Computerpersönlichkeitsgutachten, die eine optimale Übereinstimmung anzeigen. Und dann stellt man irgendwann fest: Das war ja alles letztlich nur äußerlich im Ausgang, und da ist dann nichts zusammengewachsen, man hat nebeneinander jeder für sich sein Glück angestrebt und fühlt immer mehr eine Leere, Unerfülltheit, letztlich ein Scheitern unreifer Lebensvorstellungen. Wenn sich da über Jahre oder gar Jahrzehnte nichts bewegt hat, wird sich auch in der Zukunft nichts bewegen. Also stellt man nüchtern und emotionslos fest, dass da nie was verbunden worden war, dass da ein irrtümlich in die Verantwortung genommener Gott nie etwas verbunden hatte.

(Wie gedankenlos Gott immer in die Pflicht und Verantwortung genommen wird, zeigt der Satz des katholischen Priesters "Damit das, was in der Praxis Gott sei Dank schon geschieht..":
Gott wird dazu herangezogen, was gegen geltendes Kirchenrecht verstößt.)

Dann trennen sich die Wege. Die beiden stellen fest: "Scheisse, dass wir niemals tiefer geblickt hatten und uns blenden ließen".

Warum begleitet ein Traupfarrer oder ein anderer örtlicher Geistlicher nicht die Eheleute, mahnt rechtzeitig und ehrlich und verantwortungsbewusst, wenn er einen Kontakt aufrecht hält.

Dies erinnert ja auch an die Taufpraxis: Jedes Kind muss einen Paten haben, der für die Entwicklung des Kindes Verantwortung mit übernehmen muss. In der Praxis wird man feststellen, dass Kinder kaum den Namen ihres Paten wissen und dass Paten danach ausgewählt werden, von dem man sich vielleicht bessere und teuere Geschenke erwarten kann.

Und wo zwei in einer ehrlichen Glaubensgrundlage zusammengekommen sind und wo die Schwierigkeiten des Lebens belastend auftreten, z.B. Gesundheitseinschränkung, Arbeitslosigkeit, andere berufliche Entwicklungschancen, da ist der Priester verdammt gefordert, den in den Sand gefahrenen Ehekarren wieder flott machen zu helfen, durch tiefe Gespräche, durch Vermittlung christlicher Therapeuten, durch einen kirchlichen Beraterstab für alle möglichen Schwierigkeiten, um den Ehekarren, der vor die Wand zu fahren scheint, wieder in Bewegung zu bringen.

Ich meine also: Treue und Verlässlichkeit als Wille sind ein Kapital für jede Ehe. Da gibt es Verpflichtungen, die man liebend eingegangen ist. Und wichtig ist dieses innere Kapital, das die Eheleute für sich aufgebaut haben und das ein Leben lang trägt und innerlich nie verloren oder gar aufgegeben werden kann. Was im Inneren angesammelt ist als innerer Schatz, bleibt ewig.

Im Internet fand ich folgende Geschichte:

Ein Einsiedler fragte seinen Schutzengel, wer wohl unter den Menschen in Gottes Augen am wohlgefälligsten sei. Der Engel ließ ihn raten.

"Das Kind im Glanze der Unschuld?"

"Die Jungfrau, die sich Gott geweiht"?

"Der Martyrer, der für Gott sein Leben hingibt?"

"Der Apostel, der hinauszieht in ferne Lande, um für Gott Seelen zu gewinnen?"

Der Engel verneinte jeweils und benannte:

Ein Verbrecher, der in tiefer Reue seine Sündenschuld beweinte.

Damit will ich sagen: Die Menschen stehlen sich allzu leicht und allzu schnell aus ihrer Verantwortung und aus ihren Möglichkeiten und aus Verpflichtungen, und dann stehen sie angeblich vor einem Trümmerhaufen, der objektiv besteht. Und dann fliehen sie, lösen sich. Und keiner wagt, diese Menschen daran zu erinnern, dass für gläubige Menschen es nur ein einziges Tal gibt:

wo sie keine tiefe Reue empfinden wollen und können und bereit sind, Schuld zu tragen, die sie angehäuft haben. Die innerlich annehmen, was sie angerichtet haben, die darüber weinen können. Wer sich so den Problemen stellt und innerlich durch die selbst geschaffene Hölle geht, für den gibt es immer eine Lösung.

Priester, die wohlfeil ausbreiten, dass sie Gott dort in den Mund nehmen, wozu keine Notwendigkeit und Veranlassung ist, helfen den Menschen nicht.

Der katholische Priester überschreibt sein Wort zum Sonntag mit dem "Prinzip Barmherzigkeit". Dazu habe ich den folgenden Internettext der evangelischen ekd gefunden, zur Fragestellung: "Barmherzig zu denken und zu handeln vermag glaubwürdiger..."

Sind nicht diejenigen, die Barmherzigkeit fordern und für sich als ganz selbstverständlich reklamieren, unehrlich? Was beinhaltet Barmherzigkeit, welche Forderungen ergeben sich aus dem Prinzip Barmherzigkeit für den Betreffenden? Da geht es nicht um wohlfeile Sprüche ohne Druck zur Einlösung.

Und wenn unser Kirchenmann nicht mal die zwingende Vorgabe "Was Gott verbunden hat, das soll der Mensch nicht trennen" gemäß geltendem Kirchenrecht abgesichert, als zwingend ansieht, wird er alles vermeiden, um den verbliebenen Gläubigen ein leichteres einfacheres Leben ohne Selbstverpflichtungen, ohne eigene Einsicht in selbst gegebene Vorgaben nicht empfehlen wollen.

Quelle:

ekd.de/glauben/lebensart/ Barmherzigkeit.html

Artikel von Hans-Albrecht Pflästerer

"... Barmherzig zu denken und zu handeln vermag glaubwürdiger, wer auch zu sich selbst barmherzig ist: wer gut mit sich umgeht, nicht gegen sich wütet und mich nicht mit Vorsätzen überfordert.

Anselm Grün, Verwalter der Benediktinerabtei Münsterschwarzach, hält uns einen Spiegel vor, wie unbarmherzig wir oft mit uns selbst umgehen, indem wir uns verurteilen, wenn wir einen Fehler begehen, oder uns beschimpfen, wenn einmal etwas schief läuft, und durch solche Unbarmherzigkeit die Hilfe anderen gegenüber verfälschen. Der Prior der ökumenischen Bruderschaft im französischen Taizé, Roger Schutz, meint, dass es am Abend unseres Lebens die Liebe sein wird, nach der wir beurteilt werden, die Liebe, die wir allmählich in uns haben wachsen und sich entfalten lassen: in Barmherzigkeit für jeden Menschen. Sie verströmt Zärtlichkeit, Mitgefühl und Mitleid. Wir sollten das gut hören, damit wir der Sorge entgehen, die den Dichter Lothar Zenetti umschreibt: "Es ist sicher, dass wir schneller fahren, höher fliegen und weiter sehen können als Menschen früherer Zeiten. Es ist sicher, dass wir mehr abrufbares Wissen zur Verfügung haben als jemals Menschen vor uns. Es ist sicher, dass Gott sein Wort niemals zu einer besser genährten, gekleideten und besser gestellten Gemeinde sprach. Nicht sicher ist, wie wir bestehen werden vor seinem Blick. Vielleicht haben wir mehr Barmherzigkeit nötig als alle, die vor uns waren. ..."

Am Abend unseres Lebens werden wir demnach nach der Liebe beurteilt. Da geht es nicht um Ausbildungsscheine, um materielle angehäufte Güter, um gewonnene Lebensschlachten gegenüber Mitmenschen.

Wunderbar ausgedrückt finde ich: "Liebe, die wir nach und nach in uns haben wachsen und entfalten lassen".

Liebe reift heran, ist eine lebenslange menschliche Aufgabe und Leistung, und beruht auf der Absolvierung der menschlichen Hausaufgaben.

Dazu muss man "gut mit sich umgehen", was ich auch wiederum wunderschön ausgedrückt finde. Zum liebevollen Umgang gehört, dass man auf dem Weg in die wachsende Liebe Fehler machen muss, zwangsnotwendig, und dass man dazu steht, auf diesem Weg, der ins Offene führt. Da ist nichts vorgegeben mit starren

Wegweisern. Barmherzig müssen wir in erster Linie uns gegenüber sein, in einem verantworteten Weg. Und eingebettet ist dieser Weg in einem gemeinsamen Weg, gemeinsamen Suchen. Und dabei sammelt man sich einen stets vertiefteren inneren Schatz, der als solcher ewig Bestand hat.

Wir haben ja im Moment das Beispiel, dass gemeinsames Leben weggeworfen wird, wenn sich äußere Bedingungen eines gemeinsamen Weges geändert hatten, die Einkommen eines Paares auseinandergeklafft sind.

Da wird dann immer wieder Bilanz gezogen, neu ausgerechnet, wieweit die gemeinsame materielle Basis noch stimmt. Und da bei einem solchen Denken, oder besser: wenn bei einem solchen Denken, nichts an innerem Schatz aufgebaut worden ist/ wäre, dann kann man Vergangenheit jederzeit wegwerfen und andere Wege getrennt gehen.

Ob zwei auseinander gehen, hängt immer davon ab, ob ein Kapital der Liebe gemeinsam aufgebaut und vermehrt worden ist, (das lässt sich nicht in Scheinen zählen oder in Goldbarren, sondern in Glück, Zufriedenheit, Erfüllung ohne messbaren Gegenwert) oder ob es ein Weg ist, den man jederzeit wegschmeißen kann, weil sich da kein tragfähiger gemeinsamer Weg der Liebe ganz langsam und stets begleitet mit dem Denken des guten Umgangs zuerst und grundlegend mit sich selbst und darauf aufbauend mit dem Partner erarbeitet worden ist.

Ich war bisher in solch mitreißender Darstellung nicht auf den Begriff der Barmherzigkeit gestoßen. Und zusammengefasst kann man dazu sagen: Barmherzigkeit verströmt Zärtlichkeit, Mitgefühl und Mitleid. Nur in diesem Lebensstil, Lebensgrundlage kann sich Liebe optimal entfalten.

Getestet - und verworfen?

Aus dem Text des Wortes zum Sonntag vom 14.07.2012, gesprochen von dem katholischen Pfarrer Gereon Alter:

"....Der Präsident der Bundesärztekammer Frank Montgomery sagt: "Unsere Gesellschaft hat sich für Pränataldiagnostik entschieden. Das Rad lässt sich nicht mehr zurückdrehen." Das klingt mir nicht nach einer großen Bereitschaft, dem rollenden Rad in die Speichen zu greifen, wenn es denn in eine gefährliche Richtung rollt...

...Für mich ist in all dem der Gedanke leitend, dass wir Menschen unsere Daseinsberechtigung gerade nicht einem anderen Menschen verdanken. Dass keinem anderen Menschen ein Urteil darüber zusteht, ob ich es wert bin zu leben oder nicht. Ich bin überzeugt davon, dass ich mein Leben einem Gott verdanke, der mich so gewollt hat, wie ich bin. Mit meinen Fähigkeiten und Begabungen und mit meinen Schwächen und Grenzen. Und ich glaube an einen Gott, der uns so füreinander geschaffen hat, dass niemand alles und niemand nichts hat. Wo ich schwach bin, ist ein anderer stark. Und wo ich stark bin, kann ich mich für einen anderen stark machen...."

Eingangs berichtet er, dass er gelesen habe, dass ein amerikanischer Chirurg einen Embryo im Mutterleib operiert habe. Dabei wurde einem kleinen Mädchen ein Tumor aus dem Mund entfernt. Das Mädchen wurde inzwischen gesund geboren.

Dann hat der katholische Priester gelesen, dass man mittlerweile ohne großen Aufwand überprüfen kann, ob ein Embryo am "Down-Syndrom" erkrankt ist. Demnächst könne man alle weiteren Erkrankungen vorhersagen und das gesamte Erbgut entschlüsseln. Er fragt. "Werden Eltern, die sich sehnlichst ein Mädchen wünschen, aber "leider nur" einen Jungen bekommen, sich überlegen können, ob sie das Kind behalten wollen?"

Der Pfarrer fürchtet, dass die Menschen all das machen werden, wozu sie in der Lage sind. Das Rad ließe sich nicht mehr zurückdrehen und er spricht die fehlende Bereitschaft an, "dem rollenden Rad in die Speichen zu greifen".

Seinen Schlussfolgerungen kann ich nicht folgen:

- Er sagt, dass wir unsere Daseinsberechtigung nicht einem anderen Menschen verdanken.

Unsere Daseinsberechtigung verdanken wir Vater und Mutter. In deren Liebe wurden wir gezeugt. Sie bieten uns den Rahmen, in den wir geboren werden und in dem wir aufwachsen. Sie haben uns beispielsweise in einen Rahmen eines Industrielandes geboren oder in den Rahmen eines Entwicklungslandes. Ob wir von Hunger und Lieblosigkeit umgeben werden oder in Liebe und Fürsorge. Ob wir vielfältige Entwicklungsanreize bekommen oder nur dahindämmern. Diese Entwicklungsreize sind nicht von finanzieller Ausstattung abhängig, die empfangene Liebe macht nicht den uns umgebenden Rahmen aus, aber die Behinderungen und Entwicklungsimpulse können sehr variieren. Früher sagte man scherzhaft, dass bei uns ein Mädchen in einem katholischen Rahmen im Bayerischen Wald aufwachsend weniger Lebenschancen habe als ein Junge in einem Akademikerhaushalt in einer kulturell anregenden Universitätsstadt. Das alles kann statistisch nachgeprüft und nachvollzogen werden. Die unterschiedlichen Lebensdaueraussichten in den einzelnen Ländern fand ich schon immer ungeheuerlich.

Da sollten wir bei solch lebensentscheidenden Faktoren Gott aus dem Spiel lassen. Wir sollten auf die Versäumnisse und Vernachlässigungen und die blinden Flecken ganz deutlich hinweisen und nicht den Gott missbrauchen. Mit all dem hat Gott nichts zu tun. Nur wir müssen Rahmenbedingungen sehen, setzen, verändern, und auch einsehen, wo wir resignieren müssen.

- Darf keinem Menschen ein Urteil darüber zustehen, ob jemand es wert ist zu leben oder nicht?

Eltern müssen verantwortungsvoll abwägen, ob ihre Lebensbelastungen ihnen eine Schwangerschaft erlauben kann. Da gibt es so viele

Belastungspunkte, die es nicht verantworten lassen, neues Leben zu bedingen. Wo eine Geburt ein Ins- Leben-Werfen wäre, und nicht ein Ausgangspunkt für liebevolle Entwicklung. Dazu mag im Einzelfall auch gehören, ob Schädigungen des Erbgutes bekannt oder zu befürchten sind.

- Gott hat mich so gewollt, wie ich bin.

Da wird die Überlegensgrundlage unter der Hand verändert. Bisher ging es nur darum, ob ein Kind mit katastrophalen Lebensaussichten in eine herzlose abweisende verständnislose Welt "geworfen" werden soll, oder ob ein Kind, das von liebenden Eltern bewusst gewünscht ist, sich innerlich angenommen fühlen darf. Natürlich gehört allen Kinder unsere Liebe. Und da sind ja die einzelnen angetroffenen Familien doch derart unterschiedlich. Von den Eltern, die ein behindertes Kind sofort und für lebenslang in ein Heim abgeben und sich in der Weihnachtszeit beklagen, dass sie bei all ihrem Stress ja auch noch- meist einmal im Jahr- ihr Kind im Heim besuchen müssen. Können solche Eltern eine weitere Schwangerschaft verantworten? Selbst wo Eltern ein Kind gewünscht haben und innerlich mit ganzem Herzen ein behindertes Kind angenommen haben, sind doch nicht alle Probleme für sie vom Tisch, weil sie sich auf Gottes Willen berufen. Nein, es geht in erster Linie um den Willen, die Bereitschaft, die Annahme, die Liebe der Eltern als ein Ja zum Ist-Zustand, und die frommen Kirchenmänner werden da kaum etwas beitragen, um die Eltern zu begleiten.

- Gott hat uns so geschaffen, dass sich alles letztendlich ausgleicht. "Und wo ich stark bin, kann ich mich für einen anderen stark machen". Glaubt dies jemand derart vereinfacht wirklich?

Ich hatte in einer pädagogischen Fachkonferenz angeregt, das Thema Behinderungen im Unterricht verbindlich zu thematisieren mit der Begründung, dass wir gerade von den behinderten Kindern doch viel lernen können. Eine Kollegin wies dies entschieden und entrüstet von sich, indem sie meinte, dass sie niemals was von Behinderten lernen könne.

- Was sagen wir einem Kind, das sich sagt, dass es eigentlich nicht gewollt sei?

Selbst im üblichen Rahmen aufgewachsene Kinder ohne sichtliche Belastungen fühlen sich zuweilen als nicht gewollte Kinder. Wie sollen wir da Kindern ein Selbstwertgefühl, Stolz, Lebensfreude vermitteln, wenn sie vom Leben stark benachteiligt worden sind?

Es mag ein frommes Ideal sein, dass alle Menschen sagen können:

"Es ist gut, dass ich so bin, wie ich bin."

Dazu sollte jeder von uns beitragen. Aber wir müssen dazu von einem ehrlichen Fundament ausgehen, uns einbringen, unendlich viel Verständnis in entsprechenden Heimen einbringen, ob als geistliche Begleiter, Gruppenschwester oder Lehrer. Mit leeren Sprüchen zum lieben Gott, der nur angeführt würde, um die Probleme überhaupt nicht erst in den eigenen Blickwinkel kommen zu lassen, ist keinem gedient.

Mein kleiner Martin fragte mich, ob es im Himmel Gras gäbe. Damals fragte ich meinen Pastor, was ich dem Jungen antworten solle. Und der Pastor lachte herzlich über derart dumme Fragen und die Antwort war: "Natürlich nicht". Mein Martin und ich wussten, dass es dort Rasen geben wird, aber dies verrieten wir dem Pastor nicht.

Ein anderer Junge in der Sonderschule für Erziehungsschwierige sagte mir, dass er nicht mehr leben wolle, wenn er im Himmel nicht mehr Fußball spielen dürfe. Ich sagte ihm, dass er im Himmel seinen Fußball weiterhin haben dürfe. Damit war ihm sein eingeschränktes Heimleben erträglich.

Es geht immer um ein sensibles Eingehen auf den Aufnahmestand eines kindlichen Geistes.

Der wird sich weiterentwickeln. Und er wird sich niemals weiterentwickeln, wenn wir starre unveränderliche Vorgaben machen, die einen Menschen auf Starrsein, Unflexibilität, totalem Gefühl des Ingriffseins durch einen Gott bestimmt ist.

Auch hier gilt, was ich schon zum letzten Wort zum Sonntag gesagt hatte: Mit ein paar wohlfeilen Sätzen, die pathetisch vorgetragen werden, werden wir der Problematik nicht gerecht. Hier sollte sich der Pfarrer einer Kritik stellen und weiterführende Gedanken im Internet zu angesprochenen Problemen aufbereiten und einsichtig machen. Nicht Predigen ist angesagt, sondern Auseinandersetzung. Nicht dass man den Eindruck hat, dass Kritische Auseinandersetzung nicht gewünscht ist und der Pfarrer- wie ich es erlebt hatte- äußert, dass er doch nicht die Perlen vor die Säue werfen würde, wenn seine Worte nicht auf dankbaren Boden fallen würden. Diese Haltung von oben herunter steckt immer noch in vielen Geistlichen, die nicht verstanden haben, was Gebot der Stunde ist: eigene gelebte Wahrheit, Glaubwürdigkeit, nicht Lehrsätze aus dem Katechismus auswendig lernen lassen (ob verdeckt oder nicht) und ein großes reines Herz für jeden zu haben.

Die Welt, in der er lebt

Das Wort zum Sonntag vom 28.01.2012 von Ulrich Haag:

"....Wo du hingehst, da will ich auch hingehen." So lautete ihr Trauspruch und 40 Jahre hatten die beiden in der Stadt gelebt, in der ich als Pfarrer tätig war. Hatten vier Kinder großgezogen. Hatten eine Zeit im Ausland verbracht. Waren mit Beginn des Ruhestands zurückgekehrt und hatten seitdem keinen Gottesdienst verpasst. Dann begann er, Dinge zweimal zu erzählen. Wirkte merkwürdig unsicher, wenn er an der Hand seiner Frau ging. Schließlich sprach er mich mit dem Namen meines längst verstorbenen Vorvorgängers an. Da war ich verunsichert und leicht amüsiert, wollte ihn berichtigen. Sie schüttelte nur den Kopf. Lassen sie ihm die Welt, in der er lebt. Damals habe ich eine Ahnung davon bekommen, was es heißt, jemanden zu begleiten, der an Demenz erkrankt ist: Mitgehen. Hingehen, wo der andere hingeht. ...."

Zum ersten mal kam ich mit diesem Phänomen in Berührung, als ich auf einer Kulturveranstaltung einen ehemaligen Direktor traf. Ich war inzwischen an einer anderen Schule und wollte diesem Herrn, der wenig innere Beziehung zu Menschen zu haben schien, meine Frau vorstellen. Bei der Begrüßung wusste er nicht mal mehr meinen Namen und er konnte mit meinem Erscheinen nichts verbinden. Wir hatten jahrelang zusammengearbeitet und hatten durchaus eine gewisse gegenseitige Achtung, auch wenn er sich immer in der Defensive zu sein wähnte. Seine Frau zog ihn weiter, und meine Frau und ich nahmen einen anderen Weg.

Es wurde ihm nicht bewusst, wie ich in sein früheres Leben einzuordnen war.

Ich wünschte ihm, dass er in seiner Frau jemand hat, die ihn in den Arm nimmt und aufmerksam darauf achtet, wenn ihm etwas wieder bruchstückhaft beglückend in Erinnerung kommt.

Es kann ja noch schlimmer sein: Wenn Mütter nicht mehr den Namen ihrer Kinder zusammenbekommen, wenn die gemeinsamen Erinnerungen verdämmert sind.

Da gibt es immer wieder Ansatzpunkte, wenn punktuell etwas bewusst wird und der Lebenspartner dies aufgreift und einen glücklichen Erinnerungsansatz hervorzaubern kann.

Der Kranke muss in seiner Erinnerungsstufe akzeptiert werden, darin beglückend verstärkt werden.

Wenn der ehemalige Lehrer meint, er habe sich verschlafen und müsse jetzt ohne Frühstück in die Schule eilen, weil er immer pünktlich war. Da tut es gut, wenn die Ehefrau verständnisvoll sagt, dass es Ferienzeit sei und momentan die Schule geschlossen sei. Der Partner wird immer wieder in seiner Kreativität herausgefordert, um Situationen zu entschärfen.

Ich erinnere mich, dass ich von der todkranken Schwiegermutter aufgetragen bekam, ihrem Ehemann (der längst verstorben war) etwas Wichtiges mitzuteilen. Ich sollte zu ihm hingehen und die

Nachricht überbringen. Ich sagte ihr, dass er gerade schlafen würde, dass ich aber beim Aufwachen alles erledigen würde. Das nahm sie ganz entspannt auf.

Wenn sie gefüttert wurde, erzählte ich ihr von Sommererinnerungen, und als sie ihren großen geliebten Garten nicht mehr mit Gemüse bepflanzen konnte, habe ich auf dem größten Teil des Feldes Kartoffeln gesetzt und ihr versprochen, dass der Garten immer in Ordnung gehalten würde. Sie hatte die Anker, die sie brauchte, um im Leben noch eingeordnet zu bleiben bzw. zu sein.

"Wo du hingehst, da will auch ich hingehen" ist ein wundervoller Titel für diese Besinnungen. Er gilt für Verwandtschaften und natürlich erst recht für Ehepaare.

Im Leben stehen ja viele Überlegungen zu Böswilligkeiten, Gedankenlosigkeit, Übervorteilungen, Trennungen, Intrigen und Scheidung belastend im Vordergrund. Zwangsläufig müsste man sich dem stellen, wenn man- rein statistisch- sieht, wie überall Familien bröckeln, ob Geschwister, Kinder, Nachbarn, Kirchenmitglieder.

Sollte man aber nicht in dem gleichen inneren Beteiligtsein über die Lebenswege in Liebe und gegenseitigem Aufgabenbewusstsein nachdenken? Gehen wir nicht alle in diese Zukunftsmöglichkeit als der letzten Lebenszeitstufe zu:

als gereifte Menschen, wo wir doch in der Kunst und im konkreten gelebten Alltag wunderbare Bilder von alten Ehepaaren kennen, die Ruhe und Würde, Einfachheit und Zufriedenheit ausstrahlen. Diese Stufe überfällt die Menschen nicht einfach so, wie vom Himmel fallend, sondern dies ist ein Schlusspunkt eines zufriedenen glücklichen einfachen Lebens. Das kann man sich erarbeiten, man kann sich verbewusstheiten, man kann sich dem Leben öffnen und auch der Zukunft, wie sie zwangsläufig auf uns alle sich eröffnet.

In diesem Wort zum Sonntag wird auf den verlässlichen Gottesdienstbesuch hingewiesen, wobei keine Messe verpasst worden ist. Auch diese Gewohnheit der Verlässlichkeit trägt Menschen, zumal wenn kein falsches Gottesbild vermittelt werden soll, wenn einfach nur Gewohnheiten, Verlässlichkeit, Treue, Liebe als Hintergrund gelten.

Über das Scheitern

Zugrunde liegende Quelle: Wort zum Sonntag. 18. Juni 2013, Annette Behnken, zum Thema: "Über das Scheitern"

Kernaussagen, die mich in dieser Formulierung beeindruckten:

"Ein Absturz von der Achterbahn des Lebens"

"Der Traum, vom Leben, so wie es sein sollte, ist ausgeträumt"

Scheitern heißt, ich habe etwas falsch gemacht. Ein Leben war eingehaust, eingespurt, spulte sich herunter. Und dann kommt etwas Unerwartetes. Midlifecrisis, neue berufliche und persönliche Herausforderungen, Angeödetsein von dem immer gleichen alltäglichen Ablauf ohne jeden persönlichen inneren Bezug und **fehlende Erfahrung des täglichen inneren Wachsens.** Die Pastorin stellt dieses alltägliche Scheitern in vielen Beziehungen ganz nüchtern fest und schlägt vor, das *Scheitern so richtig auszukosten. Dies als Chance zu sehen, als Neuanfang, Scheitern als Neuanfang, unerwartete Herausforderung zum Neuanfang.*

Sie drückt es damit sehr schön aus: "Es passiert etwas vollkommen Unerwartetes". "Es soll etwas ganz anders sein als vorher".

Abstürze gehören zum Leben und bieten die Herausforderung zu einem Neuanfang, der ohne Scheitern nie in den Horizont der Betroffenen geraten wäre.

Etwas brennt in den Herzen. Wir suchen Herausgefordertsein, Chancen, kreative Lösungen, die wir im Inneren verspüren.

Sie sagt: "Jetzt weiß ich erst, wer ich bin", was eine neue vertiefte Selbsterfahrung unterstreicht.

Wie gehe ich mit dem Scheitern um?

Klage ich, winsele ich unwürdig herum, schalte ich Gott und die Welt für mich ein, engagiere ich Hilfskräfte, die mein verlieren zu drohendes Feld stabilisieren sollen, will ich mich untertänig machen und darauf sehen, wie ich das Schicksal gnädig stimmen kann?

Oder: Sehe ich ganz bewusst den Wendepunkt meines Lebens. Ich hätte ihn nicht gesucht, nicht gewollt, aber nun ist er da und alles ist nicht geblieben, wie es war.

Lasse ich mich ein erstes mal auf meine Fehler und Schwächen ein? Analysiere ich, was ich ändern kann, akzeptiere ich, was ich ändern will? Suche ich neue Herausforderungen im beruflichen und sozialen Feld, weg von den Leuten, die mich überwiegend süß bestätigend einlullten, wie großartig ich sei.

Gehe ich klar, tief und ehrlich mit mir ins Gericht, mache ich diese meine "Hausaufgabe" und stelle ich dann nach Erledigung meiner Hausaufgaben klare unmissverständliche Erwartungen an den anderen, was er in dieser Krise in diesem Scheitern gelernt hat. Geschieht dies nicht, mag eine Krise und ein Scheitern auf unbestimmte Zeit alles unter den Teppich kehren, aber sie wird bei ähnlich strukturierten Vorbedingungen immer wieder entflammen.

Entsteht also etwas Neues, aus der Asche der glimmenden Liebe, wie Phoenix aus der Asche, oder geben beide ermattet und ermüdet und frustriert eine lebendige Auseinandersetzung auf und retten sich zurück auf das sichere Ufer des Bisherigen, des Eingefahrenen, des Eingehausten?

Krise und Scheitern zeigt immer nach vorne, ein feiges Stabilisieren auf dem Bisherigen ist ein Festhalten und Verdrängen der Chance zum inneren Neubeginn für beide Partner gleichermaßen.

Ja(hr) der Toleranz

Zugrunde liegende Quelle: Wort zum Sonntag vom 23.02.2013, Alfred Buß,

zum Thema "Das Ja(hr) der Toleranz"

Wir hatten am Samstag das "Wort zum Sonntag" gesehen. Da sagte einer zu seiner diamantenen Hochzeit: "Nun bin ich schon 60 Jahre mit einem fremden Mädchen verheiratet." Der Weg zum anderen musste immer wieder neu gesucht werden, über ein halbes Jahrhundert, damit die Beziehung lebendig blieb. Und selbst nach 60 Jahren blieb neben dem Vertrautsein auch und immer noch eine Fremdheit. Ehe als lebenslange Gestaltungsaufgabe. Leben als Aufgabe ist zu leisten.

Der einzig menschlich vertretbare Ansatz.

Der 2. Punkt aus dem "Wort zum Sonntag" in wörtlichen Zitaten: *"(Die Kirchen) fielen auf durch Intoleranz über Jahrhunderte. Auch die Kirchen der Reformation. Darum begeht die Evangelische Kirche jetzt das Jahr der Toleranz... Um sich auseinanderzusetzen mit dem eigenen Schatten der Intoleranz".*

Ich finde es immer wieder atemberaubend, wie die Kirchen so leichtfüßig über das hinweggehen und sehen, was sie über Jahrhunderte in der Sicht der "Gläubigen" waren. Da wird von Zeit zu Zeit, aber letztlich immer wieder, für die Gläubigen ein Schalter umgelegt, damit die Macht erhalten bleiben kann, und dann ist alles neu. Was aber immer bleibt, ist klar, wird aber immer wieder verdrängt, dringt erst in unserer Zeit in das Bewusstsein der "Gläubigen" vor. Und was ist mit den Menschen, die für ihr Kritik auf dem Scheiterhaufen endeten, die in unseren Tagen aus der Kirche ausgeschlossen wurden als ein Zeichen gegen Abweichler? Doch die Kirche gerät heute immer mehr in die Defensive, wenn/sobald sich ein "Gläubiger" wehrt. Eine Freundin war ein Leben lang aktiv in der Kirche, stand für alle sozialen Dienste zur Verfügung. Für den Papstbesuch räumte sie beispielsweise ihre Wohnung, um Jugendliche aufzunehmen, die sie täglich zu den entsprechenden Stätten hinkarrte. Die Jugendlichen schliefen in ihrem großen Haus, morgens bekamen sie ein Frühstück und dann wurden sie hingefahren, wohin der Fahrplan der Kirche es wünschte. Als ihr Mann sich von ihr trennte und scheiden ließ, ging sie eine neue Verbindung mit einem inzwischen ebenfalls geschiedenen Jugendfreund ein. Für zwei Geschiedene, die ohne Gottes Segen zusammen waren, galten sie als gottlos und die frommen übrigen Kirchenbesucher machten entsprechende abfällige Bemerkungen, dass so was früher doch nicht möglich gewesen wäre. Als ihre Enkel zur Taufe anstanden, und weil deren Eltern ohne Trauschein zusammenlebten, wollte der Pfarrer das erste Kind nicht taufen. Inzwischen wurden drei Enkelkinder in Verbindungen ohne Trauschein geboren und die Freundin lebt immer noch in Verbindung mit dem geschiedenen Mann. Sie hat sich um die Kritik, die Verleumdung, die Ablehnung einfach hinweggesetzt, sich nicht weiter drum gekümmert, und die hinzugekommenen Enkel wurden alle katholisch getauft. Offiziell ist dies ein Ding der Unmöglichkeit aus der Gläubigersicht der Lebenszeit des 20. Jahrhunderts, aber inzwischen tritt die Kirche überall dort den Rückzug an, wo sich die "Gläubigen" wehren. Die Kirche macht sich alles immer so einfach und die meisten machen mit/ träumen mit, damit sie für ihr Heil sicher eingehaust bleiben. Aber solche einzelnen konkreten Beispiele zeigen auch, wo der unterschwellige Toleranzspielraum doch wahrgenommen wird.

Alles Erlebte, Geschehene, Ausgefochtene hinterlässt Spuren in unserem Herzen. Mir ist immer unbegreiflich, wie man so mit einem leichten Achselzucken Dinge, die fest in Menschen eingesenkt sind, für "die große Chance für die Zukunft" herausstellt.

Entweder besteht unser Ich aus den Spuren unseres Herzens, dann baut es sich damit auf, entwickelt sich damit, dies sind die Zeugen unseres Lebensweges, unseres Werdens, unserer Auseinandersetzung mit den Lebensvorgaben. Und am Ende der Tage sagt sich ein bewusst gelebter Mensch: Ich wurde in Begegnungen, die mein Ich ausmachen. Da habe ich gelitten, gekämpft, habe viel Freude erfahren und Stolz auf ein geglücktes Leben entwickelt.

Ich frage mich, ob die Gläubigen unbeschadet für ihre Seele, die Wechsel in der Kirche mitmachen können. Letztlich überdauern die inneren Einstellungen und werden allenfalls in der jeweils nächsten nachwachsenden Generation sang- und klanglos verabschiedet.

"Ein starkes Zeichen" - Die Fassade frommen Tuns

Quelle: Das „Wort zum Sonntag“ vom 24.09.2011

Titel: Ein starkes Zeichen, gesprochen von Nora Steen,

im Ersten Fernsehprogramm

" ...von Freiheit hat er gesprochen: Die uns zu Menschen macht, die sich vor keinem Machthaber und keiner Institution dieser Welt beugen müssen. Eine Freiheit, die uns aber zugleich dazu verpflichtet, verantwortlich mit unserer Welt umzugehen und unsere Mitmenschen zu lieben.

Solches Denken ist freilich Gift für jede Institution, weil es eingespielte Macht in Frage stellt- das ist heute nicht anders als vor 500 Jahren.

...

Stimmen wir mit dem überein, was wir predigen? Oder halten wir eine fromme Fassade aufrecht, die beim ersten Windstoß in sich zusammen fällt? Ich frage mich, ob es heute nicht wieder Zeit ist für einen neuen Aufbruch. "

Kommentierung:

Eine evangelische Pastorin äußert sich zu Inhalten der Begegnung von Papst Benedikt und dem Präses der evangelischen Kirche Schneider. Sie hatten sich in dem Kloster getroffen, in dem Luther „zu dem Menschen gereift ist, der mit seinem Ringen um Gott die Grundfesten seiner Kirche erschüttert hat“ (Zitat im „Wort zum Sonntag").

Es geht um das schwierige Thema der Freiheitsverwirklichung. Abstrakt über Freiheit reden die Philosophen und Theologen in wunderbaren literarischen Schöpfungen der Menschheit. Was lässt sich dazu vielfältig sagen und schreiben! Dieses Thema haben sich auch und gerade die Religionen auf die Fahne geschrieben. Gut tut da, wenn sich im Jahre 2011 die Repräsentanten der katholischen und evangelischen Christenheit treffen und austauschen.

Luther sagt sehr schön, dass die Freiheit uns zu Menschen macht.

Und dass Freiheit uns dazu verpflichtet, verantwortlich mit unserer Welt umzugehen und unsere Mitmenschen zu lieben.

Unsere gesamten Lesebemühungen zur Freiheit münden in diesen Kernsätzen:

Kern des Menschen ist seine Freiheit.

Und: Wir müssen uns keiner Institution dieser Welt beugen.

Damit ist gesagt: Wo die Forderungen an uns gegen unsere Freiheit verstoßen, ist ein Bruch zwischen äußeren Bedingungen und inneren Bedingungen unseres Lebens. Der Mensch **ist** Freiheit, und er steht genauso in den Forderungen der äußeren Welt. Wo beides aufeinander trifft, ist unsere Freiheit das Entscheidende.

Was aber beinhaltet dann Freiheit?

Es geht um Liebe zu den Mitmenschen und um verantwortlichen Umgang mit unserer Welt. Freiheit ist im Kern Liebe, wenn es um die Realisation geht. Wir müssen dabei uns bejahen und damit die Welt, weil wir Teil der Welt sind. Welt hat keinen Eigenzweck, ist kein Selbstläufer, sondern

wir sind Welt und damit sind wir verantwortlich für uns selbst und **damit** für die Welt.

Und die Pastorin bekennt freimütig, dass dieser Denkansatz Gift für jede Institution ist. Dabei geht es nicht nur um kirchliche Institutionen, sondern um jede gewachsene Institution, in der Macht aufgebaut worden ist. Die Machtinhaber und Amtsinhaber verteidigen ihre Privilegien.

Ich las aktuell die Gedankenspiele zu einem eventuellen Regierungswechsel in NRW. Hier ist eine Minderheitenregierung, weil keine stabilen politischen Konstellationen möglich schienen. Seither wird bei jeder kleinen Regierungsschwäche spekuliert, ob man neue Machtverhältnisse schaffen könnte. Ein Kommentator in der WZ schrieb dazu:

....Niederlagen wird es nur geben, wenn alle, wirklich alle Abgeordneten von CDU, FDP und Linkspartei gegen Rot-Grün stimmen.

Warum aber sollten das etwa FDP- und Linksparteiabgeordnete tun? Sie riskieren nach Lage der Dinge ihre eigene politische Existenz, denn für beide Parteien ist die Rückkehr fraglich. Da liegt es näher, sich ein ärztliches Attest zu besorgen, einen unaufschiebbaren Termin etwa in Rom wahrzunehmen, oder sich gleich zu enthalten. All das haben verschiedene Mandatsträger der verschiedenen Oppositionsparteien ja bereits gemacht. Und sie werden es wieder machen..... damit sie weiter im Landtag sein dürfen.

Quelle: Frank Uferkamp, Kommentar Die unendliche Geschichte, WZ vom 26. September 2011

In diesem Falle geht es nicht mal darum, dass eine Regierung ihre Macht erhalten möchte, es geht darum, dass Landtagsabgeordnete Angst haben, ihr Mandat zu verlieren, wenn sie eine Abstimmung zu ihren eigenen plakativ vorgetragenen unehrlichen Forderungen, wonach sie ihrem Gewissen verpflichtet sind, verlieren.

Mutig fragt die Pastorin, ob sie als Pastorin mit dem übereinstimmt, was sie predigt. Sie stellt die fromme Fassade in Frage, die bei einem ersten Windstoß in sich zusammenfällt.

Und sie kommt zu dem Ergebnis, dass in den letzten Jahrhunderten nichts (zu wenig?) geschehen ist, um Menschen zu **verfreiheiten**.

Ein neuer Aufbruch wäre fällig. Doch soweit nicht ganz konkret über die Verwirklichung der Freiheit überzeugend und umfassend in der menschlich möglichen Tiefe angesetzt wird, wie sie im Internetzeitalter auf der Grundlage neuer Gegebenheiten und Möglichkeiten beruhen, wird sich nichts ändern.

Meine Bücher sollen Mut machen, einen inneren Weg zu gehen. Der Weg des **Verfreiheitens** ist stets konkret Grundlage des vorgetragenen Weges.

"Friedensmüde" Wege zum Frieden

Alle Menschen wünschen sich Frieden, weil um sie herum zu wenig Frieden ist. Wir wünschen uns Frieden in der Familie, und stellen fest, dass wir viel zu oft streiten. Wir wünschen Frieden am Arbeitsplatz, aber wir stellen fest, wie Intrigen hinter unserem Rücken ablaufen, soweit wir mit hineingezogen werden sollen oder passiv davon betroffen sind.

Auf den Schulhöfen gibt es die kleinen Streitereien, Jugendliche spalten sich gerne in Gruppen, die gegeneinander antreten. Schon in meiner Schülerzeit kämpften die beiden Straßen unserer kleinen Gemeinde gegeneinander. Vor Fußballspielen kann man schon im Vorfeld bei den öffentlichen Anfahrten und vor den Stadiontoren beobachten, wie Feindseligkeit sinnlos gewünscht und ausgetragen wird. Und wie ist es im politisch-sozialen Raum? Immer wieder streiten als Beispiel die verfeindeten Israelis und Palästinenser mit Raketen, Flugzeugen, in Bodenkämpfen miteinander. Für weitere nie versiegende Beispiele muss man nur die Zeitungen täglich verfolgen.

Schnelle Lösungen gibt es selten. Bei einer Schlägerei auf dem Schulhof konnte ich mit einem Machtwort die Streithähne auseinanderbringen und in ruhigen Gesprächen manchmal gegenseitig versöhnen. Aber wer spricht ein Machtwort zwischen verfeindeten Volksgruppen und verfeindeten Menschen oder gar verfeindeten Nationen? Es ist schön, wenn es Verwandte, Freunde gibt, die die Situation nicht für ihre Interessen nutzen wollen und offen für Lösungsideen sind.

Daraus ergibt sich die Frage:

Bekomme ich selbst den *Frieden in meinem persönlichen Umfeld* hin?

Da sehe ich zwei Ansatzpunkte:

- Ich muss mir frei Gedanken machen, wie ich mit denen zurechtkomme, denen ich täglich begegne. Indem ich mich innerlich damit auseinandersetze, bin ich auf dieser geschaffenen Grundlage mehr bereit und offen für persönliche Begegnungen. Ich kann immer wieder Situationen innerlich vorwegnehmen und durchspielen, so dass ich nicht überrascht werde bei unqualifizierten Angriffen.

Ich erinnere mich beispielhaft an folgende verfahrene Situation:

- Ich geriet in fundamentale Differenzen mit unserem gegenüberliegenden Nachbarn: Als die neue Straße geplant und gebaut wurde, bekam der Nachbar von der Gemeinde die Hälfte der bisherigen Straßenfläche zur privaten Nutzung zugesprochen. Er nahm diese Fläche, die vorher Straßenfläche war, sofort in Besitz, sicherte sie erst mal durch herumliegende große Steine auf der bisherigen Verkehrsfläche und dann durch Bewuchs. Die Mülleimer des Nachbarn wurden ab diesem Zeitpunkt auf der jetzt noch verbliebenen halbierten Verkehrsfläche zur Abfuhr bereitgestellt, so dass ich nicht mehr mit dem Auto in meine Garageneinfahrt unbehindert fahren konnte.

Diese permanenten Anfeindungen wollte ich damit beenden, dass ich den Nachbarn bat, wenigstens die Mülleimer auf seine neue Vorgartenfläche zurückzunehmen, so dass ich damit diese Wegnahme der Verkehrsfläche innerlich akzeptieren wollte. Er sollte von den zugewiesenen Verkehrsflächen eine Minimalstfläche von der ehemaligen Verkehrsfläche für den Mülleimerstandort zur Verfügung stellen, zumal dann auch weitere Anlieger diese eingeengte

Verkehrsfläche bezüglich meiner Einfahrt nutzten, um auch ihre Mülleimer vor meine Einfahrt zu stellen.

Kompromisse sind nicht immer möglich, selbst derart kleinste Kompromisse können von den Betreffenden abgelehnt werden. Dem Konflikt trotz innerer Bereitschaft zum Frieden kann ich nicht entgehen.

- Ich muss in allem das große Ganze sehen, über den Tellerrand hinausschauen. Ein Nachbar rief mich jedes mal beim Heckenschneiden an, wenn ein Zweig auf sein Eigentum fiel. Mich hat dies nie gestört. Während des Heckeschneidens rief er mehrere Mal an, wenn er beobachtet hatte, dass wieder eine Ast auf sein Grundstück gefallen war. Ich sagte ihm stets freundlich und ohne Emotionen zu, dass ich dies sofort in Ordnung bringen würde. Und bei einem Heckenschneiden irgendwann vermißte ich die Anrufe, die doch so einfach dazu gehörten. Er war zwischenzeitlich in ein Heim eingewiesen worden und hatte nun seinen inneren Frieden gefunden. Hätte er von Anfang das Ganze gesehen, etwas mehr Umsicht gehabt, diese Auseinandersetzungen nicht so wichtig genommen und sich dafür so persönlich eingesetzt, er hätte sich das Leben um so viel leichter machen können.

Letztlich geht es immer darum, inneren Frieden zu bekommen.

Fazit:

Was ist mir wichtig genug, dass ich aufs Spiel setze, dass ich mit denen nicht zurechtkomme, die mir täglich begegnen? Die Lebensbeispiele zeigen immer wieder, dass sich solche Menschen selbst erniedrigen, leiden, ihr Menschsein verkümmern, weil der Horizont zu einem Umfassenderen fehlt. Denen Großzügigkeit, Vertrauen, Hoffnung fehlen, die als Lebensgrundzug mehr negative Sichtweisen, Kampfesbereitschaft als undurchdachte permanente Angriffshaltung mit Jammern verbreiten.

Der "große Frieden" erwächst unter den Menschen nicht daraus, dass ich vermeintliches Recht durchsetzen muss, dass ich mir nichts gefallen lassen darf, dass ich austeile, wo ich austeilen kann und feige zurückstecke, wo ich allein deswegen zurückstecke, weil ich mich als den Schwächeren ansehe.

Zurückstecken muss immer aus einem Gefühl der Stärke erfolgen. Nur in dieser ehrlichen Struktur kann ich Frieden aufbauen. Damit kann ich andere Menschen ergreifen und für das Leben nach diesem Ziel gewinnen.

Streitschlichter in der Schule, Eheberater für zerstrittene Familie, UNO-Einsätze bei verfeindeten Volksgruppen ist alles sehr hilfreich und dies sind doch nur kleine Hilfen.

Einzig und allein weiter kommen wir nur, wenn wir immer bei uns ansetzen und für uns den Frieden leisten.

Die innere Haltung zur Friedensfähigkeit:

Ich möchte genauer darauf eingehen, welche innere Haltung ich in mir aufbauen kann, um die Friedensfähigkeit in mir zu erwerben:

Es geht um die Haltung der aktiven Gelassenheit. Es geht nie um eine passive Haltung als Selbstzweck, gar als Hinnehmen und Hinwenden zu Bequemlichkeit. Das Gegenteil ist der Fall, nämlich: Wie baue ich eine Haltung entschlossenen Handelns auf? Wie erwerbe ich entschlossene Konzentrationsfähigkeit, Präsenz zu und in der jeweiligen Problematik in der umfassenderen Einbettung und Offenheit?

Es geht darum, wie ich die inneren Voraussetzungen schaffe, um Gelegenheit beim Schopf zu fassen.

Im rechten Moment muss ich die Gelegenheit, die „gereifte Zeit" nutzen, im rechten Moment muss ich „aus dem Bauch heraus" Kräfte schnell mobilisieren, unbewußt Zusammenhänge mit abrufbereiten Kräften mobilisieren.

Gelassenheit fällt nicht vom Himmel, sondern will erarbeitet sein.

Investitionen an Fantasie, Empathie, Weisheit im Erschließen der Zusammenhänge im Einklang mit meiner Naturanlage. Konzentration auf das, was wirklich wichtig ist.

Es geht nicht um die vielzitierte Entdeckung der Langsamkeit. Gelassenheit mag äußerlich etwas mit Langsamkeit und Passivität zu tun haben, der Kern ist aber: das Aufbauen einer inneren Haltung „aktiver Gelassenheit".

Soweit betrifft dies die allgemeine menschliche innere Voraussetzung, um die Fähigkeiten meines Menschseins optimal bereitstellen zu können. Verschenke ich bereits hier schon menschliche Potentiale, wird der Spielraum zu konkreten Schritten in den Frieden geringer.

Patentrezepte zum Verhalten kann es mithin nicht geben. In der Situation entscheide ich kreativ, die Handlungsspielräume auslotend.

Es geht also um die Schaffung von Fähigkeiten, um dann in den konkreten Situationen so zu handeln, dass die in der jeweiligen Situation liegenden Chancen zur jeweiligen Fortentwicklung ergriffen werden können.

Die zusammenfassenden Kernaussagen

Impulse für Lernende: Erkläre:

Was sind die allgemeinen menschlichen inneren Voraussetzungen, um die Fähigkeiten des Menschseins optimal bereitstellen zu können?

"Zurückstecken muss immer aus einem Gefühl der Stärke erfolgen"

"Letztlich geht es immer darum, inneren Frieden zu bekommen"

Im rechten Moment muss ich die Gelegenheit, die „gereifte Zeit" nutzen, im rechten Moment muss ich „aus dem Bauch heraus" Kräfte schnell mobilisieren, unbewusst Zusammenhänge mit abrufbereiten Kräften mobilisieren".

Erkläre diesen Satz, indem du besonders eingehst auf:

Was ist „gereifte Zeit"?

Warum ist „aus dem Bauch handeln" konsequente Fortsetzung des Aufbaus innerer „abrufbereiter Kräfte"?

Worin können „ in der jeweiligen Situation liegende Chancen zur jeweiligen Fortentwicklung“ liegen?

Erkläre:

„Aktive Gelassenheit“

„In der Situation entscheide ich kreativ, die Handlungsspielräume auslotend.“

Religiös oder normal?

Wort zum Sonntag vom 27.07.2013, Michael Broch, zum Thema "Religiös oder normal" (= Sendetextzitat)

.... "Ich bin nicht religiös, ich bin normal" - so antwortet ein Jugendlicher auf die Frage, wie er sich selbst in Sachen Glauben einschätzt. "Ich bin nicht religiös, ich bin normal". ....

.... Ich sehe darin eine große Chance: Wenn Menschen nicht voll bepackt sind mit Traditionen und überlieferten Vorstellungen. Wenn sie sozusagen "leer" sind und damit möglicherweise offen für neue Erkenntnisse. Wenn sie mit allen Sinnen wach bleiben für sichtbare Hinweise und unsichtbare Zeichen, die sie zum Sinn des Lebens führen. Auf diesem Weg helfen alltägliche persönliche Erfahrungen, das Vorbild anderer Menschen und durchaus Orientierungen, die die Religionen geben.

Und jenseits von allem "normal" und "nicht normal" sehnen sich viele junge Leute nach einer spirituellen, nach einer religiösen Heimat. Immer nur arbeiten, kaufen, sich vergnügen - das genügt vielen nicht mehr. Viele leiden auch an einer unerfüllten Sehnsucht. Warum lässt sie diese Sehnsucht nicht los? Weil die Sehnsucht nach Leben, nach Liebe und Glück maßlos ist, weil sie sich nie zufrieden gibt..."

Kommentierung:

Junge Leute haben keine innere Beziehung zu einer Kirche, die weit weg von ihren Fragen und Sorgen zu sein scheint. Die Erwachsenen haben wenig Beziehung zur Kirche, die Gottesdienste sind kaum besucht. Es findet kaum noch eine religiöse Erziehung im Elternhaus statt. In der Schule wird das Fach Religion oftmals an den Rand gedrückt. Da Jugendliche frühzeitig das Fach Religion abwählen können, kommen sie stattdessen in den Genuss von Freistunden, oder glauben, dass sie in einem Ersatzunterricht weniger gefordert werden beziehungsweise unter Aufsicht bereits die Hausaufgaben anfertigen dürfen. Oft wurden zu meiner Zeit die Religionsstunden an den Anfang oder das Ende des Vormittagsunterrichts gelegt, so dass die Nichtteilnahme konkret früherer oder späterer Unterrichtsbeginn bzw. -schluss beinhaltete. In meiner Schule beschwerte sich der Schulpfarrer, dass die Klassenbucheintragungen bezüglich Feststellung der fehlenden Schüler und der Unterrichtsinhalteaufschreibung innerhalb der einzelnen Stunden, in denen die Schüler auf unterschiedliche Klassenräumen aufgeteilt waren, sehr störende Unterbrechungen des Unterrichts waren, ein normaler konzentrierter Unterricht, ein notwendig längerer störungsfreier Unterrichtsblock nicht gegeben war. Allein von diesen Rahmenbedingungen her macht einem Schüler wenig Freude, an einem solchen Unterricht teilzunehmen. Wenn aber damit im Endeffekt religiöses Wissen nicht so vermittelt wird, wie es notwendiger wäre, setzen sich Jugendliche nicht mehr mit Religionsinhalten auseinander. Und von außen her gesehen, scheint es doch so, dass die Jugendlichen durchaus ohne Religion gut leben können.

Das vorliegende Wort zum Sonntag ergeht sich jedoch nicht im Jammern über den Istzustand, sondern sieht ganz neue Ansätze.

Kirche ist oft gekennzeichnet durch überlieferte Vorstellungen, die sich nicht überall auf dem Stand der Zeit angepasst haben. Da werden Jugendliche einerseits mit Vorstellungen konfrontiert, die andernorts schon längst als überholt gelten könnten.

Aus der Not macht der Pastor eine Tugend:

Wenn die Jugendlichen "leer" sind, sind sie offen für neue Erkenntnisse.

Sie sind wach mit allen Sinnen und offen für die persönlichen Erfahrungen.

Wir hatten früher in Altenberg einen wunderbaren Prediger, der stets offen war, um mit den Jugendlichen etwas zu unternehmen, beispielsweise zu Nachtwanderungen in die Natur, Besinnungstagen, der den Jugendlichen immer zur Verfügung stand. Jugendliche müssen wissen, wo und wann der Pastor für sie mit absoluter Sicherheit für sie Zeit hat und kein Fragen und Sorgen aus Zeitgründen abbrechen muss. Jugendliche sind durchaus interessiert, wenn ein Pastor mit ihren Fragen was anfangen kann.

Wer nach dem Sinn des Lebens fragt, fragt damit auch nach Gott.

Man kann beispielsweise ansetzen bei den Sehnsüchten der Jugendlichen.

Eine Sehnsucht nach Leben, Liebe und Glück haben alle Jugendlichen.

Wir können heutzutage nicht mehr mit erhobenem Zeigefinger mit den Jugendlichen reden, sondern es geht um Vorbildwirkung, wie sie nicht beabsichtigt ist und vorgespielt wird. Eine Kollegin lief demonstrativ über den Schulhof und hob Papier auf und weggeworfene Esssachen und sonstigen Müll. Wenn keine Schüler um sie herumstanden, wäre sie nie auf die Idee gekommen, konkret sich für die Sauberkeit des Schulhofes und des Gebäudes derart einzusetzen.

Vorbildwirkung ergibt sich, wenn Menschen innerlich ehrlich sind.

Wenn ihr Handeln, Denken, Wünschen, Planen, Verantworten, eine glaubwürdige Einheit bilden.

Wie habe ich für mich meine Sehnsucht nach Leben, nach Liebe, nach Glück erfüllt?

Wo habe ich am intensivsten Glück und Zufriedenheit erfahren?

Wo wurde ich von Menschen enttäuscht und was hatte ich selbst dazu beigetragen?

Welche Menschen waren mir Vorbilder, waren für mich Beispiele gelebten Lebens, als Menschen wie du und ich?

Ein ehemaliger Schulkamerad, den ich Jahrzehnte nicht mehr gesehen hatte und zu dem ich in all der Zeit keinen Kontakt hatte, schrieb mir in einem Brief zur Erinnerung an die gemeinsame Schulzeit:

"Aus der gemeinsamen Schulzeit ist mir ein Ausspruch meines Religionslehrers in Erinnerung geblieben, den ich gegen mich gelten lassen muss: danach gibt es Menschen, die "religiös unmusikalisch" sind. Da zweifellos genetisch bedingt, ist ihnen, wie man resigniert feststellen muss, auch nicht weiter zu helfen."

Es ist also bei all den hoffnungsorientierten Ansatzpunkten bezüglich einer religiösen Orientierung des Menschen auch in aller Bescheidenheit zu sehen, wie Menschen auch in hohem Alter stolz feststellen können, dass man ohne religiöse Lebensorientierung gut durch das Leben kommen kann. Für Thomas von Aquin, den großen Heiligen, ist jeder religiös, hat jeder Religion, der nach Gott und nach dem Sinn des Lebens fragt.

In meinen vorgelegten Beispielen geht es also nicht um religiöse Theorie, um Mussvorschriftendarstellungen, sondern um gelebte Beispiele.

Herausforderungen suchen

Meditationen zur Sinnsuche auf dem Weg zum Göttlichen in uns

Das Höhlengleichnis

In einer genialen Erzählung zeichnet Platon ein Bild des menschlichen Daseins.

Darstellung und Erläuterung des Höhlengleichnisses

Das Bild der Höhle:

Menschen leben in einer unterirdischen Höhle, sie sind von Kindheit an an Beinen und Hals gefesselt, sie sitzen mit dem Rücken zu einem von ihnen wegen der Fesselung nicht wahrnehmbaren Licht spendenden Feuer immer an derselben Stelle, sie können den Kopf nicht wenden. Sie sehen immer nur zur hinteren Wand der lang gestreckten Höhle.

Sie haben Tageslicht nie gesehen. Zwischen hinterer Wand, der die Menschen zugewandt sind, und dem Ausgang ist eine niedrige Mauer und ein Feuer.

Längs dieser Mauer gehen Menschen vorbei, deren Schatten werden durch das Feuer auf die Hinterwand projiziert. Auch die von den Vorbeigehenden getragenen Gegenstände werden nur als Schatten gesehen, so dass die Menschen die Schattenbilder für die wirklichen Gegenstände halten müssen.

Sie führen somit ein Schattendasein ohne Klarheit über ihr Leben.

Unsere Wohlstandsgesellschaft in einer hohlen schnelllebigen Zeit in Konsumorientierung auf der Basis von Haben- und Zerstreuungskultur entspräche weitgehend in groben Zügen diesem Bild.

Doch die Menschen haben ein Bedürfnis nach Wahrheit, eine ruhelose Sehnsucht nach Erfüllung, nach Transzendenz. Wer sagt, dass jeder erkennen könnte, was wahr ist, gilt als lebensferner Spinner, Sokrates und Jesus waren in dieser von den solchermaßen Gefangenen nicht erbetenen Aufklärung und damit dieser naiven Bewertung ausgesetzt.

Wenn sich die Menschen in der Höhle umdrehen könnten:

Das Feuer würde sie blenden. Die Dinge könnte man gar nicht erkennen, von denen man bisher nur die Schatten gesehen hatte.

Die Augen würden schmerzen, die Menschen müssten sich erst an den Anblick gewöhnen, und zwar erst an das Feuer, dann an das Tageslicht, zuletzt an die Sonne.

Dabei kommen sie zu den "Urbildern" in Gegensatz zu den Abbildern.

Das Wissen in der Höhle war ein Nichtwissen um das Wirkliche. Und der Mensch wusste nicht um dieses Nicht-Wissen. Erst draußen sieht das Auge klar und hat seine volle Sehkraft.

Der Aufstieg:

Der Aufstieg ist ein zwanghafter und schmerzhafter Vorgang, dem die Gewohnheiten entgegenstehen.

Er ist ein Befreien von etwas, nämlich dem Befangensein, dem Höhlendasein,

und ein Befreien zu etwas, denn die Höhle ist eine Negativität angesichts der Fähigkeiten, der Vermögen des Menschen.

Die Befreiung von der Negativität ist angesichts der menschlichen Vernunftfähigkeit und seiner Vernunftbegabtheit möglich.

Nicht-Wissen und Negativität müssen stufenweise abgebaut werden durch das Licht als Vernunftauftrag des Menschen.

Deutung:

Die Gefangenen in der Höhle stellen die Mehrheit der Menschen dar.

Sie können nicht die eigentliche Wirklichkeit wahrnehmen, sondern alles ist eine Art Schatten.

Originale können sie in keiner Weise zu Gesicht bekommen. Unser "gesunder Menschenverstand" beruht nicht auf unmittelbarer Wahrnehmung; was wir für die Realität halten, ist nicht die wahre Wirklichkeit, sondern ist höchst minderwertig im Vergleich zur Realität der ganz anderen Wirklichkeit.

Zitat aus:

Dieter-Jürgen Löwisch, Einführung in die Erziehungsphilosophie, Wissenschaftliche Buchgesellschaft Darmstadt 1982, Seite 50/51

"... Bildung ist nicht das, wofür sie einige in ihren Anpreisungen ausgeben. Sie behaupten nämlich, sie pflanzten der Seele ein Wissen ein, das vorher nicht darin war, wie wenn sie blinden Augen Sehkraft geben könnten.... Unser Gespräch zeigt nun aber..., dass der Seele eines jeden Menschen das Vermögen und das Organ innewohnt, mit dem er lernen kann... Die Bildung... wäre nun also eine Kunst der "Umlenkung", die Art nämlich, wie dieses Organ (gemeint ist die Vernunft) am leichtesten und am wirksamsten umgewendet werden kann. Sie ist nicht die Kunst, ihm das Sehen zu verleihen; sondern indem sie voraussetzt, dass es dieses zwar besitzt, aber nicht nach der richtigen Seite gewandt ist und deshalb nicht dorthin schaut, wohin es schauen sollte, will sie ihm behilflich sein...."

Platon politeia 518 b- d, zitiert nach Löwisch

Löwisch fährt Seite 51 fort:

"...Erziehung/Bildung ist also: Einsichtigmachen, aus den Fesseln befreien, zum Licht hinwenden und zum Licht hinführen, der Doxa, den Meinungen, entfremden, zum vernünftigen Denken und Handeln freisetzen, damit jeder das Seine vernünftig und nicht gewohnheitsmäßig tut. Die Befreiung von Unwissenheit, vom Nicht-Wissen um das Nicht-Wissen mit der Verpflichtung, auch die Anderen wissend und damit vernünftig zu machen, ist eine Befreiung zu "Maß und Ordnung in ihrer Einsichtigkeit, in ihrer Wahrheit, damit das Ganze menschlichen Zusammenlebens vernünftig und damit wahrhaftig wird,...".

Stationen des Weges der Bildung sind also:

1. Der Zustand des gefesselten Menschen in der Höhle. Sie entbehren jeder wahren Erkenntnis.

2. Die Befreiung

Die Gewohnheiten und die Verwirrung müssen durch eine neue Sicht der Dinge ersetzt werden.

3. Das gewaltsame Hinaufziehen ins Freie durch "Erziehung". Das Haften an den Erscheinungen muss durch eigentliches Sehen ersetzt werden.

Erziehung ist ein schmerzhafter einschneidender Vorgang, das Band der unfreien Gewöhnung muss zerrissen werden.

Von dem Gedanken einer organischen Bildung, eines geistigen Wachstums, welches in dem Grunde des Menschseins angelegt ist, her, gibt es die Aufgabe, die(se) Wurzeln und Keime im Bewusstsein zu entfalten.

Das Problem der Bildung besteht nach Platon darin, wie man den in der Gewöhnung selbstgenügsamen Menschen in die fruchtbare Verwirrung setzt, die ihn sich auf den Weg zur in ihm wohnenden Idee bringen lässt.

Der platonische Eros ist die Antriebskraft menschlichen Handelns.

Er ist gekennzeichnet durch:

Bedürftigkeit der Seele nach Ganzheit, nach Erfüllung, Hinwendung zu sich selbst, Gespräch der Seele mit sich selbst, Einkehr in die Innenwelt der Seele, der heilsam-ruhelosen Sehnsucht des Eros nach dem Göttlichen, der Quelle allen Wahren und Schönen.

Der Mensch muss den inneren Frieden und damit sich selbst in seiner Ganzheit finden, eins mit sich selbst werden.

Die mystische Grundstruktur des platonischen Denkens hat Parallele in der Spiritualität Indiens:

Mach dich auf die Suche, denn alles, was du bis jetzt vor deinen äußeren Augen erkannt hast, ist Schein-Wissen, Schein-Wirklichkeit, Maya. Was die Hindus Maya nennen, entspricht bei Platon den Schatten.

Die menschliche Seele (Atman) hat teil an der ur-einen, ungeteilten, personlosen göttlichen Wirklichkeit (Brahman)

Was mir das Höhlengleichnis bedeutet

1. Der Zustand des gefesselten Menschen ohne wahre Erkenntnis

Die Menschen sind im Normalfalle eingehaust in dem, wie sie durch ihre Sozialisation geworden sind. Da kann man früh sehen, in welchem Stande sie im Alter sein werden. Wer in Konflikten lebt, ob mit Familie oder Nachbarn oder im Berufsfeld, wird so weiter schliddern, wie die jeweils verbliebenen Sozialisationsräume ihn weiterschieben. Grundlegende Einsichten werden nicht vom Himmel fallen. Wer ein Leben lang guckte, wo er materielle Vorteile bekommt, wird immer weiter in diese Richtung suchen. Wer ein leichtes bequemes Leben sucht, wird immer in dieser Schiene bleiben, auch wenn es offensichtlich ist, dass er sich bewegen müsste. Wer von Zukunftsmöglichkeiten nur träumt, wird alle Träume auf sich wirken lassen, bis die Entwicklung konkrete Träume unterbindet.

Jeder ist im Normalfalle gefesselt, und die Erkenntnis fehlt, weil sie einem ja nicht zufliegt, sondern dieser Weg geleistet werden müsste. Leistung- nein danke. Denn das "Leisten" von Sich- selbst- belügen,

Sich- selbst- was- vormachen, Irrwege blind und sinnlos festhalten, das hat mit Leisten nichts zu tun, jedenfalls mit gesundem Leisten.

2. Gewohnheiten und Verwirrungen müssten aufgegeben werden.

Wir sind in unseren Gewohnheiten eingehaust. Gewohnheiten entlasten den Alltag, den Beruf, die sozialen Kontakte. Da lässt man sich keine Spielräume. Selbst wenn Verwirrungen auftreten, hält man tapfer den bequemeren Weg aufrecht. Verwirrungen kommen und gehen bei einer solchen Lebensgrundlage, aber diese kann man nicht beherrschen, weil und wenn man ja keine Richtung hat.

3. Gewaltsames Hinaufziehen/ Befreien ist schmerzlich

Die gefesselten Menschen bräuchten ein Vorausleuchten, ein Vorausdenken, einen Weg zur Befreiung aus ihrer Fessel.

Dies wird im Normalfalle niemand leisten. Die Gefesselten kann man für dumm verkaufen, an ihnen seinen Profit machen, ihnen Brei um das Maul schmieren, um sie immer mehr in die innere Ausbeutung zu führen. Die Verführer, die sich als Gentlemen ausgeben und sinnlosen Tand verkaufen und sich damit eine goldene Nase verdienen, sind auf allen Feldern bis hin zu Bank- und Versicherungsanlagen, Geldanlagen, Beteiligungen. Das ist einfach so, dass jeder überall über den Tisch gezogen werden kann.

Und wo es dann einen echten Erzieher gibt, wenn beispielsweise Eltern sich für ihre erwachsenen erfolgreichen Kinder in derartigen Geldverdienverkaufsstrategien einmischen, hätten sie erzieherisch keine Chance. Anders sähe es aus, wenn jemand von Grund auf scheitern würde und völlig neu aufbauen müsste. Totales Scheitern ist ja immer eine Chance. Wenn jemand nichts mehr zu verlieren hat. Dann ist er total unten oder ganz eng in seine Ecke gedrängt. Dann kann er im Normalfalle unter den Brücken enden, ob als Leiche oder als einer ohne Dach über dem Kopf, er wird aber die Chance eines Neuanfanges selbst dann nicht in jedem Falle nutzen.

Dieses Bild ist düster, doch mir geht es darum, fern und jenseits von aller schönen Geschichte, oder Mythos, oder Erzählung, konkret darzustellen, was da eigentlich Sache ist, die im Hintergrund steht. Platon will doch Menschen nicht beleidigen, er will ja nur aufzeigen, wie man unsere Wirklichkeit auf den Punkt bringen kann.

Und dabei macht er darauf aufmerksam, was im Grunde des Menschseins angelegt ist, in jedem Menschen.

4. Es ist der Gedanke der organischen Bildung

Im Bewusstsein jedes Menschen sind Wurzeln und Keime angelegt. Herder hat diese Gedanken breiter entwickelt, Aristoteles spricht von einem Kern im Menschen, der entwickelt werden soll. Der Mensch hat sein Ziel als Menschsein in sich.

5. In jeder Seele ist die Bedürftigkeit nach Ganzheit

Kant hat zu den philosophischen Wurzeln zutiefst nachgedacht. Seine Gedanken beruhen nicht auf einem fraglos angenommenen Bild vom Menschen, das für alles allzu leicht verantwortlich herangezogen wird, damit wir entlastet sind. Kant kommt durch philosophische Überlegungen zu dem Schluss, dass man einen Gott weder beweisen noch nicht beweisen kann, er entlässt also die Menschen nicht in die Sackgasse der Religion.

Wichtig ist mir hierzu herauszugreifen, dass er meint, dass wir bei allem zu Ganzheiten streben. Nicht Zusammenhangloses, Einzelnes, Sinnloses ist die Grundlage, sondern wir suchen immer die Einheit, die Ganzheit. Dazu kann man zu Platon zurückgreifen auf die Ideen, die für Platon Grundlage sind. Alles muss auf Ideen zurückgeführt werden.

Für mich ist die Idee der Wahrheit das Grundlegende. Ich kann in meinem Leben alles verwahrheiten. Ich nehme nichts hin, ich setze mich mit Tatbeständen auseinander, die einem allzu leicht und vordergründig untergejubelt werden sollen. Ich habe ein Gefühl für Ungerechtigkeiten, für unsaubere Strukturen, für Auseinanderklaffen von Anspruch und Wirklichkeit. In unserem Bundestagswahlkampf 2013 haben wir einen Wahlkämpfer hier im Ort als einzelne Person. Um welche Idee geht es ihm? Was will er? Was sind die inneren Antriebe? Sind seine Ideen durchdacht, bringen sie dem Ganzen was? Da sind in solchen Beispielen immer viele Fragen, bevor ich einen Sachverhalt für mich verwahrheitet habe.

Mein Schulleiter kam morgens 10- 15 Minuten nach Unterrichtsbeginn in die Schule. Damit hatte er kein Problem, weil er ja nicht pünktlich zum Unterrichtsbeginn vor einer Klasse stehen muss, er geht ja dann sofort in seine Schulleiterzimmer, wo er nicht mehr gestört wird. Da fragt man sich als Lehrer: Warum kommt er immer zu spät? Warum gibt er kein Vorbild für Pünktlichkeit für die Schüler? Warum kommt er nicht informell vor Schulbeginn mit den Kollegen zusammen und bespricht, was an Tagesfragen anstehen könnte?

Wenn er dann für alle sehr strikt auf Pünktlichkeit besteht, so kann dies viele Gründe haben. Da ich immer als einer der ersten in der Schule war, konnte ich immer ganz gelassen Fragen zur Pünktlichkeit beobachten.

Und dieses Beispiel zeigt: Wo jemand Fragen zur Wahrheit stellt, wird er mit sehr viel Unverständnis rechnen müssen, bis hin zu Feindschaft und Abwerten.

In dieser Schrift werde ich immer wieder Beispiele aus meinem konkreten Leben zur jeweiligen Argumentation heranziehen. Ich finde diese übliche Grundhaltung, dass zu allem nur theoretisch, abstrakt, allenfalls mit pauschalen Hinweisen gearbeitet wird, nicht in Ordnung. Solche Überlegungen entsprechen nicht der Grundlage der Lebensausrichtung auf die Idee der Wahrheit.

6. Die menschliche Seele hat teil an der ur-einen personlosen göttlichen Wirklichkeit.

7. Der Weg hierzu:

Einkehr in die Innenwelt der Seele, in sich immer wieder die Ganzheit finden

In der Auseinandersetzung mit meinem Inneren, in Harmoniewahrung zwischen meinem äußeren Weg und dem Gewordenen verschmilzt das Ich immer wieder ganzheitlich zur Einheit. Dazu können auch Tatbestände der Vergangenheit immer wieder in einem neuen Licht gesehen werden, ohne dass es im geringsten ein Bedürfnis gibt, mich mit der Vergangenheit ohne Anlass auseinanderzusetzen. Doch diese Anlässe gibt es immer wieder. Beispiele: Nach einem halben Jahrhundert nach der Abiturprüfung kam ein Mitschüler auf die Idee, alle ehemaligen Klassenkameraden zu recherchieren und zu einer Jubiläumsfeier einzuladen. Kann ich mich den aufgeworfenen Erinnerungen verweigern oder muss ich dies in meinen aktuellen Bewusstseinsstand einbauen?

Ich besuche Stätten meiner Kindheit und stoße auf Dinge, die ich damals nicht verstanden hatte. In solchen Fällen werde ich die Vergangenheit in meinen heutigen Bewusstseinsstand einbauen. Ein gegenteiliges Beispiel wäre: Ein Freund sagte mir: "Wenn ich meinem Chef heute begegnen würde, ich glaube, ich würde ihn umbringen." Aber gerade wo Leichen im Keller liegen, wo die Erinnerung Emotionen, ja heftige belastende Emotionen freisetzt, darf ich mich doch der Vergangenheit nicht verweigern.

Und genauso kann ich die positiven Erinnerungen als Schatz der Seele aufrufen, wenn ich mich äußerlich belastet fühle. Jeder hat seine Fotoalben, seine Schallplatten, seine Lieblingsstellen der Erinnerung, wo er Kraft im jetzigen Belastungszustand findet. Diese Wechselbeziehung von Jetzt und Vergangen gilt es auch zu sehen.

In meinem ganzen Denken wird ja immer wieder konkret der Zusammenhang von Verwahrheitung, also der Idee der Wahrheit, die für mich lebenstragend ist, zu der Verreinheitung der Seele, auf der Grundlage von Ganzheit, herausgearbeitet. Leben als Einheit zu sehen, beginnt in dem Aufzeigen der Einheiten im Alltag und führt zum Erkennen der Einheit meines gesamten Lebensvollzuges.

Dies lässt sogar den Bogen zum asiatischen Denken spannen.

Platon hat mit einem einfachen Mythos Grundlagen gelegt, um all die großartigen menschlichen Gedanken zu dem Abstreifenkönnen und -müssen der menschlichen Fesselung zu sehen.

Dazu kommt, dass die menschliche Sozialisation insgesamt materielle Voraussetzungen und Einsichten in menschliche Grundrechte und Grundwerte geöffnet hat, eine Entwicklung, an der eine immer größere Menschenzahl teilhaben kann.

Nach diesem Ausgang von dem antiken philosophischen Denken, wie es beispielhaft im Höhlengleichnis grundgelegt worden ist, konzentriere ich mich im Nachfolgenden auf die heutigen menschlichen Grundstrukturen, wie sie konkret in unseren Tagen feststellbar sind.

Zur Fesselung und Befreiung des Menschseins heute

Wir stehen heute unter mehr Zwang als früher, insbesondere in unseren Arbeitsverhältnissen, unter dem Druck von permanentem Optimierungs- und Leistungszwang.

Wir haben jede Menge Optionen, aber alle sind für den Menschen ohne offene Augen gleichwertig, und der innere Kompass fehlt.

Da kann man als junger Mensch von einer Möglichkeit zur anderen hingezogen sein, das pendelt dann unruhig hin und her, pendelt sich nicht aus und führt letztendlich zu einem Gefühl der Sinnlosigkeit oder in die Hyperaktivität.

Haben wir denn überhaupt so unendlich viel Möglichkeiten? Wir können doch nicht alle möglichen Wege in derselben guten Weise gehen.

Wenn alles möglich scheint, alle Wege offen sind, gibt es Unsicherheit und Angst.

Also geht es doch schlussendlich darum, einen Sinn für den eigenen Weg zu entwickeln, für den man sich begeistern und einsetzen kann.

Wir finden uns einem total leeren Raum gegenüber und müssen in diesem total leeren Raum einen Platz finden.

Unternehmer seiner selbst müssten die Menschen werden, aber die Grundlage zur Wahrnehmung/ dem Ergreifen dieser Möglichkeit fehlt, weil die Persönlichkeit dies nicht mehr leisten kann.

Halten wir fest: Der angenommene Kern des Individuums ist zu entwickeln und zu optimieren. Das ist die gute Form der Perfektionierung. Dieses Optimierungs- und Perfektionierungsmodell, das es schon in der Antike gab, haben wir bis heute beibehalten, uns aber von dem diesem Modell zugrunde liegenden Persönlichkeitskern verabschiedet. Wir erleben Gestalten, die ohne Kern und richtungslos sind. Sie sind unheimlich aktiv, aber keine Individuen mehr. Gleicher Körper, gleiche Nase, gleiche Maße, denen sich jeder unterwirft. Die Optimierungsgesellschaft lässt keine Abweichung zu. Optimierung bedeutet Perfektionierung ein und derselben Form, etwas Neues kann aber nur aus der Abweichung entstehen. Damit Individualität entsteht, muss es Widerstände durch andere Menschen geben in positiver wie negativer Reibung. Freiheit und Widerstand sind verloren gegangen.

Freiheit gibt es in einer gelungenen Beziehung. Für Hegel ist die höchste Freiheit die Liebe. Sie besteht in der Hingabe an den anderen, nicht darin, sich selbst zu verabsolutieren. Nur durch den anderen hindurch komme ich zu mir (zurück)! Hegel nennt es absolute Liebe. Rückkehr zu sich selbst als Gabe wird mir durch den Anderen geschenkt. Dank des anderen entfalte ich einen Kern.

Liebe hat nichts mit einem romantischen Verschmelzungsbegriff zu tun, bei dem die Gefahr ist, dass das Weibliche Selbstverlust erleidet.

Es geht also nicht um Abgrenzung, sondern um Erarbeitung, Findung des Ichs auf einer höheren Stufe. Totales Verschwinden des Ichs im anderen geschieht also nicht.

Vollkommene Selbstvergessenheit als extreme Glücksmomente ergänzen diese Grundlegung, gehören zur jeweiligen Vollendung der Glückgefühltiefe, sind aber nicht das Einzige der Beziehung.

Nur wenn ich diese anthropologische Einbindung in die Grundlage der Zweierbeziehung habe, habe ich den Gipfel der Freiheit erreicht. Das heißt: dann:

wenn ich es ertragen kann, mit mir allein zu sein.

Diese Freiheit ist auf der Grundlage des innersten Kernes. Ganz anders als die Freiheit in Zwängen von Leistungs- und Optimierungszwänge sind die neuen inneren Zwänge.

Gestalten ohne diesen gesunden Kern sind unheimlich aktiv, aber sie sind nicht kernfähig.

Scheinzwänge können sie nicht mehr erkennen. Es sind die Leute, die stets jammern, die wissen, dass alles falsch ist, die es unmöglich finden, was der Beruf und die Firma von ihnen verlangt.

Sie sehen die beruflichen Pflichten im Vordergrund negativ als Last, als Behinderung, als Gängelung, als Bevormundung, als Schikane, und von diesem einzigen Blickwinkel kommen sie nicht weg. Sie zählen auf, wie wo wie viel Selbstverleugnung gefordert werden, auf der einen Seite, und wie viel materielle Gratifikation dem auf der anderen Seite gegenüberstehen.

Eine Lehrerin betrachtete ihren Lohn als Schmerzensgeld für ihre tägliche Arbeit. Zum Ansatz der inneren Berufung, der Erfüllung, der menschlichen Vervollkommnung und des inneren Glücks haben solche Menschen überhaupt keinen angemessenen, äußerlich erforderlichen und inneren wahren Zugang. Das gegenseitige Wünschen eines frohen Schultages als zynisch und verlogen zu bezeichnen, könnte in manchen Fällen zutreffen. Der brandenburgische Innenminister Seebohm sprach von einer falsch verstandenen quasi Dienstanweisung.

Aber sie spielen trotzdem mangels Alternative dumpf leidenschaftlich mit!

Sie haben keinen Mut, sich zu weigern, denn das setzt starke, innerlich gestärkte Individuen voraus. Da ist bzw. wäre die Kategorie Mut gefragt.

Da sie dies nicht wollen, beuten sie sich freiwillig und leidenschaftlich aus und haben ein Gefühl der Freiheit dabei. Sie beuten sich bis zum Burnout aus und sind ausgebrannt, weil sie den Weg zum Inneren, zum Kern, zur wahren Freiheit, zum Mut nicht finden und sich in Feldern aufreiben, die zum Inneren des Menschen keinen Bezug haben.

Ich erlebte immer wieder, wie Kollegen vor den Ferien Tag und Nacht Korrekturen von Klassenarbeiten und Klausuren machten, damit sie anschließend in den Ferientagen total abschalten konnten. Eine Gegenposition ist ja, wenn man innerlich immer zufrieden, erfüllt, auch in der Schulzeit mal abschalten kann, weil Lehrer weitgehend die Möglichkeit haben, häusliche Arbeiten zu verschieben, und andererseits Pflichtarbeiten in den Ferien erledigen können. Auch da geht es um Ganzheit und nicht scharfes Trennen von sich ausgebeutet und überfordert Fühlen und andererseits ruhiger Gelassenheit. In ruhiger Gelassenheit erkennt man viele kreative Gestaltungsmöglichkeiten.

Zeitgenossen verzichten auch auf aktives Handeln voraussetzende Widerstandspotentiale, die durchaus Möglichkeiten der Gestaltung öffnen könnten. Sie wollen ja aus dem Hamsterrad heraus. Aber das darf nichts kosten, keine Veränderung, keine Einschaltung von Vernunft, kein Verlassen der Jammerposition.

Widerstand und Kreativität in der Gestaltung und im Ausrichten auf Verwahrheitung sind ein mühsamer Weg. Er ist dem Menschen möglich und angemessen.

Warum sollten sie das sich auferlegte Hamsterrad verlassen, wenn sie in keine Richtung Mut aufbringen werden, um kreativ ihre Möglichkeiten zu gestalten? Was würden sie dann mit ihrer Zeit anfangen, mit ihrem Leben? Totalurlaub Billigurlaub, Schnäppchen, Sonderangebotejagd, Ausdehnung von Wellness -Zone als Beispiel kann es doch nicht sein. In meiner Schulzeit auf dem Lande hatte der Schulleiter am letzten Schultag seinen Wohnwagen startklar und voll gepackt, als Schulschluss war, stand die Frau mit dem noch nicht schulpflichtigen Töchterchen an der Klassentür, und dann ging es sofort los auf die Autobahn. Die Schultasche wurde vermutlich in der Klasse zurückgelassen und im Auto hatten Brote und Kaffee bereit zu sein.

Als menschlicher Ansatz wäre geboten: aus innerem Antrieb leidenschaftlich nach etwas streben, um Ziele ringen, die jenseits einem neuen größeren Neuwagen oder der Operation für neue körperliche "Vervollkommnungen" sind.

Wer sich ständig gegen seinen menschlichen Kern in Widerspruch setzt, ist ewig Knecht und Herr in einer Person.

Der Wandel des Wissenschaftscharakters der Philosophie hin zur Eigenverantwortung des Menschen

Vernunft und Selbstmanagement

Wer einen Wunsch hat, aber ihm nicht nachgibt, weil er einsieht, dass er eigentlich was anderes wollen sollte, macht die Erfahrung der Willensfreiheit.

Wer sich mit diesen Wünschen "zweiter Ordnung" identifiziert, bildet das aus, was man Charakter nennt, er übernimmt Verantwortung für das, was er will.

Jetzt widerfährt ihm das Leben nicht mehr, sondern er handelt.

Die Frage ist, ob der Wunsch, den ich habe, wünschenswert ist.

Ich lasse mich nicht von Impulsen treiben, sondern die Wünsche zweiter Ordnung verstetigen sich zu einem Willen.

Daraus folgt, dass die Vernunft den Willen gründet.

Ich kann mich von ganzem Herzen damit identifizieren, was das Leben aus mir gemacht hat.

Der freie Mensch wird von der Notwendigkeit seines Wollens in Griff gehalten. Ich bewerte meine Wünsche. Ich identifiziere mich mit meinem Begehren und bilde dadurch meine Identität aus.

Für eine bewusste Lebensführung ist wesentlich, was man wollen muss. Erkenne dich selbst!

Also Frage an mich: Was muss ich wollen?

Ich habe die Pflicht, mein besseres Selbst zu kultivieren. Ich bin in der Lage, meine Wünsche zu korrigieren.

Menschen bewerten sich selbst. Ich **kann wünschen, andere Ziele und Vorlieben zu haben.** Eine Philosophie der Sorge beinhaltet, was wirklich wichtig ist.

Ich kann andere, bessere Wünsche haben und haben wollen.

Und ich habe einen freien Willen, wenn ich in der Lage bin, gegen den Strich der eigenen Vorlieben zu wählen.

Zentrale Frage ist also die Frage nach dem richtigen Leben.

Freiheit des Willens: Ich frage mich, ob das, was ich will, es auch wert ist, dass ich es will.

HÖHLENGLEICHNIS:

Die Schattenwissenschaften

Das Feuer projiziert die Schatten der Wirklichkeit auf die Wand. Die Menschen sehen nur bewegte Schatten und hören Reden, die dabei ergehen. Sie reden untereinander und benennen die Schatten. Sie bilden eine Wissenschaft im Voraussagen dieser Schattenspiele.

Die Schatten sind für sie die Wahrheit.

Würde einer befreit, würde er vom Licht geblendet, er mag lieber die vertrauten Schattenspiele als das Licht der Wahrheit.

Und wenn einer von draußen zurückkäme: er würde bei der ungewohnten Dunkelheit nichts sehen und würde sich im intellektuellen Kampf mit den Schattenwissenschaftlern blamieren.

Die Menschen wollen nicht auf ihre Schattenspiele verzichten.

Das Höhlengleichnis macht deutlich: Zufriedenen Menschen kann man die Freiheit nicht schmackhaft machen.

Ihre Wissenschaft: sie kennen Wahrscheinlichkeiten und Regelmäßigkeiten und das genügt ihnen.

Die Aufklärung

als "zweite Höhle der Moderne":

Die Aufklärung hat uns frei gemacht von den Vorurteilen der Tradition.

Die Aufklärung kritisiert das mittelalterliche Denken im Namen der Wissenschaft.

Sie kritisiert die Intoleranz der monotheistischen Religionen im Namen jener Nächstenliebe, die Judentum und Christentum zum Prinzip erhoben haben.

Das Denken von " Jenseits von Gut und Böse" (Nietzsche) stellt die Nächstenliebe in Frage.

Jenseits von Gut und Böse urteilen heißt zu urteilen wie Gott. Wir sind ganz frei und damit ganz orientierungslos.

Tradition hat seit Nietzsche keine Verbindlichkeit und Orientierungskraft mehr.

Nietzsches nihilistische Vollendung der Aufklärung setzt uns einen Nullpunkt und wir müssen neu anfangen.

Die wichtigsten Fragen können wissenschaftlich nicht beantwortet werden.

Die Moderne kennt auf die Frage nach dem Richtigen nur einen generellen Werteverzicht. Größtes Glück wird durch größte Zahl ausgedrückt. Größtes Glück der größten Zahl ist Richtlinie.

Es folgt aus der Wissenschaft eine Sintflut von Ratgeberliteratur.

Therapeuten verschreiben das richtige Leben auf Rezept.

Es gibt kein höchstes Gut mehr, es verbleibt ein Pluralismus des Guten.

Es gibt kein natürliches Wesen des Menschen.

Die moderne Wissenschaft beinhaltet radikalen Sinnverzicht.

Wissenschaft hat damit überhaupt nichts mit unseren Lebensproblemen zu tun. In der Antike ging es um die höchsten Phänomene und in den modernen Wissenschaften um: Umfrageergebnisse, massenhafte Daten über das Verhalten der Menschen, statistische Auswertungen.

Die moderne Wissenschaft gibt keine Antwort mehr auf die Frage nach dem richtigen Leben.

Die Fragen nach dem richtigen Leben und dem Glück können nicht beantwortet werden, solange die Wissenschaft die Natur des Menschen nicht erkennen kann.

Die Moderne verzichtet auf die Frage nach dem Richtigen.

Wo es keine Maßstäbe mehr gibt, pervertiert Toleranz zu einer verwaschenen Grundlegung.

Werturteile kann man nicht beweisen, nur akzeptieren oder verwerfen.

Größtes Glück der größten Zahl als Vorgabe bringt den Werteverzicht zum Ausdruck.

Die Frage nach dem guten Leben macht damit keinen Sinn, anything goes.

Toleranz, Dialog der Kulturen, Diversität haben einen guten Klang.

Charakteristisch für die moderne Welt ist die Absenkung der Standards, eine metaphysische Niedrigbauweise, ein ständiges Niedrigerhängen der Ideale, eine radikale Horizontbegrenzung des Denkens auf das Machbare.

Die Frage nach dem guten Leben hat es immer mit Werturteilen zu tun.

Das ständig geprüfte Leben als Selbsterfahrung (nach Sokrates)

Sokrates sagt, dass nur ein ständig geprüftes Leben lebenswert ist.

Es könnte uns eine Orientierungshilfe sein, jedes Thema auf Herz und Nieren zu prüfen.

Nach Sokrates verdient ein Leben ohne Selbsterforschung nicht, gelebt zu werden.

Leben muss als ständig geprüftes von jedem Einzelnen verantwortet werden.

Die Psychologie hat uns gezeigt, wie wir uns selbst gestalten können, siehe den Einführungsabschnitt oben zum Selbstmanagement.

Der Verlust des Heiligen im Verlauf der WELTGESCHICHTE

"Einen Gott, den es gibt, gibt es nicht" sagt Dietrich Bonhoeffer. Im Weltbild der Moderne gibt es keine übernatürliche Welt, von dem das Diesseits abhängig wäre. Das mittelalterliche Weltbild ist verloren. Predigt, Gottesdienst, Lieder, Gebete beziehen sich aber immer noch auf ein theistisches Weltbild.

Die Weltgeschichte stellt sich in der Rückschau als ein langer Abschied vom Heiligen dar.

Am Anfang waren die Menschen noch ohne Bewusstsein, sie hörten die Stimmen der Götter und folgten ihren Befehlen.

Im zweiten Jahrtausend vor Christus verstummten die Götterstimmen allmählich; nur die Orakel und Propheten konnten sie noch deutlich hören.

Im ersten Jahrtausend vor Christus starben auch die Orakel und Propheten aus.

Ihre Sprüche und Weissagungen blieben uns in heiligen Texte erhalten, an die die Menschen noch im ersten nachchristlichen Jahrtausend glaubten.

Danach haben diese heiligen Schriften ihre Autorität verloren.

An die Stelle der heiligen Schriften trat das Buch der Natur als einzige autoritative Quelle.

Das neunzehnte Jahrhundert vollendet den Prozess der Säkularisierung, den Abschied des Heiligen.

Es gibt nichts Göttliches mehr, der Zufall herrscht, es gibt keine Autorisierung von außen mehr.

Kritik an Kurt Flasch: Warum ich kein Christ bin

Rezension zu Kurt Flasch: Warum ich kein Christ bin

Flasch listet die Glaubensinhalte auf, an die ein Christ glauben müsste und die den Gläubigen oft nicht bekannt sind. (Und daher konkret für den durchschnittlichen Christen keine Belastung darstellen.)

Er geht alles gründlich mit der historisch- kritischen Methode an und setzt sich mit zahlreichen Inhalten des christlichen Glaubens auseinander.

Er schreibt:

"Seit dem Konzil von Chalcedon 451 ist (der Kirche) Jesus im Vollsinn Mensch, hat also menschlichen Verstand und menschlichen Willen, und er ist zugleich im Vollsinn wesensgleich Gott, hat also göttliche Einsicht und allmächtigen göttlichen Willen." (Seite 259).

In seinem Buch "Meister Eckhart Philosoph des Christentums" stellt er Meister Eckhart als Christ (schon als Buchtitel) im Selbstverständnis der Römischen Kirche von Johannes dem XXIII. bis Benedikt XVI. dar. Dort ist die Position Gottes aus einer theologisch vertiefteren Sicht dargestellt, da eine historische Sicht nicht zum Grund der angesprochenen Problematik kommen kann.

Warum arbeitet er nicht in einer Auseinandersetzung mit Meister Eckhart positiv die Aspekte des Christentums heraus, die ein eigenes

Denken, ein eigenes Aufarbeiten von Lebenserfahrung, ein Ansatzpunkt zum Selbstdenken, aufzeigen?

Flasch kann unwidersprochen bleiben, wenn er die Fehler und Unterlassungen der Kirche, die Machtsicherung der Institutionen betrieb, angreift, das ist eine lange Liste, beispielsweise:

- Die historischen Quellen seien widersprüchlich und deuteten nicht auf göttliche Inspiration, sondern auf allzu menschlichen Ursprung hin.

- Die unbefleckte Empfängnis sei keine historisch belegte Tatsache, wie es die Gläubigen als historisch belegte Tatsache hinnehmen und glauben müssten.

- Die Auferstehung, wie sie die Gläubigen akzeptieren sollen, beruht auf widersprüchlichen Zeugnissen /Aussagen von Zeugen, in deren Auswertung kein Ergebnis im Sinne der Kirche als Glaubensgrundlage gefordert werden könne.

- Jesus selbst habe sich mehrfach getäuscht, beispielsweise in der Erwartung des nahen Weltendes.

- Die Wunderberichte widersprechen sich.

- Der Glaube an Dogmen, wie: zur unbefleckten Empfängnis, der Auferstehung Jesu und der Himmelfahrt sei auch heute noch gefordert.

- Die Kirche hat den Ungläubigen ewige Höllenstrafen angedroht.

- Gott sei nicht ein Gott der Liebe, sondern ein machtbesessener Sexist, der mit roher Gewalt das Volk führt und dominiert.

Hierzu und insoweit ist die Darstellung von dem von Kurt Flasch gewählten historischen Ansatz her in Ordnung.

Dieses Buch hilft dem Leser, der überhaupt mal wissen will, was man der Kirche historisch vorwerfen kann und muss, wobei nichts unterschlagen oder beschönigt wird. Insoweit verdient das Buch in der Bewertung fünf Punkte.

Der persönliche menschliche Ansatz, der mit der sachlich überzeugenden Arbeitsweise verbunden wird, ist aber nicht zu akzeptieren:

Kurt Flasch bezeichnet sich als einen "langsamen Nestflüchter" (Seite 265). Denkprozesse, die andere kritische Menschen wesentlich früher in ihrem Leben vorgenommen haben, finden bezüglich fundamentalem Kritischsein als Lebensansatz erst jenseits seines sechsten Lebensjahrzehntes statt.

Dabei holt er aus Gläubigersicht eine ausgefallene pubertäre Entwicklung in aller Heftigkeit nach. Er schreibt: "Eine Kirchenversammlung hat mir nichts zu sagen" (Seite 261).

"Ich habe Gott gesucht und habe ihn nicht gefunden " (Seite 255)

"Ich habe etwas genauer hingesehen, und dabei bröckelte die barocke Stuckherrlichkeit alter Beweispaläste ab" (Seite 255)

Trotzig sagt er, dass er nicht verpflichtet sei, an die Stelle des christlichen Glaubens etwas Besseres zu setzen.

Mir wäre viel spannender, wenn er am Ende eines Gelehrtenlebens selbst mit einem dem heutigen Glaubenserfordernis angemessenen Ansatz nachdenken würde, statt die Gedanken anderer kalt und sachlich und nüchtern zu analysieren.

Kirche ist von ihrem Selbstverständnis her nie in vorderster Front, wenn es um Wandel und Anpassung an die Zeit geht. Dies kann man durchaus als eine Stärke sehen.

Wenn man aber die aktuellen Diskussionen innerhalb der Kirche aufgeschlossen und wohlwollend verfolgt, so sind mir solche Punkte viel wichtiger als nach rückwärts gewandte historisch einseitig ausgerichtete Kirchenkritik:

Papst Franziskus, der aktuelle Papst, sagt, dass die Kirche zuerst die Wunden und Verletzungen der Menschen zu heilen habe, statt sie moralisch zu kategorisieren.

Schwulen und Lesben solle mit Anstand und Respekt begegnet werden, Geschiedenen, die wieder heiraten, mit Barmherzigkeit und Frauen, die abtreiben, mit Anteilnahme.

Man müsse über eine gründliche Theologie der Frau arbeiten.

"Wenn eine homosexuelle Person guten Willens ist und Gott sucht, dann bin ich keiner, der sie verurteilt", sagt Papst Franziskus.

Kardinal Lehmann denkt öffentlich darüber nach, dass es in der katholischen Kirche künftig verheiratete Priester geben kann. Der Vorsitzende der Deutschen Bischofskonferenz, Robert Zollitsch, sagte schon 2008, dass die Ehelosigkeit der Priester nicht theologisch notwendig sei.

Es dürfe keine spirituelle Einmischung in das persönliche Leben geben.

(Quelle: Süddeutsche online:

www.sueddeutsche.de/politik/auesserungen,von-papst-franziskus vom 21.09.2013)

Gefordert ist heute eine Kirche, die warmherzig, schlicht und liebevoll ist.

In diesen Stil würde die Darstellung von Flasch auch nicht passen, der mehr historisch- nüchtern sachlich an dem die einzelne Person im Innern betreffenden Anliegen des Glaubens vorbeigeht, weil er rückwärts gerichtet historische Schwachpunkte herausarbeitet und keinen eigenen anders ausgerichteten Ansatz dagegen halten kann.

Beeindruckt hat mich, dass Flasch auch ein Buch über den Gottesbegriff schrieb, das offensichtlich genauso an seinem Innersten vorbeigegangen ist. Ich erinnere mich an ein frühes Seminar zum Bildungsbegriff an einer Universität. Der Dozent referierte ganz ausführlich und gründlich die einzelnen Ansätze mit ihren Stärken und Schwächen. Als er aber abschließend nach immer wieder vorgetragenen Wünschen, selbst seinen Bildungsbegriff, wie er ihn in dieser Arbeit für sich gewonnen hatte, vortragen sollte, hatte er nichts vorzuweisen.

Der Leser hat sicherlich mehr Gewinn für sich, wenn er den Ansatz der schlichten Gläubigkeit eines Anselm Grün, über den Flasch spottet, zu seiner Glaubensauseinandersetzung hinzunimmt.

Empfindsame Vernunft, Vernunft des Herzens, Herz als zentrales Element, Sensibilität, das sind die Ausrichtungen von Religion heute.

Diesem Ansatz ist die katholische Kirche in Papst Franziskus näher als dem historisch-kritischen Ansatz von Flasch, wenn ein Christ im Glauben eine innere Heimat finden will.

Fazit:

Die von Kurt Flasch vorgelegten historisch- kritischen Darstellungen zum Glauben sind eine wertvolle Arbeit, die jedem Christen empfohlen werden kann, damit er mit den Einwänden zum Glauben gründlich vertraut ist.

Unbegreiflich aber ist mir, wenn diese sachlich- nüchterne wertvolle Arbeit ein Zeugnis gegen den Glauben sein sollte. Nur weil der Titel eine umfassende Auseinandersetzung mit dem Glauben in all seinen Aspekten suggerieren könnte, hat er einen derartig unwahrhaftigen Erfolg. Ein Buch auf der Basis einer suggerierten Richtung, die nicht hält, was sie verspricht, kann einer Kirche, die um Wahrheit und um die Reinheit des eigenen Ansatzes ringt, nur neue Leser gewinnen, die sich mündig informieren wollen.

Über die aufgeschlossene Lektüre des hier vorliegenden Bestsellers hinaus wird ein Zugang zum Glauben durchaus sehr fruchtbar angebahnt werden können. weil er einen Aspekt des Glaubens gründlich herausarbeitet. Das Buch ist daher dem mündigen Leser mit fünf Sternen zu empfehlen.

Die Tiefendimension von Intelligenz und Kreativität

Der elementarste Sinn im Leben besteht darin, den umfassenden Zusammenhang zwischen Selbst und Welt und Anderen zu entdecken.

Wenn es einem am Sinn des Lebens fehlen würde, müsste ich suchen, um Zusammenhänge zu sehen und neue zu schaffen.

Sinn ist Zusammenhang, Sinnlosigkeit ist Zusammenhanglosigkeit.

Zusammenhänge aufspüren heißt: Verbindungen, Beziehungen,

neue Möglichkeiten, überraschende Perspektiven aufdecken und

auseinander liegende Zusammenhänge zu denken.

Es geht darum, Grenzen zu überschreiten, um Überschreiten der Wirklichkeit.

(transcendere, lat.: überschreiten)

Als Beispiel: Beziehungen der Liebenden steigern die Kreativität für alles Mögliche.

Erotik: Berührungen und Umarmungen regenerieren mühelos die Kräfte von Menschen und setzen Energien frei.

Sex ist eine Quelle von Kreativität, der Körper dominiert und der Körper kann sich erholen.

Liebende würden am liebsten die ganze Welt umarmen, Liebe setzt große schöpferische Kräfte frei.

Alles wirkt bei Verliebtheit heller, rosiger, in vollem Sinn, liebenswerter.

Bei Entbehrung der Liebe versinkt das Leben in totaler Sinnlosigkeit, alles ist dunkler, liebloser, schwärzer.

Was bewirkt die Aufdeckung eines transzendenten Sinnes?

Ich finde mich in das große Ganze eingegliedert.

Besonders wird mir das bewusst, wenn ich im Wald spazieren gehe oder im Garten arbeite.

Die Begegnung mit der Natur setzt kreative Kraft frei.

Ich genieße starke Bewegtheit durch Gefühle der Geborgenheit, des Zuhauseseins, Teil des umfassenderen Ganzen zu sein.

In der erfahrenen Auflösung des Zeitgefühls als Quelle der Inspiration kann ich eine göttliche Inspiration quasi spüren.

Alles, was schön ist, bereichert mein Leben.

Reichste Energiequelle tut sich auf, wenn die engen Grenzen der gewöhnlichen Erfahrungswelt überschritten werden.

Wo sich ein Zusammenhang auftut, da fließt Energie.

Ich kann an einem Werk nur arbeiten, wenn ich Energie daraus beziehe.

Mein idealtypisches Ziel:

Ich suche nicht, sondern: ich finde.

Ich möchte alle Möglichkeiten des Seins verwirklichen.

Ich habe die Möglichkeiten des Seins aufgetan, die mir auf der Grundlage meiner Erfahrungen aufgetan waren.

Reichere Energiequellen werden sich auftun, wenn ich die bisherigen Erfahrungsgrenzen immer wieder neu überschreite.

Also bin ich immer in einem "Endpunkt", in einem Durchgangsstadium, in absoluter Vollendung, und doch gleichzeitig auch an einem Beginn zu einem Weiterschreiten, an einem absoluten Nullpunkt.

Die Welt ist mehr als die Dimension des Materiellen und des Rationalen.

Die mechanistisch-materialistische Grundlegung unseres Weltbildes steht in Einklang mit physikalisch-chemischen wissenschaftlichen Aussagen.

Der reduktionistische Physikalismus oder Naturalismus als ontologischer Monismus anerkennt nur die materielle, physikalische Welt als Realität.

Diese Einseitigkeit ist verständlich, wenn dies eine Kehrtwendung zum religiösen Weltbild sein soll, wie es die meisten von uns noch ganz konkret erfahren haben:

Das Bild eines strafenden Gottes, eines Menschen als grundsätzlich sündhaften Wesen als Welt- und Menschenbild verband sich mit politischer Macht und massiver Unterdrückung, Beispiel Inquisition und Unterdrückung und Kolonialisierung.

Bei einem plötzlichen Tod mussten Kommunionbildernachweis zum Empfang der Kommunion vorgelegt werden, sonst gab es keine katholische Beerdigung.

Die Zuflucht zu östlichem Denken wurde verkürzt so gesehen:

BUDDHISMUS

Der Buddhismus hat also auch zunächst mal diese weltverneinende Sicht.

Zitat Seite 143 von Ruschmann:

"Der Mensch ist in einen Kreislauf der Geburten eingebunden, der auf eine grundsätzliche Weise als leidvoll empfunden wird. Der 'Motor' für dem Geburtenkreislauf ist letztlich der Durst, das Anhaften, das bestimmte Handlungen (Sanskrit: karman) in Gang setzt, die dann eben zu schlechten oder auch guten Wiedergeburten führen. Nur durch Auflösen jeden Karmans gelingt es, aus dem Kreislauf der Geburten herauszukommen und ins Nirwana einzugehen. Auch diese 'letzte Ziel' wurde nicht positiv definiert, es heißt wörtlich 'Verwehen', dann wurde es auch mit dem erwähnten Begriff der 'Leere' näher charakterisiert."

Wir leben im weitgehenden Durchschnittsfalle in einem oberflächlichen Bewusstseinszustand.

Als nicht-rationale transzendente Qualitäten möchte ich anführen:

Spiritualität, Gefühle, Intuition, Aufrichtigkeit, Mitgefühl, Dankbarkeit dem Leben gegenüber, Gedanken zu Schönheit, Kunst, Musik.

Leben besteht nicht nur aus Materie, Nutzen, Einsetzen des Verstandes für vordergründige Erfolge, die zählbar und machbar und messbar und vorzeigbar sind.

Ich erlebe immer wieder kurze Selbst-Transzendierungen, wenn ich mit meinem Hund spazieren gehe und die ersten Schneeglöckchen, das Größerwerden der Kirschen, das Blühen der Brombeeren, das vertraute Herankommen der Schafe, Ziegen und Kühe, die Begrüßung der ausgeführten Hunde, wahrnehme.

Dies gibt mir Kraft und erfüllt mich mit Bewunderung, Freude, Dankbarkeit.

Diese tiefe Verbundenheit mit der Transzendenz ist mein Erleben von Himmel, ich bin frei verbunden, und wo diese Verbundenheit in einem Menschen fehlt, mag ich es Hölle nennen.

Durch diese Trenzendierungsprozesse entsteht Verbundenheit,

Geborgensein in einer anderen Dimension.

Das ist immer ein Überschreiten hin zum Göttlichen.

Hierher gehört mein zentraler Begriff der Begegnung. Ich überschreite die engen Grenzen meines Ichs und empfinde diese Grenzüberschreitung als Erweiterung und Bereicherung.

Ein tiefes Vertrauen, ein Urvertrauen umfängt mich, ein Stück Heimat ist tragender Grund.

Unser Leben kann tief erschüttert werden, beispielsweise durch den Tod von lieben Menschen, das Verlassenwerden durch einen geliebten Menschen, der sein Leben neu ausrichten will. Und wir fallen in das Bodenlose. Aber irgendwann kommen wir ganz unten, eben auf dem uns tragenden Grund an. Wer da das Bild der tragenden Hände Gottes förmlich spürt, weiß dann: Jetzt kann es nur noch aufwärts gehen. In dem Beispiel Judith hatte das Mädchen jeglichen Halt verloren, aber es gab die Eltern, die Ordensschwester, die Brüder, die Freundinnen. Ob ich ins Bodenlose falle und immer unsichtbar getragen werde, macht die Chance aus, wie wir wieder hoch kommen können.

Göttlicher Grund ist eine gute Vokabel, das hat nichts zu tun mit einer Vorstellung von Gott als Person im Jenseits.

Statt Gott könnte man auch sagen, dass es eine Art geistiger Ebene gibt.

Die Verbundenheit mit Menschen kann als tragender Grund abreißen:

Der Partner kann in einer midlife-crises seine nicht ausgelebten Triebe entdecken, der Partner kann sterben, Kinder können sich entfremden und auf Distanz gehen, einen Kontakt abbrechen, weil ein neuer Partner dies so will, man kann beruflich blockiert sein und damit äußeren Rahmen und wirtschaftliche Basis verlieren.

Jemand hat alles, Partner, Kinder, Haus, Auto, doch ihm ist dies nicht genug und er will ein anderes Leben. Midlife-crisis wird doch oft erlebt.

Bezug zu einer transzendenten Ebene kann dann auch hilfreich aufgebaut werden, etwa durch einen guten Freund, einen Geistlichen, die Möglichkeit der Sinnkonstitution wird neu erschlossen, und dies greift weiter und tiefer als immanent-humanistische Orientierung.

Wenn Gottesbilder destruktiv und negativ und dunkel in Richtung strafender Gott ansozialisiert worden sind, muss ich sie eigenständig reinigen und in neue Formen überführen.

Leben ist ein Urphänomen, das sich nicht auf Beschreibungsformen materieller Systeme (also Physik und Chemie) reduzieren lässt.

Haltung der Ehrfurcht vor dem Leben umfasst Leben als eigene Größe.

Durch die Ethik der Ehrfurcht vor dem Leben werden wir andere Menschen.

Leben müssen wir als eigenständige Kraft sehen, wir haben heute eine Ontologie eines materialistischen Monismus.

Die Ursachen/Grundlagen des Lebensprinzips (Werden, Verändern) und der Evolution sind bis heute unerforscht und bleiben wohl unerforschbar.

Evolution ist im Lebensprinzip mit zugrunde gelegt.

Die Qualität des Lebens erfahre ich im Erleben des Staunens und der Ehrfurcht vor dem Leben, mehr als mit Hilfe quantitativer Messgrößen.

Das Wunder des Lebens ist wissenschaftlich nicht fassbar.

Henri Bergson spricht von Lebenskraft bzw. Lebensschwungkraft (elan vital) im Sinne einer zielgerichteten teleologischen Größe als wirkende Kraft bei der Entstehung des Lebens.

In irgendeiner Weise könnte auf die Gegenwart eines Gottes zurückgeführt werden, wenn einen Menschen Gefühle der Kraft durchströmen, Leidenschaft, plötzliches Begehren und Wollen, gute Gedanken, Weisheit, stille Entrücktheit.

Ergebnis:

Wir brauchen den Menschen mit Tranzendenzbezug, dem Egoismus und Gier im fehlenden Respekt vor dem Leben fremd geworden sind.

Die Möglichkeit, das eigene Weltbild zu ändern, ist real machbar, kann große Wirkungen nach sich ziehen.

Der Mensch muss sich einen Zugang zu seinem inneren Wesen erarbeiten.

Er muss sein innere Wesen öffnen. Dann kann er sein äußeres Leben durch eine innere Kraft lenken.

Der Mensch muss lernen, aus seinem Innersten zu leben, im Drang zur Wahrheit, die übrige Natur daran orientieren.

Dieser neue Mensch ist stark an Erfahrungen orientiert, macht immer wieder Erfahrungen, die er als Überschreiten seiner Ichgrenzen erlebt.

Transzendentierungsprozesse zu anderen Menschen, zur Natur, kann ich in Erfahrungen erarbeiten: Ich muss Erfahrungen in/für dieser Auswertungsmöglichkeit bewusst suchen.

Der Mensch lebt in einem oberflächlichen Bewusstsein, doch es gibt ein inneres Wesen in ihm mit größeren Möglichkeiten, zu denen er erwachen muss.

Seine Inspiration geschieht aus der Tiefe, aus dem Unterbewussten, das wir besser als Überbewusstes bezeichnen wollen.

Eine allgewaltige Kraft ist in uns, eine göttliche Kraft.

Man muss den Kanal zum Inneren frei haben,

einen wahren Drang in sich spüren.

Ich fühle mich fähig, mich inspirieren zu lassen.

Aristoteles in seiner Bedeutung für meine Daseinsauffassung

Grundwissen zur Philosophie des Aristoteles

In der sinnlich wahrnehmbaren Wirklichkeit ist alles aus **Potenz** und Akt bzw. aus Möglichkeit und Wirklichkeit zusammengesetzt.

Veränderung erfolgt als Verwirklichung von etwas potentiell Seiendem.

Ein Einzelding ist aus Materie und Form zusammengesetzt.

Materie ist potentielles Sein.

Potentielles Sein oder Materie ist Sein, das noch nicht ganz bestimmt ist als dieses oder jenes. Es ist Sein im Zustand der Unbestimmtheit, wo es noch dieses oder jenes werden kann.

Form ist der Gegenbegriff zu Materie.

Form ist das, was die Materie bestimmt. Form macht ein Bestimmtes unter Ausschluss alles anderen.

Wenn wir von der Materie zur Form übergehen, vermindert sich die Potentialität, die in der Materie noch ist.

Materie ist für Aristoteles Sein in potentia, und Form ist für Aristoteles Sein in actu.

Jede Materie ist von einer Form durchdrungen.

Die innere **Zielgerichtetheit** ist die Beschaffenheit allen Seienden in der Welt.

Das Ziel kann nicht erreicht werden, wenn eine Störung von innen kommt oder wenn sich die Materie der Form widersetzt, beispielsweise infolge genetischer Mängel, krankhaftem Wachstum oder Beschädigungen von außen.

Allen Naturdingen liegt ein Streben nach einem Ziel zugrunde.

Zielgerichtetheit ist unbewusst. Die Pflanzen planen nicht, Blüten zu bekommen.

Der Baumsamen entwickelt sich so auf den ausgewachsenen Baum hin, dass die Zielvorstellung schon im Samen angelegt ist.

Die Dinge haben eine innere Zielgerichtetheit; sie sind von innen her auf die Verwirklichung ihrer Formen angelegt.

Form heißt bei Aristoteles eidos. Das ist das gleiche Wort, das bei Platon die Idee bezeichnet. Aber bei Platon ist die Idee ewig, unwandelbar, transzendent, existiert in sich selbst, während bei Aristoteles die funktionale Bedeutung der Aktualisierung herauszustellen ist.

Bei Aristoteles ist die Form immanent, das heißt, sie wirkt, sie prägt sich der Materie ein. Sie formt als aktives Prinzip die Materie. Dagegen ist die platonische Idee von der Materie getrennt, transzendent, die sinnlichen Dinge können an ihr nur teilhaben.

Streben/Eros:

Die Form ist das innere Ziel, auf das hin sich etwas entwickelt.

Alles strebt danach, in sich weniger Unbestimmtheit der Materie und mehr Aktualisierung der Form zu haben.

Alle Wesen sind bei Aristoteles und bei Platon vom Eros beseelt.

Die Materie ist ein Streben nach der fertigen Form als der Vollendung des Einzeldinges.

Das Ziel des Wachsens des Einzelbaumes ist ein Streben nach der fertigen Form als der Vollendung des Einzeldinges.

Das Ziel des Wachsens des Baumes ist sein Ausgewachsensein, in dem das

Streben zu einer vollendeten Gestalt enthalten ist.

Aristoteles entwickelt eine dynamische Auffassung der Natur:

Die Natur strebt nach..., sehnt sich nach..., sie ist ganz und gar vom Eros beseelt.

Eros bedeutet Liebe, Begierde.

Von innen arbeitet in der Natur zielgerichtet die Materie.

Beispiele

Beispiel: **Holzklotz**

Der unbehauene Holzklotz ist die Materie, die Figur ist die geformte Materie,

der unbehauene Holzklotz ist potentiell die Figur, er enthält die Figur der Möglichkeit nach.

Die Figur selbst ist die Verwirklichung der Form.

Das Holz ist ein Brett der Möglichkeit nach, das Brett ist ein Tisch oder ein Schrank der Möglichkeit nach.

Die **Wirklichkeit (actus**) ist die verwirklichte Möglichkeit.

potentia:

Der unbehauene Holzklotz "ist" schon eine Figur, das "Baumaterial" ist schon ein Haus, der Möglichkeit nach.

Das heißt, in dem, was werden soll, ist die Anlage zu dem, was es werden soll, schon gegeben.

Beispiel **Marmorblock**

Die Form hat sich des Materials bemächtigt und es als Statue bestimmt, die Form hat die Potentialität, die Möglichkeit, reduziert.

Der Marmorblock könnte noch zu Bodenfliesen oder zu einer Statue werden, der Möglichkeit nach stecken eine Menge Möglichkeiten in ihm.

Marmor ist erst unbestimmte Materie, potentiell ist er alles Mögliche,

woraus später eine Möglichkeit aktuell sein wird.

Materie ist eine Stufe des Seins, das erst als Möglichkeit oder potentiell ist.

Es ist aber nicht aktuell, weil es noch nicht bestimmt ist als das, was es werden soll.

Erläuterung des Begriffes potentia an weiteren Beispielen:

Die "potentia" ist das Sein der Anlage nach,

das noch unbestimmte, unentwickelte Sein,

welches in sich die Möglichkeit zu einem bestimmten Sein hat.

Im Zustand der Potenz ist der Gegenstand damit in einem Zustand des Mangels.

Jeder Gegenstand ist im Besitz einer gewissen Anzahl von Möglichkeiten, auf deren Entwicklung er angelegt ist.

Die zweite Materie, etwa die **Bronze**, ist die Möglichkeit der Statue, sie hat diese Möglichkeit als reale Möglichkeit.

Ein Stück Bronze ist eine potentielle Statue, die fertige Statue ist eine Statue als Akt.

Beispiel: Ein Sehender, der sehen kann,

aber seine Sehtätigkeit nicht ausübt:

Der Sehenkönnende hat die Fähigkeit zu sehen, der tatsächlich Sehende verwirklicht sein Sehen, also die Möglichkeit, zu der er fähig ist.

Werden ist nichts anderes als die Verwirklichung von etwas in einem Ding schon Angelegten. Das Wesen des Werdens ist, dass Mögliches wirklich wird, es ist das Wirklichwerden von Möglichem.

Was in dieser Philosophie für meine Lebensauffassung grundgelegt ist:

Ich folge den Philosophien jeweils soweit, wie sie sich für mich innerlich von Erfahrungen her erschließen lassen.

Aristoteles stellt die Zielgerichtetheit des Menschen in den Vordergrund. Die innere Zielgerichtetheit des Menschen ist für ihn mit unserem Menschsein gegeben.

In meiner Philosophie stelle ich immer wieder "das Leben" als Grundlegung der Lebensinterpretation heraus.

Da vermeide ich es, mich in die Tiefen der Gottesverstellungen, zumal wenn es um äußere Gottesbilder geht, einseitig zu vertiefen. Denn dies führt dazu, wenn ich etwas nicht in der ureigenen Erfahrung absichern kann, dass Menschengruppen missbraucht werden und sich gegeneinander stellen für den oftmals sogar befohlenen Kampf für ihre Gottesbilder. Ich gehe also nur soweit, wie ich mich nicht, von der möglichen Erfahrung her gesehen und vom möglichen inneren Nachvollzug abgesichert, in Dinge verirre, die Missbrauch und sinnlosen Kampf bedingen.

Der Ansatz, dass in uns ein großes Potential liegt, dass dieses Potential auch gestört und zugeschüttet sein kann, dass grundsätzlich in uns die Möglichkeit ist, unsere Anlagen und Begabungen zu entfalten, ist für mich wesentlich geworden. Da ich katholisch erzogen worden bin und auf dieser Grundlage auch die Lehrbefähigung für katholische Religionslehre erwerben musste, liegt mir dieses Denken, wie es von Thomas von Aquin für die Theologie fruchtbar gemacht worden ist.

Mein erster Philosophielehrer sagte über meinen Philosophielehrer, der Spezialist und weltweit anerkannter Kenner der Werke von Thomas von Aquin war: "Der ist doch nie über das Mittelalter hinausgekommen." Die Gefahr, dass man in seinem Studiengang in eine Sackgasse gerät, muss man durchaus ernst nehmen, doch lässt sich dies ja in der Ganzheit eines Studiums einbauen. Ich kann durchaus Bausteine, die für mein Leben bestimmend wurden, überprüfen und ggfs. annehmen.

Das Ziel des Menschseins in seinen Möglichkeiten wird durchdacht. Dabei werden durchaus auch Störungen, Wachstumsbehinderungen als gegebene Punkte gesehen.

Ein Streben nach Vollendung, zu einer vollendeten Gestalt hin, ist das Ziel und der Weg.

Dabei liegt eine Begierde, eine Liebe zugrunde, die Aristoteles (wie auch Platon) als Eros bezeichnet. Eros hat also nicht deckungsgleich dieselbe Bedeutung wie der Begriff es heute hat. Es geht um einen Antrieb, eine Sehnsucht, wie sie besonders Augustinus beschreibt, wenn er sagt, dass unsere Seele ruhelos auf dem Wege ist.

Philosophisch ist dies ein anderer Ansatz wie der von Platon, der ewige Ideen, die von der Materie jenseitig, getrennt, transzendent sind, herausstellt. Ich hatte aber zu Platon festgestellt, dass diese

Ausrichtung auf Ideen auch ganz nachvollziehbar erfahren und gelebt werden kann. Insofern kann ich auf beide Pfeiler der Antike aufbauen.

Dazu sind besonders die philosophischen Grundlagen von Hegel, der die zwischenmenschlichen Beziehungen herausgestellt hat, heranzuziehen.

Das Transzendente ist bei ihm in dem Zwischenmenschlichen; nur durch den anderen Menschen kann ich zu mir finden. Aristoteles stellt heraus, welche Zielgerichtetheit im Menschen eingegeben ist und wie er seine Antriebe hin zu seiner Vollendung leben kann.

Hegel genügt dies nicht. Er sagt aus, dass ich nur über den anderen letztlich das, was in mir angelegt ist, heben kann, erkennen kann, öffnen kann.

Während die Liebe immer im Mittelpunkt der philosophischen Bemühungen steht, ist die unterschiedliche Ausrichtung herauszustellen.

Bei Hegel wird die Liebe als das Höchste herausgestellt, wobei im Hintergrund die Liebe des Menschen zu Menschen zu sehen ist, während in der Antike die Liebe zu dem Göttlichen zum intensivsten Glückserlebnis führen sollte.

Dankbarkeit

Dankbarkeit

Mein lieber Schatz,

Ich möchte über den Begriff Dankbarkeit nachdenken. Bisher war er mir kein zentraler Begriff. Ich war und bin stolz, was ich im Leben geleistet habe, was ich aus meinen Möglichkeiten gemacht habe. Meine Sozialisationsbedingungen waren sehr begrenzt. "Weshalb sollte ich also dankbar sein", bildete sich als grundlegende Lebenseinstellung heraus. Ich habe immer alles bezahlt, was mir gewährt worden ist, nie bin ich jemandem etwas schuldig geblieben. Ja, ich habe immer mehr zurückgegeben als mir gegeben worden war. Der Input war immer größer als der Output.

Um sich gegenüber Menschen bestehen zu können, die einem nach objektiven Kriterien Böses getan hatten, grenzte ich mich innerlich ab. Die innere Trennung war ein Schutzmechanismus der Seele. Ich dachte gering von den Menschen, die mir Böses taten.

In dir habe ich kennen gelernt, dass man da viel großzügiger sein kann. Was man selbst ist und erreicht hat, kann einem keiner abnehmen. Ich bin mein Gewordensein, worauf ich stolz, selbstbewusst sein kann. Wenn die anderen nicht so sein können, so darf es doch nicht mein Problem sein. Und man muss aufpassen, dass da nicht versteckter Neid gegenüber einfachem Dasein von anderen Menschen ist.

Zentrale Figur in meinem Leben war mein erster Schulleiter an der Volkschule. Zur Erinnerung: Derjenige, der den Kollegen, die die Evolutionstheorie als plausibel ansehen, unterstellte, sie seien Affen, weil sie ja in der Evolution früher Affen gewesen sein mussten, während er hochwohlgeboren von seinem Herrgott abstamme. Und er wollte auf die Barrikaden gehen, wenn sich diese Gottlosigkeit in Deutschland nach der Nazizeit wieder breit machen würde. Er bliebe zeitlebens katholischer Lehrer und wenn dies institutionell infolge Umwandlung der Konfessionsschulen zu Gemeinschaftsschulen nicht mehr möglich sei, würde er den Dienst quittieren. Als er aber die Schulleiterstelle in der neu errichteten "Gottlosenschule", wie er die neue Schulform titulierte, annehmen konnte, erinnerte dies an den allbekannten Witz: " Fritz, sage mir, welches Tier von Baum zu Baum springt? und er meinte, dies könne nur Gott. Als der Lehrer sagte, dies sei doch das Eichhörnchen, sagte Fritz: Sie hätten mir dazu sagen müssen, dass wir nicht mehr katholisch sein müssen."

Und die andere Figur war mein Nachbar, der sich weigerte, bei meiner Abwesenheit lebensnotwendige postalische Medikamentenzustellungen vom Paketboten anzunehmen, weil er einer klugen Nachbarin, die ihm immer überlegen war, zeigen wollte, als sie körperlich geschwächt vom Tode gezeichnet war, dass er mit ihrem Leben spielen könne. Als sie zur Chemo fuhr, lauerte er ihr auf und beschimpfte sie derart, dass meine Frau und ich anschließend ins Krankenhaus stationär eingeliefert werden mussten und dort längere Zeit stationär verbleiben mussten, da uns die Betroffenheit von diesem Übersichhinauswachsen längere Zeit lähmte.

Oder die Nachbarin, die von der sterbenskranken Frau Geld lieh in der Hoffnung, dass sie es nach dem Tod nicht mehr zurückzahlen müsse. Als ich dieses Ehepaar nach dem Tode bescheiden daraufhin ansprach, ob sie nunmehr in Raten das Geld zurückzahlen könnten, erwiderte mir der Mann, dass sie in Geld schwimmen würden und er das Geld immer umwenden müsse, damit es nicht verschimmelte. An Schulden, die auszugleichen seien, konnte er sich nicht erinnern und wies dies entschieden zurück.

Darf ich auf solche Menschen einen Groll haben? Darf ich mit solchen Menschen kämpfen, um sie auf verlorenen Anstand und Pflichten aufmerksam zu machen?

Dies alles packt doch die Probleme von der falschen Seite an.

Entscheidend für mich ist doch selbst in solchen Situationen: Bei aller Verachtung, bei allem Groll, bei aller tiefen Betroffenheit, bei aller zunächst unüberwindlich scheinenden Wut, stelle ich doch fest, wie mich solche Begebenheiten innerlich weiterbringen und bereichern.

Und bisher hatte ich bei solchem Denken immer die folgende innere Schwierigkeit: Ich kann doch nicht einfach diesen Menschen danken, die mich durch ihre Fehler in Krisen unterschiedlicher Tiefe, bis hin zu lebensbedrohenden, gestürzt hatten. Objektiv haben sie mich doch bereichert, weiter gebracht, bin ich unendlich dankbar für dieses Material des Lebens. Aber einfach verzeihen, versöhnen, der Dumme sein nach der konkret gelebten Einschätzung von Leben dieser Menschen? Selbst im Lehrerkollegium erlebte ich den Triumph eines Kollegen, der sagte, er habe seinen Ausbildungsleiter "abgeschossen" und eine Referendarin war stolz darauf, dass sie als

Studenten einer verdiente Professorin unterstellen konnten, die hätte ihre Habilitation "abgeschrieben" und erwarteten in ihrem dummen Kampf eine Rücknahme der Lehrerlaubnis der Betreffenden. Einmal was zählen wollen, einmal wer sein, einmal zuschlagen wollen, dies würde man nie im Durchschnittsmenschen vermuten als Potential. Solange dies nicht realisierbar, abrufbar ist, sind sie GutMenschen, bekommen sie aber die Gelegenheit oder schätzen sie in ihrer Unreflektiertheit falsch ein, was sie sich "leisten" "dürfen", dann erkennt man solche Menschen nicht wieder.

Ich kann mir vorstellen, dass in den gegenwärtigen Missbrauchsskandalen von Priestern sowohl Unterstellungen von Menschen sind, die auch mal was gelten wollen, als auch entsetzliche Verfehlungen von geachteten Geistlichen, die ebenfalls falsch eingeschätzt hatten, dass sie erwischt werden.

Dankbar sein, wenn man herausgefordert worden ist? Die menschlichen Gegebenheiten realistisch sehen und darauf achten, dass man keine Potentiale von Menschen, die keine gesunden Entfaltungsmöglichkeiten haben, heraufbeschwört?

Muss jemand Geld privat verleihen, oder sollte er nicht auf die institutionalisierten Möglichkeiten (Banken) verweisen? Muss jemand lebensnotwendige Medikamentepakete per Post schicken lassen und gibt es keine Zwischenlagerungsmöglichkeiten, um die Verweigerung auszuschalten und nicht darauf hoffen, dass ein Nachbar ein Paket bei einer unvorhergesehenen Abwesenheit des Betreuers Macht zugewiesen bekommt? Man muss nüchtern sehen, wie bei einer zu erreichenden Beförderung auch illegale Möglichkeiten genutzt werden können, wenn diese Kanäle nicht aufgedeckt werden können. Muss man nicht damit rechnen, dass im Erfolgsfalle alle die Kurve gönnerhaft kriegen, wenn sie keine Möglichkeit haben die Frustrationen des Kampfes um die Stelle an Untergebenen abzuschmieren?

Fazit:

Dankbarkeit ist der zentrale Begriff unseres Lebens. Ich bin für alles dankbar und ich kann alles als Wachstumspotential meiner Seele beurteilen.

Aber ich bin nicht diesen Menschen, die Krisen in mir heraufbeschworen haben, zu Dank verpflichtet.

Als ich einem Menschen, der mich sehr belastet hatte, sagte, welches Leid er mir gebracht hatte, dass ich aber daran gewachsen und gereift sei, dieser erwiderte: "Dann müssen sie mir doch dankbar sein", war ich etwas hilflos in der Beurteilung. In unüberbietbarer Dummheit sehen solche Menschen keine Zusammenhänge oder gehen arrogant -dümmlich machtorientiert darüber hinweg, was Wahrheit ist.

Fazit kann also nur sein, dass ich dem Leben, den Erfahrungen, meiner Integrationskraft und den Bemühungen dankbar sein kann. Das Potential des Verarbeitens von allem zum Guten hin ist in mir als Mensch drinnen, mein Weg geht in diese erfahrende Vertiefung. Ich bin dankbar im Leben, in den konfrontierenden Erfahrungen.

Und soweit ich dies mit Gott in Verbindung bringe, ist dies ein erfahrungsorientiertes, erfahrungsgesättigtes Gottesbild.

Was ist Gott? Aus solchen Besinnungen kann man immer vertiefter in Gott eindringen, Gott so erfahren, dass er nicht eine nebulöse Theorie ist, sondern mein Leben.

Zu einer abschließenden Definition werde ich nie gelangen, lediglich in unterschiedliche Tiefen dieses Gottesbildes.

Was ist Leben? Einmal sind es die Krisen, die Konfrontationen, die Erfahrung des Bösen, die zunächst zutiefst empfundenen Belastungen, denen man viel lieber ausweichen würde, wenn man spontan handeln könnte. Wo man sagt: Gut, das kann ich annehmen, aber wenn es nicht sein muss, wäre mein Leben leichter für den Augenblick. "Herr, lass den Kelch an mir vorübergehen, aber dein Wille geschehe und alles aus deiner Hand nehme ich an."

Und das andere ist die Erfahrung menschlicher Liebe in all ihren Facetten in einer angestrebten Einheitswerdung mit einem geliebten Menschen. Auch wenn dieser Aspekt in dieser Besinnung nicht angesprochen wurde, so wollte ich ihn nicht vergessen und dir danken für alle Erfahrungen der Liebe, der Geborgenheit, des vertieften Glückes.

Der Dank an die Erfahrungen und das Leben ist die eine allgemeine, objektive Seite, und im Leben kann ich reifen und wachsen.

Der Dank an das geliebte Du ist aber ein Geschenk, ein personales Geschenk.

Ich hoffe, dass ich dies verständlich herausgearbeitet habe.

Betroffensein in existentieller Tiefe

ZUR SICHT VON SCHEITERN UND FLIEßEN

Du schreibst:

“Alles ist im Fluss, alles verändert sich, wir uns auch – so sehen wir vieles heute ganz anders in der Bewertung, positiv und auch negativ. Lassen wir unsere Umgebung (Schüler, Familie) so sein, solange sie nicht unsere Kreise stören.“

“Unsere Kreise stören“ ist eigentlich ein schöner Gedanke. Immer wieder müssen „unsere Kreise gestört“ werden, sonst gäbe es ja keine Bewegung, was den Fluss ausmacht.

Die Störungen machen das Leben aus. Aber nicht als Selbstzweck, also Störung um des Störens willen, sondern Anstöße zur Besinnung, zum Durchdenken aus anderen Blickwinkeln. Dabei bewerten wir, und die Bewertung gehört dazu, sie verändert sich, entwickelt sich, wird als Bewertung, objektiv gesehen, vertiefter und bewusster.

Die „störenden" Schüler waren mir immer die liebsten, das waren heranwachsende Menschen, die sich mit irgendwas auseinandersetzten. Einmal sagte eine Schülerin im Unterricht, als es um das Thema „Land-und Forstwirtschaft“ ging, warum es kein gleich wichtig genommenes Postministerium gäbe, das sei doch gesellschaftlich und wirtschaftlich wichtiger als die Gebiete der sterbenden Wälder. Oder, als ich noch Schüler war, hatten wir einen Mitschüler, der dem Physiklehrer viele Fragen stellte zu Themen, mit denen er sich beschäftigte. Konkret hatte der Physiklehrer nicht allzu viel dazu zu sagen, aber in solchen Einlassungen entwickelten sich dann auf beiden Seiten neue Einsichten. Ich fand dies wunderbar. Ein Mitschüler philosophierte stundenlang mit unserem Geschichtslehrer, weil er ein sehr ernster und kluger Mensch war, der sich schon in jungen Jahren mit dem Leben tief auseinandersetzte, während ein anderer für Privatstunden zu Kant in kleinem Kreis bei dem Religionslehrer nachsuchte, ohne dass da außer einem Wunsch des Vaters als braver Sohn nachkommen zu müssen, irgendwelche menschliche Substanz sichtbar wurde.

Meine jüngste innere Auseinandersetzung zu dem Abijubiläum hat mir entscheidende Dinge bewusst gemacht:

Der Mensch wird im Durchschnittsfalle auf der Grundlage geringer Ausbildung pragmatischer, oberflächlicher, lebt den Augenblick und plätschert darin zeitlebens herum. Da gibt es die Mitschwimmer, die sich pragmatisch treiben lassen und aus dem Leben herausholen, was für sie kommt. Die genau wissen, wo sie mitschwimmen, wo sie die optimalen Vorteile haben, wen sie für sich nutzbar machen sollen und wollen. Und da gibt es innere Führungspersönlichkeiten, die die Anerkennung geschafftt haben, irgendwo „Präsident“, „Bevollmächtigter“, „Mäzenaktivist“ (neben der üblichen Werbung für Waschmittel oder Autos werben sie für die Benachteiligten usw.) geworden zu sein, in deren medialen Obensein man sich sonnen kann. Und wo sie dann abstürzen, da fallen dann alle über sie her und sie sind dann der Bodensatz der Gesellschaft in ihrem inneren Die-Welt-nicht mehr -verstehen- können. Dabei gibt es eine berufliche und eine innere Schiene. In dem beruflichen Werden wachsen die Menschen und sie sehen nicht notwendigerweise das Eigentliche. Bereit zu sein, beide Seiten zu sehen, mit unterschiedlichen Schwerpunkten je nach Lebensalter, das ist das Entscheidende. Meine Lebensgrundlage war immer: Durch Studium, durch eigene Leistung die höchste Stufe, die man durch reines Studium für einen Beruf, der das Einkommen wirklich sichern kann, anzustreben, aber dann um Himmels willen nicht: buckeln, abhängiger Rad fahrender Günstling werden, überhaupt abhängig zu werden. Der Lehrer war zumindest früher autonom, nur seinem Gewissen verantwortlich. Damit kann er zwar nicht „aufsteigen“ zum Schulrat, Direktor oder Ministerialführungsbeamten, aber er kann in dem lebensnotwendigen Kompromiss von innen und außen sich selbst in Einklang mit dem Beruf einbringen, den er von innen heraus leben kann. Da muss er nichts abwehren, abwerten, verdrängen, abhängig sein und schöpft aus, was das Menschsein ausmacht.

Die anderen brauchen die sozialpsychologische Wissenschaft, Empirie, Pragmatismus.

Die Herausarbeitung dieses Gegensatzes ist -wie immer in meinem Ansatz- selbstverständlich idealtypisch überzogen. Ich kannte selbstverständlich auch wunderbare Schulräte, sozialpsychologisch-pragmatisch orientierte Lehrer usw. usw. Menschen in „Schubladen“, die uns den freien Blick versperren, zu stecken, wäre nicht in Einklang mit meinem Ansatz. Und damit kommt der entscheidende Punkt:

Stoße ich auf Menschen mit dieser pragmatischen Sicht, muss ich auf der Hut sein, zu „scheitern“, weil pragmatische, empirische, sozialpsychologisch-wissenschaftliche Sichtweise grundsätzlich inkompatibel mit meinem Ansatz sind. Zugespitzt könnte man sagen: Je mehr ich scheitere, desto mehr muss ich lernen:

- Die sozialpsychologischen Gegebenheiten immer besser einschätzen zu lernen, also ich darf nicht Auseinandersetzungen suchen, wo überhaupt keine Resonanz möglich scheint.

- Auseinandersetzungen zu suchen, gehört zum Menschsein, da sich ja das Leben ändert in den Erfahrungen und Bewertungen, ich darf also das Sehen und den Blick schärfen für den empirischen Ansatz nicht vernachlässigen.

- Und wo ich in diesem Sinne „scheitere", ist es immer ein Scheitern von mir in Bezug auf eine empirische, sozialpsychologisch-wissenschaftliche Sicht des üblichen Mainstream- Lebensselbstverständnisses, die mir zeigt, dass ich das Umfeld falsch eingeschätzt habe, - aber nicht als innerlich akzeptierte Abwertung meines Weltbildes empfunden werden kann.

Wenn mein Ansatz wahr und ehrlich ist, werde ich in jedem derartigen Scheitern wachsen.

Wachsen ist geradezu das Kriterium für einen gesunden Umgang mit Scheitern.

Wer die von dem Mainstream erwartete positive Sicht aller Dinge „verordnet" bekommen hat (um „in" zu sein, um auszuweichen, um sich das Leben einfacher zu machen), ohne innere Auseinandersetzung damit zu leisten, ist im Ansatz anders.

LEBENSLÜGEN

(...) wird sich, soweit ich dies realistisch einschätze, nicht melden. Sie hat ja derartige tiefe verinnerlichte Lebenslügen, -verdrängungen,- enttäuschungen usw.usw., da ist es für ein halbwegs gesundes Leben zunächst viel besser, wenn sie alles unter der Decke des Bewusstseins lässt. Sich zu stellen, würde eine Kraftraubung sein, die sie sich nicht leisten kann. Sie mag schwarz-weiß die eine Seite hassen und verachten und die andere vergöttern, das sind schicksalhafte Strukturen, in die Menschen schliddern und die zum zweiten Ich werden. Was sie hat, muss sie festhalten, sich daran festklammern, immer aufs Ganze in die falsche Richtung weiter gehen müssen, weil eine Umkehr oder Besinnung einfach nur verheerend wäre. Mit ihren Vorwürfen mir gegenüber hatte sie sich ja weit aus dem Fenster gelehnt. Dort muss sie also hängen bleiben und dies ist immer noch besser als loszulassen vom Gewordenen und dadurch abzustürzen. Im Leben baut sich ja alles so leicht, so übersichtlich, so folgerichtig auf und wenn man nicht immer wach lebt, ist man irgendwann sanft und lieblich von den eigenen Möglichkeiten weggeglitten und hat es nicht bemerkt.Und bei allem muss ich auch sehen, dass meine Wahrheit der Dinge nicht in allem stimmig sein muss, das Leben hält immer Überraschungen bereit. Nur: Wer verstrickt und im abseits ist, hat wenig Kraft und Bereitschaft und Fähigkeit zu erkennen, während ich in allem, was mir negativ und überraschend widerfährt, ja immer einen gewünschten positiven Ansatz zu Kurskorrekturen in kleinen Maßen sehen und positiv verarbeiten/nutzen kann.

DIE UNSCHULD DES KINDES

Du schreibst, dass ein Kleinkind "unschuldig" sei. Du hast diesbezüglich ein sehr eingeengtes Weltbild. Das würden selbst Katholiken so nicht sehen. Wie unterschiedlich kommen Kinder in diese Welt! Das Unschuldigsein kann ab dem ersten Tag weg sein. Die einen sind quasi die geborenen Verbrecher, die anderen sitzen direkt am gemachten Lebenstisch, die meisten kommen nie mehr aus dem heraus, worin sie geboren worden sind. Keiner nimmt da jemand heraus aus den Belastungen, für die er nichts kann und in die ihn das geschenkte Leben gestoßen hat, hineingeworfen hat- in diesem Falle. Und da gibt es alle Schattierungen des Kaputt-geboren -worden -seins. So nach und nach könnten die Menschen doch nachdenken, doch wie begrenzt sind diese Möglichkeiten. „Kaputte Familien“ sind nicht eine Frage des Geldes. Im Gegenteil: die psychischen Hintergrund-Defizite sind doch viel gefährlicher. Da werden die Kinder vereinnahmt und abgeschirmt und kaputt verseucht. In vermeintlicher Liebe und Wohlwollen, in Wirklichkeit lästig und ungewollt als last-minute-Kinder, wo doch die gesunde Zeit schon vorbei war und man sich dies nie zugeben würde, dass das Leben schon weitergegangen war. Gerade in unseren Berufen als Lehrer und Ärztin hatten wir es ja immer auch mit kaputten Beziehungen zu tun. Dass Kinder die Mutter als geradezu feindlich einstufen und bei jeder

Gelegenheit verunglimpfen und bereits ihren eigenen kleinen Kindern zum frühesten Zeitpunkt Lügen einimpfen, ist doch ein allseits übliches und bekanntes objektiv gesehen gemeines Beispiel. Aber sie glauben dies, da nutzen keine Promotionermöglichungen usw., um sie zur Einsicht zu bringen, Ehrlichkeit grundzulegen. Und da kannst du dich dann abarbeiten, um dieses Bild zu korrigieren, auf die Langzeitwirkung hoffen, bis weit über den Tod hinaus wird dies niemals in Gänze gelingen, dies sind dann immer Sachen, die - indem man sich selbst was vormacht- „auswachsen“, aber kaum geheilt werden. ‚Nullen' aus seinen Voraussetzungen her lässt sich der Lebensvollzug nie. Leben geht weiter von Generation zu Generation. Und da steht im Hintergründ: beglückend, kreativ, bewusst einzugreifen: dass wir die künftige Entwicklung mitgestalten können. Wo diese Eingriffsmöglichkeiten rein und wahr gegeben sind, da muss man sich engagieren, und wo alles nur ein uneingestandenes Abarbeiten von vermeintlicher Schuld ist, da muss man klug genug sein, um sich diese Voraussetzungen schonungslos einzugestehen.

Eingreifen da, wo ich verändern kann, auswachsen lassen und sich im Hintergrund halten dort, wo dies geboten sein muss. Und wo einem das Eingreifen als Leistung zu unbequem ist, da muss man nicht schwafeln, sich belügen, sich in seiner tatsächlichen Unfähigkeit auch noch toll vorkommen.

EMOTIONALITÄT

Heute morgen hatten wir ja Überlegungen zum Zusammenleben erörtert. Dabei gilt ohne jede Einschränkung: Du warst immer wunderbar und Du hast jederzeit zu mir gestanden. Ich glaube nicht, dass es eine zweite Partnerschaft irgendwo gibt, die derart stabil ist.

Man sieht auf unserer im Leben miteinander gewonnenen Grundlage ja vieles vertiefter, wozu man im Leben zuvor keinen Zugang hatte und worüber man ja auch schon nachgedacht hatte. Meine Eltern waren beispielsweise wunderbare Menschen, die natürlich sehr oft vom Leben in die Enge getrieben worden waren und objektiv gesehen ja unmöglich waren. Aber grundsätzlich waren sie im Kern lieb. Und verzweifelt fragte ich mich damals: Es ist doch klar, dass sie niemals innerlich zusammen finden werden.

Ist nicht jede Liebe in der menschlich großen Gefahr, dass zwei Menschen, wovon jeder lieb und nett und und und ist, doch irgendwann beim tieferen sich gegenseitig Erschließen Seiten entdecken, die ein anderes Bild eröffnen?

Und da kann man ohne Lebenserfahrung sagen, dass man doch einfach offen und ehrlich sein muss, alles offen und ehrlich angeht, und dann gäbe es keine heimlich entstehenden Risse. Aber dies wäre reine Verstandessicht, wichtig und vielleicht wichtiger ist aber auch das Emotionale/Verletzliche. Man will sich nicht gegenseitig verletzen und muss dies doch immer wieder angemessen riskieren, damit die offen-ehrliche Emotionalität sich frei entwickeln kann füreinander.

Wie gesagt: Man kann reine Vernunft, reine Offenheit, reines den Dingen auf den Grund gehen als Lebensprinzip haben. Das ist ja dann auch verdammt viel, was kaum jemand für seine Partnerschaft so sieht. Und wir haben darin ja eine wunderbare Tiefe und Offenheit.—Aber in dem Punkt Emotionalität ist man ein Leben lang im Werdeprozess, niemals fertig, da bleibt naturgemäß Entwicklung:

Man will den anderen niemals verletzten und doch geht Leben nur über das Riskieren von Verletzen.

Und auch dazu muss ich sagen: **Ich** rede viel von Kapieren, mangelndem Kapieren, aber du hast dich immer mit absolut allem auseinandergesetzt. Es gab nie auch nur einen Ansatz, dass wir in irgendwas ein Problem hatten und haben. weil **du** immer im letzten und tiefsten im Emotionalen in uns aufgingst und geborgen warst und darauf vertrautest, dass ich dich, wenn auch nicht immer sofort, so doch verstehen würde.

Ja, du hast recht: Man müsste öfter dankbar sein, sein Glücklichsein stärker zeigen und versuchen, bewusst versuchen, den anderen noch glücklicher zu machen.

Letztlich ringen wir in diesen Fragen, konstruktiv, im Werdeprozess. Wir können feststellen, wo was fehlt, als die eine Seite, aber die andere Seite dürfen wir nicht übersehen, die eigentliche, die tiefe Seite: Wie glücklich wir sind und wir uns machen können.

Ich hoffe, dass ich nicht irgendwas missverständlich ausgedrückt habe, aber ich bin sicher, dass du verstehst, was ich letztlich ausdrücken will.

LIEBESBRIEFE

Du sagtest am Telefon, dass manchmal Sätze/Aussagen missverständlich und zu kompliziert/umständlich ausgedrückt sind. Dies ist sicherlich richtig, denn die Mails sind letztlich ein lebendiges Gespräch, eigentlich nicht mal Ersatz, denn sie haben eine wichtige Funktion. Dazu las ich gerade zufällig:

"Einen Liebesbrief schreiben. Nehmen Sie sich mindestens drei Stunden Zeit für einen Brief in liebevoller Sprache. Schauen Sie während des Schreibens tief in die Natur ihrer Beziehung hinein... Sie werden sehen, dass die Person, die einen solchen Brief schreibt, am Ende nicht mehr die ist, die ihn begann."

Genau dies ist ja bezüglich des zweiten Satzes mein Ansatz! Und der eigene Stil gehört auch dazu, wenn dies ein ehrliches Gespräch sein soll. Aus der Schulzeit kennt man ja von sich und anderen das mühsame Herumdrucksen, wenn ein Aufsatz für die Schule /Klassenarbeit geschrieben werden musste. Wieviel Zeit wird ja im Normalfall allein dafür investiert, um einen Anfang zu finden, und der Schluss musste dann ja auch nochmals draufgesattelt sein.

Natürlich gibt es Tage, wo man sich vor den Ergebnissen erschrickt, aber sie sind auch Leben, Lebensauseinandersetzung. Und da können ja dann schon mal unnötige Missverständnisse sein, das ist dann nicht so in Ordnung.

Aber Missverständnisse gibt es ja auch im realen Leben. So sagtest du gestern, du müsstest ein Auto besorgen. Und ich fragte: Wozu brauchst du ein Auto?

Und immer nett finde ich, wenn man, z.B. bei einem Spaziergang, Wortfetzen von Fremden aufschnappt, absolut diesen vernommenen Schall nicht deuten kann, und sich danach nach einiger Zeit innerlich klar zusammenbaut, was der andere gesagt hatte.

WEIHNACHTEN

Gedanken zu Weihnachten 2012:

Ich bin ja in vielem so ganz anders. Aktuell steht ja das Thema **Weihnachtsgeschenke** zum Bedenken und Flaggezeigen an.

Wieso sollte man sich an Weihnachten aus alten Gewohnheiten heraus beschenken, wenn man keinerlei inneren Bezug zu dem religiösen Hintergrund hat? Sollte man nicht das ganze Jahr über Zeit zu innerer Ruhe und Besinnung als Lebensgrundlage haben und dem anderen sein Glück, seine Erfüllung, seine Liebe dann mitteilen, wenn dies ehrlich ansteht, wo es **besonders deutlich** wird. Den anderen als das **Geschenk des Lebens** sehen, sein Leben als Geschenk sehen, spannend sehen, wie sich alles **entwickelt hat und entwickeln wird**, immer aus dem **Blickwinkel des Wir**, der beiden, die sich lieben. Völlig absurd ist doch, wenn man sich quasi eine Recyclingkiste anlegt und dann allen „Mist" weitergibt, den man nicht haben wollte.

An dieser Stelle wollte ich auch einfügen, dass du über meine Gedanken zu **Situation und Entscheidung** „lächeln" musstest. Ich setze mich mit vielen Dingen intensiv auseinander, wenn sie noch glühen, schmoren, köcheln, in Fluss sind- alles auf die jeweilige Beispielsituation bezogen. So muss ich jede Situation ernst nehmen, andere nehmen sich ja nicht mal die Zeit, dies bewusst zur Kenntnis zu nehmen. Und aus Situation und Entscheidung gründet/basiert/ baut sich das Fundament für zukünftiges Handeln auf. Während Entscheidungen für andere gar nicht bewusst werden, zum

Nachdenken haben sie ja keine Zeit, und für alles haben sie Berater, stehe ich dann immer zu meinen Entscheidungen, natürlich ist dies kein Beton und bleibt dann auch wieder weiterhin offen, bei aller **momentanen Festigkeit**.

Du hast natürlich recht: Wer so lebt, darf nicht vor vielen Entscheidungen stehen, sonst geht dies ja einfach nicht. Nur: Jeder für sich bedenkt seine Situationen (oder eben nicht, zumindest nicht ausreichend).

Zu Situation und Entscheidung ganz einfach ein Denkspiel: Nimm beliebige alte Mails von mir und lies sie unter dem Gesichtspunkt: Welche Anregungen und Vorschläge und Erwartungen wurden darin grundgelegt/ niedergelegt, ohne dass irgendwas in Richtung Veränderung erfolgt ist, Stichwort 'Böse Mails', die du lieber gelöscht hättest als dich damit zu beschäftigen und auseinanderzusetzen.

Warum also nicht von Anfang an f ü r s i c h planen, in sich zufrieden und glücklich sein, ohne die verlogenen Rituale, die im Weltkrieg und nach dem Krieg wirklich innerstes Bedürfnis der Menschen sein mussten, um innerlich zu überleben.

Ich fand es lustig, heute gelesen zu haben, dass selbst der Papst vor 1000 Jahren wegen des Endes, dem anstehenden Weltuntergang in großer Sorge war, dann aber soviel gebetet hatte, dass er fest glaubte, dass er den Weltuntergang durch sein Gebet weggebetet hatte, Gott hatte ihn erhört.

Vielen ist die Religion Hilfe und Stütze, das ist für die okay, aber müssen wir diesen unehrlichen menschlichen Ansatz mitmachen?

Wie gesagt: Man kann über das ganze Jahr dann schenken, wenn es innerlich ansteht. Selbst und gerade bei Kindern muss dies doch keine Geschenkeorgie sein. Die Kinder haben ganze Zimmer für überflüssigem Kram, sie lieben wahrscheinlich nur, wo der **innere Bezug zu einem Tun der Erwachsenen** dominierend ist für den Wert.- In diesem Sinne kannst du Ferienreisen schenken, kannst Nachmittage der Nachhilfe schenken, auch Freizeitdinge, die wirklich interessieren.

Weihnachten ist in vielen Familien das übliche Chaos, die übliche Flucht, die übliche Verzweiflung im Sinne von „Und das war wieder alles. Aber schön war es doch." Und damit ist wieder die Anknüpfung an die hilfreiche Funktion für ganz bestimmte Menschen für Weihnachten angesprochen.

Du hast mir auch in diesem Jahr so viel geschenkt durch dein Lieben, dein Verzeihen, deine konstruktive Kritik, einfach dadurch, dass es dich gibt. Du bist das ganze Jahr mein Weihnachten im übertragenen Sinne.

Du bist im abgelaufenen Jahr immer bis an die Grenzen dessen gegangen, was dir zum Kompromisswahren für uns möglich war. Dies ist alles ganz wunderbar. Und die objektiven **Probleme konnten noch nicht ganz verwirheitet werden** trotz deines guten Willens.

Ist dies eine gute Bilanz vor dem Weihnachtsfest? Wenn man **alles und sofort** anstreben will, ist dies alles ernüchternd.

Und wenn man die gemeinsame Wegstrecke, das gemeinsame Kämpfen, das gemeinsame Verstehenwollen in Ansatz bringt, haben wir eine wundervolle Gemeinsamkeit erarbeitet, über alles Trennende hinweg.

(...) sagte immer „Ich mag keine Halbheiten". Entweder alles oder nichts in der Ehe. Mit diesem einmalig klaren Bekenntnis füreinander konnte alles ausgehalten und ausgelebt werden. Nach jahrzehntelanger Ehe waren wir innerlich aber nicht weiter wie wir beide nach 3 Jahren Zusammensein.

Weihnachten als Besinnung, als Bilanzziehen, als Standortbestimmung.

VERWIRHEITEN

Wie sich die Lebenssicht, die Lebensbedingungen so unkalkuliert wandeln. Was heute absolutes, festes Lebensfundament ist, kann sich morgen so in das Nichts verflüchtigen. ... waren/ sind ja ein Traumpaar. Alles war so phänomenal einmalig gut, wenn man nur die üblichen Kriterien der üblichen Sichtweisen heranzieht.

Und da müsste man doch einfach mal aufwachen, tiefer blicken, sehen, dass sich doch da gar nichts geändert hat in all den Bedingungen und Voraussetzungen zu diesem optimalen Glück. Man sollte ab und zu aufwachen, tiefer blicken, Dinge in den Problemhorizont rücken, die ja so selbstverständlich, so problemlos sind, und dann kommt ein Knall (oder nur ein einfaches Lüftchen) und alles war nichts. Sentimentales Nachtrauern statt Kämpfen. Lebensfundament nur ein Kartenhaus.

Was aber wäre Kämpfen, was wäre überhaupt Kämpfen gewesen?

An einem solchen Tag kann man Problemhorizonte anreißen, Lösungen gibt es da nicht, wo man sich halt nie dem eigentlichen/ tiefen/wahren Leben gestellt hatte.

Es sind immer vordergründige Wandlungen/Veränderungen in elementaren Grundfragen, dahinter verbirgt sich aber das Schleifenlassen von nicht bewusster: Unehrlichkeit, von bequemem Ausweichen, der Flucht statt sich den Dingen zu stellen, die irgendwann dann aufbrechen.

Gestern war eine sehr interessante Sendung von Lanz mit Maximilian Schell, der eine um fast 50 Jahre jüngere Frau heiraten wird. Da treten dann alle die menschlichen Probleme potenziert auf, an denen Menschen zerbrechen könnten, und das Beispiel zeigt dann, dass selbst derart absolut verschiedene Lebenswelten, Alterstufen, Erfahrungshorizonte (Die Mutter dieser Braut war Krankenschwester, der Vater Arzt) in ein Wir münden.

Wie kommt man zu einem Wir, das ist eine grundlegende Aufgabe des Handelns und Denkens.

Bei den einen funktioniert nichts, obwohl alles absolut gleich und alles absolut vorhanden ist, und bei den anderen zählen diese äußeren Hindernisse überhaupt nicht.

Über solche Fragen müsste man vertieft nachdenken, Mut haben zu einem Wiraufbau, der eine so total andere Lebens- und Sichtweise herausfordert.

Vorsichtiges Abtasten der gegenseitigen Möglichkeiten im materialen Bereich mag menschlich, normal, abgesichert sein, aber welches Leben lässt sich schon derart vordergründig zusammenvereinheiten.

Du bist die wunderbar Ausgleichende, die Verständnisvolle, die sich immer Zurücknehmende, diejenige, die immer helfen will. Das ist objektiv alles wunderbar, aber der Tag heute zeigt auch mahnend, dass Leben ohne mutige, entschiedene Haltung wegschlingert, wenn das Wir, die Tiefe, die Einheit, so wie bei (...), überhaupt nicht oder unzureichend gesehen wird.

Wir haben unsere Möglichkeiten, und wichtig ist einfach, nicht aufzugeben in dem offenen Umgang, der über das hinausgeht, worin (...) ja auch immer gute, halt übliche und optisch zuverlässige Partnerin und Ehefrau war.

Ausgang von der Liebe zum Leben

Mein Ausgang "Von der Liebe zum Leben"

Ich beziehe mich zur Demonstration meines Ansatzes auf den Film:

Leben nach dem Tsunami (ZDF), Sonntag 5.2.2012, 20.15 Uhr.

Am Weihnachtsfeiertag 2004 vernichtete eine Naturkatastrophe 230 000 Menschen. Ursache war ein Seebeben im Indischen Ozean mit einer Stärke von 9,1, das eine verheerende Flutwelle auslöste.

Da heutzutage viele Urlauber mit Kameras und Handys ausgerüstet sind, ging die Berichterstattung der Katastrophe mit entsprechenden Bildern wochenlang um die Welt.

Der Film schildert zwei Familien, über die in Phuket und Kao Lak diese Katastrophe hereingebrochen ist. Einer der Betroffenen filmte die herannahenden Wellen, es waren bedrohliche Bilder. Obwohl ich nachts kaum träume und schon gar nicht "unkontrolliert", träumte ich in der Nacht, dass um mein Haus das Wasser derart stieg, dass es bis an der Fensterkante stand und immer noch weiter anstieg. Einem solchen psychischen Eingriff konnte man sich selbst als unbeteiligter Fernsehzuschauer nicht entziehen.

Wie tief greifend und traumatisch musste es auf die gezeigten zwei Ehepaare wirken, die beide ihre Kinder und ihre/n Ehepartner/ Ehepartnerin hilflos in den Fluten vor ihren Augen versinken sahen. Die Verzweiflung wird realistisch geschildert und auch das Verhalten der nahe stehenden Menschen. So tat eine Freundin die Trauer ab mit den Vorwürfen, andere Menschen hätten doch auch Schicksalsschläge zu tragen und würden doch auch wieder lachen und "normal" sein. Dadurch zerbricht eine wichtige Freundschaft aus Unverständnis. Eine grenzenlose Verzweiflung wurde realistisch nachgezeichnet, die Frage wurde gestellt, ob man weitermachen kann ohne den/die Ehepartner/Ehepartnerin und die Kinder, zu Hause in ein leeres Haus zurückkommend. Letztlich helfen nahe Freunde verständnisvoll, ein Psychologe gibt professionelle Hilfe, lindern kann man den Schmerz, aber zunächst sind beide innerlich aus dem Leben geworfen. Eine Konfrontationssychologie in Form eines Fluges nach Thailand zu den Orten des grausamen Geschehens, wo beide aus dem Leben geworfen worden waren, brachte etwas Linderung.

Die zwei Menschen, deren Lebensgeschichte im Film gezeigt wurde, die beide ihre Familien verloren hatten, waren an einem Punkt, wo das Leben für sie keinen Sinn mehr machen konnte.

Langsam kam das Vertrauen in das Leben zurück. Die beiden redeten miteinander, hatten regelmäßige Treffen, wagten in kleinen Schritten, den Weg aus dem Eingehaustsein, irgendwann beschlossen sie, einen Discobesuch zu wagen und merkten, dass sie schon ziemlich gelöst Abstand von dem Erlittenen gewinnen konnten.

Und nach und nach kehrte das Leben in die beiden zurück. Sie verliebten sich, entschlossen sich zu heiraten und wünschten sich eine neue Familie, hierfür die Geburt eines eigenen Kindes, damit sie wieder eine Familie sein konnten.

Das Leben war stärker! Beide fanden in das Leben zurück, in ein Glück, das sie nach der erlebten Katastrophe nicht für möglich gehalten hätten.

Da war kein Gott, der sie beschützt hatte, da hätte philosophische Haarspalterei nicht weitergeholfen, sondern

- sich dem Leben stellen, sich mit dem Leben konfrontieren. Beide waren so stark getroffen, so traumatisiert, so unterhalb jeder menschlich normalen Ebene, die verkraftbar sein kann.

- Sie stellten sich den neuen Gegebenheiten. Sie fuhren beide nach Thailand, an die Stätten des Grauens.

- Sie überlegten, wie sie andere seelische Elemente, die verschüttet worden waren, wieder freilegen konnten, der Versuch, z.B. eine Disco zu besuchen, half. Immer muss man sich aus dem Verschütteten herauswagen und dann jeweils sehen, ob man den Kopf etwas heben kann oder sich lieber wieder leicht in den sicher gewordenen Schutt verkriecht.

- Und immer wieder offen und ehrlich die Probleme und Erlebnisse ansprechen, sich nicht abschotten, wo man Vertrauen und Sicherheit verspürt. Nicht vorzeitig zurückziehen, wo Menschen aus Unverständnis Vorwürfe machen, um ihre kleine armselige belastete Psyche abschmieren zu wollen an Menschen, die echtes Leid erfahren haben und da zunächst einmal leicht Opfer für derartige Menschen sein können. Wo dann nichts ernsthaft zu bedenken ist, bei minderwertiger Konfrontation, da muss man dies lassen. Wo Menschen tiefes Leid erfahren haben, da wird also allzu leicht und offen über helfende Menschen gesprochen, genauso zu sehen sind aber die "Wölfe" und "Herren", die selbst aus dem Unglück anderer Kapital schlagen wollten für ihr kaputte Psyche und/ oder ihr Konto.

- Dabei müssen wir doch ganz nüchtern sehen, dass Menschen in den seltensten Fällen überhaupt kapieren können, was erfahrenes Leid für den Betroffenen bedeutet. In meinem Buch "Begegnungen" hatte ich über den Tod meiner Frau geschrieben. Ich bekam eine

Mail, dass dies doch normal sei, dass jemand nach jahrelangem Leiden stirbt, dass dies doch keiner weiteren Erwähnung und Auseinandersetzung wert sei. Ich hatte beispielsweise dargestellt, wie wir den Wochenablauf der schweren Krankheit erlebten und wie schmerzlich die jeweiligen Besuche bei dem Chemoarzt waren. Dazu schrieb jemand, dass Fahrten zum Krankenhaus doch genauso gut Taxis machen könnten, wo ich also meine Frau doch nicht notwendig begleiten musste.

- Nach dem Tod meiner Frau lernte ich eine Ärztin kennen, deren Mann auch nach jahrelangem Leiden gestorben war. Das Leben kann wieder durchbrechen, zurückkehren, sich neu entfalten, wenn man einerseits ganz in der Vergangenheit aufgehen konnte, die Vergangenheit nie verdrängt wurde, die Erinnerungen Grundstein des jeweiligen jetzigen Lebens sind, und man dies alles annimmt, Teil des Ichs geworden ist und darüber hinaus das Leben in eine neue Schicht hineinwächst.

Je tiefer wir das Leid erfahren haben, desto glücksfähiger sind wir geworden. Wir wünschen dem Mitmenschen kein Leid, keine Katastrophen, aber wenn etwas über uns hereinbricht, das uns aus der Bahn wirft, wissen wir auch, dass dies eine Chance ist.

Leben ist stärker.

Leben bringt immer wieder Chancen für ein Weiter.

Es liegt an uns, uns mit dem Leid in aller Tiefe auseinanderzusetzen und die Zukunft zu verantworten und zu leisten.

Menschen können sich leben lassen, und das verhilft zumeist zu einem beständigen einfachen Lebensvollzug. Auch das muss man sehen.

Das Leben ist stärker- das ist der eine Satz. **Aber ohne die Liebe würde das Leben verkümmern und auf einer einfacheren Stufe, die zum Überleben genügen mag, verbleiben.**

Eine Schülerin schrieb zur Landwirtschaft:

Heutzutage gibt es keine Handarbeit mehr, es wird alles mit Maschinen gemacht. Die Leute brauchen nur rumzusitzen und Kaffee trinken.

Sie haben so viele Tiere, dass man heutzutage nicht weiß, wo man sie unterbringen kann. Deshalb schließen sie die Menschen in engen Käfigen ein.

Es gibt viele Giftstoffe, die die Menschen in das Futter reinmischen und Tabletten. Deshalb killen sich manche Tiere selbst.

Ein Kind versprachlicht ein derartiges Weltbild. Aber das Kind kann und wird sich weiterentwickeln. Problem ist doch, wenn Erwachsene eine solche Sicht des Lebens in diesem Niveau aufgedeckt haben und nicht darüber sprechen, weil dies ja alles so "normal" ist. Wobei sie durchaus für eine neue Weltsicht, neue Schutzbestimmungen für das Leben aufgeschlossen sind und auch demonstrieren würden.

Mit einem solchen Weltbild kann man auch leben, vielleicht glücklicher als jemand, der sich logisch geschult mit seinem Innenleben auseinandergesetzt hat.

Leben ist stärker für den, der sich darauf einlässt.

Die Liebe ist stärker, für den, der sich darauf einlässt.

Das Leben ist notwendig Zufriedenheit und Glück,

denn es ist uns als Leben ohne unser Zutun geschenkt.

Der Gedanke eines unzufriedenen und unglücklichen Lebens steht in Widerspruch zum Leben als Geschenk.

Die Menschen wähnten sich im Mittelalter als in der göttlichen Ordnung stehend, die nie angezweifelt worden wäre, die immer positiv alles erklären wollte und konnte.

Descartes und Kant erschütterten dieses vertrauensvolle kontemplative Weltbild, in das der Mensch, ohne irgendwas in Frage stellen zu wollen und zu können, "fraglos" eingehaust war. Der Mensch hatte wenig Ansatz, um zu klagen oder gar zu rebellieren.

Sloterdijk stellte in seinem Buch zu Sinai die von den Menschen erfahrene Macht Gottes heraus.

In einem nächsten Entwicklungsschritt stellte Hegel einer solchen allem zugrunde liegenden göttlichen Ordnung den Menschen in seiner Begierde heraus. Alle stehen von ihrem Ansatz her im Kampf aller gegen aller, wie dies zuvor Hobbes schon herausgearbeitet hatte. Im grundlegenden gegenseitigen Kampf werden "Knechte" und "Herren" geschaffen und dieser brutale menschliche Ausgangspunkt gilt in weiten Teilen der sozialen Welt, wenn man ohne Scheuklappen hinter das meist oberflächliche, medienvermittelte Weltbild blickt, das sich nicht an philosophisch-ethischer Wahrheitssuche orientiert, sondern in erster Linie an Auflagen und - soweit politisch orientiert- Wählerstimmen. Es zählen allein Zahlen: Zustimmungsquoten, die in Wählerzahlen und Auflagenzahlen gemessen werden.

Veränderungen

1 Jeder noch so kleine Anstoß

2 verändert die angestoßenen Menschen,

3 bringt Umbruch und

4 eröffnet ungeahnte Weiten.

Hinterlassen Menschen Spuren in der Psyche der Menschen, die mit uns zu tun hatten? Besonders in der Grundschulzeit habe ich oft darüber nachgedacht. In gewissem Sinne war man in den Augen der Kinder mehr als deren Eltern. Mein Martin wollte beachtet werden. Die Eltern waren beide berufstätige Ärzte und hatten wohl wenig Zeit für dieses intelligente Kerlchen. Er erzählte mir jeden Tag vor der Schule, was ihn bewegte. Einmal kam er ganz aufgebracht und sagte mir, dass er einen Farbeimer vor der Schule in einen fremden Hausflur gekippt hatte. Er erwartete von mir, dass ich mit ihm schimpfe. Als ich dies nicht tat, wurde er ganz zornig und meinte:

"Meine Eltern interessiert nichts, nicht mal Sie schimpfen." Er kam sich ganz verloren vor. Immer wieder kommt es zu solch unscheinbaren Begegnungen, die in der Regel nicht sonderlich beeindruckend sind, sich aus den alltäglichen Begebenheiten abheben. Sie stellen Weichen für das zukünftige Leben, für sehende Augen und geöffnete Herzen. Mein Anteil wird in der Regel nicht personalisiert "als mein Anteil" in die Psyche versenkt, sondern als allgemeine gewordene Charakterhaltung, Lebenserwartung, Zuversicht, könnte aber durch mit sich unfertige Erzieher auch zur Grundlegung von Neigung zu Lebensdepression und Angst führen.

Lassen sich Kinder verändern, lassen sie sich in eine ungeahnte Weite führen. Die Kinder sind offen in alle Richtungen. Und da kann ich dann abschätzen, dass es offene Kinder gibt, die Interesse an einem lebendigen Austausch mit Menschen und Umgebung haben, und dass es Kinder gibt, die sehr früh nicht gefordert wurden und vom Leben keinen inneren Austausch erwarten. Die vor den Fernseher abgeschoben werden, die früh Computer und alle technischen Spielzeuge bekommen, um fremdbestimmt, außengesteuert zu werden, ein verschlossenes Herz zu bekommen, das in sich früh tot geworden/ abgestorben ist; was durch immer neue äußere Aktivitäten beschäftigt werden muss, durch die Animationsprogramme der klugen Erwachsenen. So wird es also Kinder geben, in denen auch nach längerer Schulzeit zu wenig in der Psyche eingesenkt werden konnte.

Leben ist immer Umbruch und Aufbruch. Aber was heißt dies für die Erwachsenen? Rufe ich das Internet auf, so wird der Zeitgenosse mit wenigen Klicks auf Flirt und Abenteuer verwiesen, animiert. Das "Prinzip" Umbruch, Öffnung, ungeahnte neue Weiten wird da ganz anders verstanden und viele Mitmenschen durchschauen überhaupt nicht, wie sie durch lügenhafte Umdeutung von menschlichen Grundprinzipen sich und ihrer Bestimmung entfremdet werden. Da sind dann Menschen, die durch Tätowierungen zeigen wollen, dass sie keine Ehrfurcht vor ihrem Körper und vor nichts zu haben scheinen, die sich alles wagen und erdreisten, was früher Anstand und gute Sitte geächtet hätten.

Nie war es so einfach, den idealen Partner in der Internetwelt zu finden. Man kann sich mit den unterschiedlichsten Menschen auseinandersetzen. Und letztendlich führt dieser Weg aber in krassem Gegensatz zu den positiven Möglichkeiten durchschnittlich über anfängliches Mogeln und leichte Lügen hinaus, zu den absurdest denkbaren Sackgassen.

Was ergibt sich daraus?

- Junge Menschen müssen Möglichkeiten zu Begegnungen mit Menschen und Sachthemen haben. Ein Lehrer muss selbst ein aktiv Suchender sein, das ist das A und O. Nur dadurch kann Umbruch und Weite erzielt werden.

- Erwachsene sollten mündig und kritisch sein, aber doch nicht meinen, dass sich dies darin ausdrückt, dass sie alle Absurdheiten mitmachen.

- Leben ist ein Leisten. Wenn jemand auf uns zukommt und sich öffnet, so muss ich klug sehen, ob eine Öffnung angebracht ist und ob ich mich darauf einlassen kann als meine ureigen übernommene Aufgabe.

Leben gelingt nur in der Suche nach der idealen Partnerschaft, die nicht einfach vom Himmel fällt. Auseinandersetzung bedingt ein Geben und Nehmen, so wie es jedem der Partner möglich sein kann.

Das Bild eines Sees gehört zu den Urbildern der Lebensdeutung:

Der See kann ruhig sein, er kann gefährliche Wellen haben oder Wellen, die ein wunderbares Surfen bedingen, er kann Weite vorgeben. Ist immer unruhig, kann still sein.

Am Meer kann ich erfahren, wie gut Weite tut. Der Raum zwischen Meer und Sonne ist unbegrenzt, schenkt mir den Blick für Weite und Offenheit, für unendlichen Raum und Offenheit, und lässt mich ahnen, wie schön alles sein könnte, wenn wir uns dem Vorgegebenen, Vorgefundenen öffnen, Teilnehmen an dem, was möglich ist auf der Grundlage der Erfahrung der/an den menschlichen Strukturen.

Du hast in mir unendlich viel verändert. Ich wurde mehr Mensch, reifer Mensch. Äußerlich hat sich da nichts verändert, man könnte die Veränderungen ja gar nicht empirisch festlegen. Letztlich sind dann die vordergründig nicht sichtbaren Veränderungen: in der Ruhe, der Gelassenheit, in dem Gesichtsausdruck, in dem eigenen Selbstverständnis.

Wenn man sich dies gegenseitig, wie bescheiden auch immer in der Wahrnehmung, aussagen kann, dann hat es sich gelohnt einen Weg zu gehen, den sicherlich nur wenige Menschen verstehen oder gar innerlich nachvollziehen können. Doch die anderen sind nicht für uns Maß der Dinge, wenngleich wir durchaus offen für jegliche Anregungen, Infragestellung, Kritik sind. Aber dies muss von innen kommen, wenn wir dies als Kritik überhaupt wahrnehmen können.

Lebenswahrheit

"...Menschen durchirren nun mal ihr Leben, und der jeweils aktuelle Irrtum erscheint ihnen dabei als Wahrheit. Wichtiger als eine letzte Wahrheit ist die Lebenswahrheit, mit der ein Mensch durchs Leben geht."

Quelle: Wilhelm Schmid, Das Leben ist nicht fair. Man kann es trotzdem lieben. Seite 66- 71 Psychologie heute, Februar 2012

Fremdbestimmung bestimmte und bestimmt das Leben weitgehend:

- Religiöse und weltliche Autoritäten legten dem Menschen Pflichten auf, die er zu erfüllen hat. Bei diesen als Pflichten gesehenen Erwartungen kann ich unterscheiden: Muss-, Soll- und Kann-Erwartungen. Die Musserwartungen orientieren sich an mehr oder weniger verbindlichen Vorschriften, die ich nicht ignorieren sollte, wenn ich in Einklang mit der sozialen Umgebung leben möchte.

Kannerwartungen sind bezüglich der verpflichtenden Erwartungen locker, aber es kann durchaus geboten sein, sich daran zu halten.

- Fremdbestimmt sind Menschen oft von den Religionen.

Dies erkennt man am besten, wenn man historisch etwas zurückgehen würde und Punkte anspricht, die heute selbst von Ultragläubigen als falsch angesehen werden, wenn sie einen Blick für reales Leben haben.

Der Mensch heute löst sich weitgehend von fremdbestimmten Vorgaben und muss seine Beziehung zum Leben neu gewinnen.

Die funktionale Beziehung zum Leben kennzeichnet den modernen Menschen: Im Leben soll alles reibungslos funktionieren. Dieser Punkt wird zum Selbstläufer. Wer an der Ampel beim Umspringen nicht sofort startet, wird angehupt, wer in einer Warteschlange steht und den blitzschnellen Wechsel in eine neu eröffnete Kasse verpasst, wird mitleidig als ‚realitätsfremder Opa' eingestuft, so als ob er wertvolle Lebenszeit verschenken würde.

Alles muss funktionieren, reibungsloses Funktionieren als ein technisches Funktionieren des Lebens, worin sich Leben dann aber auch weitgehend erschöpft.

Leben muss jederzeit etwas bringen, Erfolg, Spaß, einen Kick bereitstellen.

Wie bildet sich der Lebensbegriff?

- Die unterschiedlichsten Erfahrungen haben darin Platz, auch leidvolle Erfahrungen.

- Darin kann ich wichtige Einsichten und Reifungsprozesse gewinnen.

- Die Fülle des Lebens machen die positiven und negativen Erfahrungen aus, wobei nichts positiv oder negativ tief genug sein kann, ohne dass ich sagen kann, dass dies in der Zukunft doch noch über- bzw. unterboten werden kann.

- Ich werde also niemals den menschlich möglichen Maximal- und Minimalpunkt erreichen. Jesus wurde an das Kreuz genagelt. Einen solchen Tiefpunkt müssen nur wenige Menschen erfahren, wobei sich jeder Vergleich verbietet, wenn man selbst nicht betroffen ist.

- In dem Filmbeispiel zu dem Tsunamifilm im ZDF hatten Menschen ihre gesamte Familie verloren, Leben war auf der Grundlage dieser Erfahrung anschließend total sinnlos geworden, und doch konnte durch Liebe das Leben neu sinnerfüllt ausgerichtet werden. Es war eine völlig neue Tiefe der Lebenserfüllung und Lebensfülle erkennbar.

- Dies setzt voraus, dass man liebesfähig geworden ist als Grundkompetenz, erarbeitet im Verlaufe des gesamten Leben, und damit eine positive Einstellung zu den Möglichkeiten des Lebens gewonnen hatte. Lebensauseinandersetzung ist lebenslange Aufgabe, keine katechismushafte Übernahme neuer bequemerer Wahrheiten als die vormaligen Wahrheiten, die die Religionen gesetzt hatten.

Die Fülle des Lebens umfasst die gesamte mögliche Spanne aller positiven und negativen Erfahrungen. Und da ich nicht alle Möglichkeiten erfahren oder ausleben kann, ist mein Leben immer nur ein Lebensvollzug, eben mein Lebensvollzug, und andere haben ihre Erfahrungen, ihren Lebensvollzug. Es geht immer um eine Gewinnung einer neuen Lebenstiefe, im Austausch mit den Erfahrungen anderer Menschen.

Andere haben andere soziale und kulturelle Vorgaben gehabt, andere Widerständigkeiten erfahren.

Und letztlich gibt es einige wenige Grundüberseinstimmungen bezüglich des Lebens:

Ich muss gelernt haben, mir muss aufgegangen sein, dass ich das Leben bejahen kann, dass ich die schicksalhaften Bedingen annehme, weil das Leben das Insgesamt aller Erfahrungen ausmacht.

Es geht nicht darum, dass ich funktional mit dem Leben abrechne, ob es mir gerecht geworden ist. Das Leben vollzieht sich, ist Grundlage allen Seins, ob es mich gibt oder nicht. Das Leben steht nicht auf dem Prüfstand, so als ob von da meine Rechtfertigung hergeleitet sein müsste.

Die Fragestellung ist vielmehr: Wie werde ich diesen Vorgaben des Lebens gerecht, indem ich sie annehme, akzeptiere, bejahe, in dem Lebensstrom den Anforderungen des Lebens insofern entspreche, als ich mich mit allen Erfahrungen, Widerfahrnissen auseinandersetze.

Ich muss mich mit meinen gegebenen Beziehungen zu anderen auseinandersetzen, ich muss immer wieder nachdenken über Zusammenhänge im Leben, neue Überlegungen anstellen, neue Erfahrungen in meine gesamte Verinnerlichung von Leben einzubinden, einzuschweißen, mit meinem Leben zu verbinden, versuchen. Ich lebe in Einheit mit dem Leben.

Eine gleichmütige Gelassenheit zum Leben ist eine weitere Grundhaltung dem Leben gegenüber.

Der Mensch im Internetzeitalter ist weitgehend gekennzeichnet durch die sexuelle Monogamie in einer Abfolgte von verbindlichen Paarbeziehungen. Wie kommt sie zustande?

Der jeweilige Partner in spe liegt nur ein paar Klicks weiter im Internet. Menschen können durch ein paar Klicks angesprochen werden und genauso leicht aus dem laufenden Internet- Beziehung aussteigen, ganz ohne Begründung, wenn einem irgendwas nicht paßt. Selbst Abschiedsbriefe aus Höflichkeit sind lästig und wenig üblich. Ex und hopp und fertig, Nächster, ohne Tiefgang, Verantwortung,

Menschen können im Internet ungeschminkt ihr wahres Ich zeigen, sie sind nicht mal gezwungen, eine Rolle zu spielen. Man trifft Menschen, die man in dieser Quantität im Leben nie treffen könnte.

Zunächst idealisiert man den Partner, den man suchte.

Und im Verlaufe der umfangreicheren Öffnung kommen dann die Momente, wo das Interesse abrupt erlahmen kann:

Eine politische Einstellung mag einem nicht passen, eine festgestellte offenbarte Krankheit kann als belastend empfunden werden,

Verwandtschaftsbeziehungen können in Gegensatz zu dem gesuchten Partner stehen usw. usw.

Und damit kann eine Empfindung tiefer Leere schlagartig auftauchen.

Alternativ hierzu wäre: Mit beziehungsblockierenden Verhaltensweisen kann man sich auseinandersetzen, ein anderes Verhalten kann man gemeinsam ausprobieren, dies wäre die vernunftgebotene verantwortungsbewußte Reaktion. Und die übliche Internetreaktion wird sein: Ein neues zügiges und striktes Sortieren der Internetangebote vorzunehmen. Unter Nutzung der immer verfügbaren neuen Kontaktdaten eine Auseinandersetzungswunschnotwendigkeit stark reduzieren und bequem einer Auseinandersetzung ausweichen.

Zusammenfassung:

Jeder Mensch lebt seine Lebenswahrheit. Je sensibler jemand diese ureigene Lebensaufgabe sieht, desto vertiefter wird er die folgenden Grundlagen und Prinzipien erkennen und befolgen:

– Als Paarbeziehung wird nicht eine sexuelle Monogamie in einer Abfolge zeitlich begrenzter verbindlicher Paarbeziehungen gesehen. Ehe ist eine lebenslange Aufgabe, die gemeinsam zu leisten ist.

– Wir haben eine positive Einstellung zum Leben und setzen uns mit positiven und negativen Erfahrnissen auseinander.

– Grundsätzlich ist jede Erfahrung/Widerfahrnis bei einem Lebensvollzug nach vorne positiv zu verarbeiten, bringt positive Lebenserfahrung eine Vertiefung des Lebens.- Wir sind aber nicht so blauäugig, dass wir meinen, dass jedermann in jeder Situation dieser positive Zugewinn zu erarbeiten gelingen wird. Da könnte durchaus therapeutische professioneller Eingriff notwendig sein und sollte nicht einfach abgelehnt werden. In Einzelfällen wird auch eine religiöse Stützung das Überleben sichern.

Nur in der ureigenen Situation/Erfahrung kann ich feststellen, wie belastbar ich bin. Von der Theorie her kann ich alles in Lebenstiefeerfahrung verarbeiten, von Praxis kann ich aber nur sprechen, wo ich etwas selbst erlebt habe. Generell helfen fromme Vorgaben überhaupt nicht weiter. Ich kann nur aus der positiven Erfahrung von schwerem Leid ableiten, dass da dem jeweiligen Menschen in dem Hinauswachsen in Offenheit und Weite Spielraum sein kann.

Es geht im Leben nicht in erster Linie um Wachsen in die Breite. Wachsen in die Breite kennzeichnet in erster Linie unsere Schulzeit. Später geht es um Lebenstiefe. Gegensätzlichkeiten bedingen aber keine Ausschließbarkeit.

Um liebesfähig zu werden, müssen wir bewusst an uns arbeiten.

Historische Fremdbestimmung, kulturelle Fremdbestimmung, soziale Fremdbestimmung zu erkennen, sollte uns zeigen, dass es niemals die Wahrheit ein für allemal für alle Menschen und alle Zeiten geben kann.

Wahrheit und Bildung

Quelle: Bildung aktuell Philologenverband Nordrhein-Westfalen Ausgabe November 2010, Seite 11, Artikel : Niveauverlust bereits nachweisbar

„Der Niveauverlust als Folge des drastischen Abbaus von Wissen durch Kompetenzorientierung wird durch eine Untersuchung von H. P. Klein belegt: Bereits Neuntklässler könnten im Biologie-Leistungskurs Abitur machen“

Dazu wird ausgeführt:

Ohne jede Vorbereitung des entsprechenden Stoffes ließ der Biologiedidaktiker Professor Klein eine aktuelle nordrhein-westfälische Zentralabiturklausur des Leistungskurses Biologie bearbeiten.

Zur Kontrolle bekamen dieselben Schüler eine Klausur vorgelegt, die vor Einführung der Zentralabiturklausuren gestellt worden waren.

Ergebnis bei der Zentralabiturklausur :

Die Neuntklässler erreichten überwiegend die Notenstufe ausreichend, die Notenstufen befriedigend, gut und sehr gut wurden auch erreicht.

Kein Schüler schaffte es, auch nur ansatzweise die für das „alte" Abitur erstellten Aufgaben zu bearbeiten.

Zur Erklärung dieser unterschiedlichen Ergebnisse wird in dem Artikel auf folgendes hingewiesen:

Sämtliche Lösungen zu den Aufgaben konnten dem umfangreichen Arbeitsmaterial entnommen werden. Die Kompetenzen Lese- und Zuordnungskompetenz reichten als Voraussetzung zum Bestehen. Ganze Textpassagen konnten aus den Materialien entnommen werden, ohne dass auf Details eingegangen werden musste.

Klein kommt zu dem Ergebnis:

„Abschreiben genügt"

Dieser Artikel wurde von Rainer Linden und Roland Meloefski verfaßt.

Es handelt sich um eine empirische Untersuchung von Professor Klein aus Frankfurt, die in einer internationalen Tagung an der Universität Köln im Sommer vorgetragen worden ist.

Sämtliche Lösungen zu den Aufgaben sind dem umfangreichen Arbeitsmaterial zu entnehmen, alle Wissensgrundlagen für die Bearbeitung werden vorgegeben. Sachinformationen des Arbeitsmaterials können wortwörtlich übernommen werden. Die Zuordnungskompetenz allein genügt, ohne dass Fachwissen durch die Schüler eingebracht werden muss.

Mit der Aussage

„Vergeßt das ganze inhaltliche Wissen und lest euch statt dessen das Arbeitsmaterial 25 mal durch, notfalls schreibt es einfach ab, für ein „befriedigend" wird's schon reichen"

wird ein Schulleiter in der Diskussion zu diesem Vortrag zitiert.

Quelle: Profil Oktober 2010 unter der Überschrift: „Auf dem Weg zum homo oeconomicus". Zur Erklärung: Profil ist die Zeitschrift des Philologenverbandes

Nach dem PISA-Schock erhielt die Bildung einen Paradigmenwechsel. Eine grundlegende Kurskorrektur musste erfolgen, wenn die zählbaren und vergleichbaren Outputs des Bildungswesens international mithalten sollten. So erfolgte eine Umstellung von Wissen auf Kompetenzen.

In den einzelnen Bundesländern wurden Leistungstests in Form von Lernstandserhebungen verpflichtend.

Aufbau von Interessen im Schüler, soziale und emotionale und moralische Fähigkeiten wurden mehr ausgeblendet.

In einem interessanten Referat zu diesem Thema auf dem o. a. Kongreß zeigte Prof. Frost von der Universität Köln die heute vernachlässigte befreiende Aufgabe der Bildung auf. Hierzu verwies sie zunächst auf das bekannte **Höhlengleichnis von Platon**: der Weg zum eigenständigen, vom Sinnlich-Vordergründigen unabhängigen Denken. Dieser sei immer mit persönlicher Anstrengung verbunden. Dann berief sie sich auf KANTs Botschaft in „Was ist Aufklärung" in der Formulierung „Bildung als Widerstand gegen Fremdsteuerung". Der Mensch müsse die selbstverschuldete Unmündigkeit durch den Gebrauch der eigenen Vernunft überwinden. Konsequenterweise seien die Hochschulen in ihrer Bestimmung nicht Dienstleister für bestimmte, vornehmlich ökonomische Interessen. Bildung im Sinne des Humanismus widerstehe jeglicher Indienstnahme und sei ausschließlich der allseitigen Entfaltung der menschlichen Kräfte verpflichtet.

Prof. Radtke von der Goethe-Universität Frankfurt ergänzte:

Wenn sich Bildung auf dem freien Markt der globalen Kräfte positioniere beziehungsweise durchsetzen müsse, ohne normativen Kern, so würden Menschen zum Spielball der Interessen und hätten keinen ethischen Kern mehr.

Meine Kommentierung:

Ich finde es interessant, wie um Dinge gestritten wird, die doch zusammengehören. Natürlich ist eine Ausbildung, in der das Wissen ausschließlich im Vordergrund steht, einseitig. Und wenn der Umgang mit Texten, das Auswerten von Texten und das kompetente Auswerten von vorgegebenen Texten geübt wird, so ist dies doch in Ordnung. Ich hatte in einer Oberstufenklausur in einem von mir vorgegebenen Text inhaltliche Mängel übersehen, der Text war in sich nicht sauber in der Argumentation. Eine Schülerin als einzige des Kurses arbeitete diese Mangelhaftigkeit klar heraus. Sie bekam von mir die Notenstufe „sehr gut“, weil sie sich kompetent mit dem Material über die Maßen hinaus auseinandergesetzt hatte. Es ist also gerade nicht mit kritiklosem Nachbeten von vorgegebenen Textinhalten getan. Zuweilen kommt es vor, dass Materialien, die den Schülern aus wissenschaftlichen Texten vorgegeben werden, Unstimmigkeiten enthalten. Dies zu erkennen ist doch eine ganz wesentliche Leistung, wodurch eine ansonsten gute Leistung dann auch in die Nähe einer Bewertung zur „sehr gut“ kommen kann.

Ich halte nichts von der konstruierten Gegensätzlichkeit.

Werden durch die Art der vorgegebenen Lösungen im Arbeitsmaterial die Schüler dümmer und unmündiger? Ich hatte vor 3 Jahrzehnten in einem achten Schuljahr der Volksschule eine Übergangsquote von 25% an ein Gymnasium. Dies war doch eine ganz extreme Leistung einer Klasse. Zum einen handelte es sich um eine ganz normale Volksschule, die Schüler hatten bereits 8 Jahre Volksschule absolviert, bevor sie in das Gymnasium übergingen. Möglich war dies, weil es sich um ein ehemaliges Lehrerseminar des Saarlandes handelte, das nach der akademischen Volksschullehrerausbildung in ein Gymnasium umgewandelt worden war, wo die „neuen“ Gymnasiallehrer an dieser Anstalt jahrelangen Umgang mit Schülern mit Volkschulausbildung hatten. Die Durchlässigkeit der einzelnen Schulformen war also durchaus problemlos gegeben, wenn dies ein Lehrer für seine Schüler anstrebte.

Volksschule war zum damaligen Zeitpunkt ja noch keine übliche problembehaftete Restschule. Es war die breite Schule des „Volkes", die die meisten späteren Akademiker besuchten. Mit dem Volksschulabschluss konnte man im Saarland Lehrer, Ingenieur, Sozialpädagoge, gehobener Beamter in Finanz-, Kommunal- und Postverwaltung usw. werden, also all die Berufe ergreifen, wofür man heute Abitur und Hochschulausbildung braucht, was dann konsequenterweise in seinen Anforderungen abgesenkt werden musste, um die benötigte Zahl von jungen Menschen anwerben zu können. Aber was war damit gewonnen? Wenn heute wieder von Einheitsschule, Gemeinschaftsschule usw. für alle geredet wird und daneben das Gymnasium in seiner Leistungsfähigkeit gestärkt werden soll, dann ist es doch genau das, was vor einigen Jahrzehnten Schulwirklichkeit war, dass da harte Anpassungen waren, in denen es um politische Einflussausweitung oder –zurückdämmen ging, muss man doch nüchtern sehen. In vielen ganz konkreten Beispielen habe ich besonders die Anpassungsnotwendigkeiten von Schulleitern kritisch dargestellt.

Warum können heutige Schüler die Abiturleistungen von aus den Jahren vor Einführung des Zentralabiturs auch nicht ansatzweise lösen? Den Hintergrund verschweigt man da ganz einfach. Abituraufgaben damals wurden allein vom Fachlehrer gestellt und von der Behörde als Kompetenzbeweis der Behörde (nicht der Schüler) überprüft. Der Lehrer wusste also, mit welchen letzten Leistungsanforderungen die Schüler in ihrer Schule konfrontiert werden würden. Konnte es sich ein Lehrer leisten, dass seine Schüler die geforderte Leistung nicht bringen konnten? In meinem ersten Abitur sagte mir der Schulleiter, dass alle geforderten Leistungen eindeutig geübt sein müssten. Da dies ja eine Selbstverständlichkeit ist, konnte ich dies nur dahingehend verstehen, dass eindeutige Ausrichtung im Unterricht erwartet wurde. Da ich mich nicht profilieren musste, konnte ich es mir erlauben, solches Ansinnen abzulehnen.

Ein Kollege hatte zur damaligen Zeit eine Abituraufgabe in der mündlichen Prüfung so vorgegeben, dass er den Schülern einen sehr schwierigen Sachtext vorlegte, den Schülern eine über das durchschnittliche Maß hinausgehende Vorbereitungszeit gab und dann letztlich nur prüfte, ob der Schüler den Text verstanden hatte, Fragestellungen in der Prüfung mit dem Text beantworten konnte und abschließend zu dem kritischen Text Stellung beziehen konnte. Muss man eine solche Art der Prüfung, in der nur ein Text vorgegeben war und wo ohne weiteres Wissen alle Aufgabenstellungen bearbeitbar waren, abwerten, wenn der Schüler kompetent mit dem Text umgehen kann, weil dies in der Oberstufe jeweils geübt worden war?

Soweit Schüler nur Texte „in ein schlechteres Deutsch“ umwandelten oder gar seitenweise abschrieben, habe ich nie die Notenstufe ausreichend vergeben, obwohl in einem Beispiel bei einer Beschwerde über meine Notengebung der betreffende Schüler durch einen zur Überprüfung hinzugezogenen Lehrer bei diesem mit viel Verständnis und Wohlwollen rechnen konnte, letztlich genügte aber diese Art der Aufgabenbewältigung damals nicht den Anforderungen und da hatte ich mich jeweils gegen Schüler, die dies offensichtlich anders gewohnt waren, immer mit Rückenstärkung von kompetenten Kollegen durchgesetzt im Interesse des Schülers.

In einem späteren Artikel:

Bildungsstandards auf dem Prüfstand- Nivellierung der Ansprüche NRW: Neuntklässler bewältigen Zentralabitur im Leistungskurs ohne Probleme

Quelle: Profil Mai 2011, Seite 15- 17, Prof. Dr. Hans-Peter Klein

unter dem Abschnitt „Nivellierungstendenzen offenkundig“, S. 17, führt der Autor aus:

Betrachtet man die Ergebnisse der Zentralabituraufgaben, so stellt man... überraschend fest, dass die Noten durchweg besser geworden sind. Die Notenstufe ‚ungenügend' wird gar nicht, die Note ‚mangelhaft' nur noch in wenigen Ausnahmefällen erreicht, den Zweier- und Dreierbereich erreichen dagegen landesweit zum Beispiel in Nordrhein-Westfalen über achtzig Prozent der Schüler. Überraschenderweise nimmt die Zahl der Bestnoten ab. Eine Befragung von sehr guten Schülern hilft da weiter: Sie können es oftmals einfach nicht glauben, dass die im Arbeitsmaterial bereits vorgegebenen Informationen in die Beantwortung mit eingebaut werden müssen, in der Folge fehlen ihnen Punkte.... So fragen dann auch viele Schüler entnervt nach dem Abitur, warum sie denn soviel gelernt hätten.

In dieser Art wird der Abiturientenanteil eines Schülerjahrganges von Jahr zu Jahr höhergeschraubt. Machten früher 5 Prozent eines Jahrgangs Abitur, so sind es heute 40 %, wobei die Quellen zu solchen Angaben und Vergleichen schwanken, je nachdem, was man als Abitur bezeichnet. Die 5 Prozent von früher werden auch heute laufend nachdrücklich indirekt erhöht, indem Bildungsabschlüsse nachträglich als akademisch anerkannt werden, beispielsweise konnten Ingenieure sich nachträglich graduieren lassen- lediglich ein Antrag genügte. Soweit das Ausland andere Abschlüsse hatte, war es legitim, die deutschen Absolventen in ihrer Anerkennung der deutschen Abschlüsse höhersteigen zu lassen. Ich habe beispielsweise hautnah miterlebt, wie die saarländischen Lehrerseminare, die nur Volkschulabsolventen aufnahmen (Meine Schwester wurde damals nicht aufgenommen, weil sie eine höhere Schule besucht hatte, wurde dann aber nach einem Berufsabschluss als Köchin mit entsprechender Meisterprüfung zu einer verkürzten Ausbildung aufgenommen, weil wegen Lehrermangels die Kriterien abgeändert werden mussten), ihre Bildungsvoraussetzungen oftmals fundamental an den Bedarf anpassen mussten.

Später begann ich eine Ausbildung für den gehobenen Finanzverwaltungsdienst, dazu genügte Mittlere Reife oder Abitur, heute läuft diese Ausbildung an Akademien, wobei immer noch Beamte für den gehobenen Dienst gleichermaßen ausgebildet werden.

Diese Flexibilität des Arbeitsmarktes ist sicherlich notwendig und wird immer deutlicher erkannt. Das ist es nicht, was bemängelt werden muss.

Mich stört, dass die Schüler derart manipuliert werden können.

Meine Grundfrage ist ja immer: Was ist Wahrheit? Kann ich Wahrheit konkret verwirklichen in meinem Lebensvollzug?

Was sind klare Ausrichtungen, Verläßlichkeiten? Lohnt sich ein persönlicher Einsatz, oder ist dies von den jeweiligen Aktualitäten abhängig?

Schüler wachsen in eine Welt der Unzuverlässlichkeit hinein und werden in ihrem Menschsein nicht so gesehen, wie es besser möglich sein könnte.

Bildung ist ein fundamentales Gut, über das die größten Philosophen und Pädagogen in allen Zeiten nachgedacht haben, der Bildungsanspruch darf nicht verschleudert werden im Zeitgeist. Bildungsziel für die allgemeinbildenden Schulen darf nicht sein, Abitur um jeden Preis in immer größerer Zahl zu erreichen, sondern über die fundamentalen Bildungswerte müsste auf der Grundlage der früheren Auseinandersetzungen und den aktuellen tatsächlichen Erfordernissen des Arbeitsmarktes ehrlich gerungen werden.

Als Eindruck einer Elternstimme zitiere ich abschließend:

Schule verkommt zu einer reinen Leistungsschule, deren Endprodukt fleißige, angepaßte, ängstliche Arbeitsbienen sind. Schule als Ort der Persönlichkeitsbildung wird grob vernachlässigt. Mich gruselt es ein wenig vor der Zukunft, wenn diese Arbeitsbienen Leistungsträger (eventuell in Führungspositionen) werden.

Quelle : Leserbrief in der ZEIT vom 9. Juni 2011, Seite 8, Julia Schaefgen, per E-Mail

Denkimpulse:

Solange die Schule Jahr für Jahr höhere Abiturientenquoten produziert, werden die Eltern das Schulsystem akzeptieren, obwohl sie es mit Vokabeln wie „reine Leistungsschule“, „Schüler als ängstliche Arbeitsbienen“, „grob vernachlässigter Persönlichkeitsbildung“ sehen.

Wahrheit aus Austauschbeziehungen in pragmatischer Auswertung

Wahrheit aus Austauschbeziehungen

Austauschbeziehungen sind das Grundlegende im Menschsein.

Wir suchen widerständige Quellen, die in uns etwas bewegen. Gegenteil wäre, wenn andere reines Echo sind und alles rein wiedergeben, was sie erfahren.

In reinen Pflichtbesuchen zu Geburtstagen, Familientreffen, Einladungen von Vorgesetzten kann sich ein sehr restringierter Austausch entwickeln, beispielsweise in Art einer Geschäftsbeziehung.

Mein Ansatz ist ein anderer: Ich sende etwas aus und dies hat eine Wirkung fern jeder äußeren Erfolgsabsicht. Das eigene Wesen öffnet sich, die mitgeteilten tiefen Erfahrungen berühren. Das Problem der Oberflächlichkeit steckt doch in vielen Austauschbeziehungen, die gedankenlos pragmatisch ausgerichtet sind.

Entscheidend ist die Erfahrung, etwas in einem anderen zu bewegen und von anderen bewegt zu werden. Dieses Gegenüber muss nicht ein Mensch sein. Das Erfahrungsfeld kann alles sein, was mich innerlich bewegt, verändert, mehr Mensch werden lässt. Dies kann mein Hund sein, dies kann eine Landschaft sein.

Fehlen diese resonanten Weltbeziehungen, führt dies zu den Zeiterkrankungen Burnout, Depressionen, Lebensverflachung.

Gelingendes Leben wird fast unmöglich gemacht, wenn Resonanzmöglichkeiten verkümmern.

Aber genau das ist es doch, was den modernen Menschen kennzeichnet. Er hat kaum Resonanzmöglichkeiten. Es ist erschütternd, wenn man beispielsweise im Internet die Kommentierungen zu aktuellen Tagesereignissen liest. Erst mal ist festzustellen, was die Menschen anspricht, worauf sie reagieren. Es sind zumeist belanglose Themen bezüglich innerer Tiefe, zumal sie einen Einstellungswandel erforderlich machen würden. Die meisten geben nur wieder, was sie gestern gedacht haben und was sie morgen wieder denken werden, sind festgefahren, eingehaust und verteidigen dies durch ihre immer gleichen Wiederholungen ihrer undurchdachten Lebensformel. Sie sind wie Surfer, die von Welle zu Welle springen, von Thema zu Thema, zu anzuprangernden Fehlleistungen anderer, rein um des Springens willen. Daher muss das Surfen auch technisch immer verbessert werden in puncto Schnelligkeit. Keiner will sich nach dem Ablassen seiner Sprechblasen noch weiter mit einem Thema beschäftigen.

Bezüglich der täglichen menschlichen Bedürfnisse, wie Einkaufen, am Verkehr teilnehmen, im Beruf weiterkommen,

werden optimal alle Steigerungsmöglichkeiten laufend verbessert.

Alles, was nicht für die Optionssteigerungen des Lebens nützlich ist, schieben wir ab und/ oder lehnen es ab. Wenn man einen neuen Arbeitskollegen bekommt, sagt man etwa von vorneherein, dass sich der andere seine Lebensgeschichte ersparen solle, weil man dafür keine Zeit habe.

Menschlich aber ist doch: die Neugierde und die Begeisterungsfähigkeit, das Ausprobieren von Dingen, die libidinöse Aufladung des Umgangs, dass die Welt mir ein vertrautes inneres Du ist. Mir sagte jemand, dass es ihn peinlich berühren würde, wenn er zugeben würde, was ihn wirklich berühren würde, so dass er dies schon gar nicht an sich rankommen lässt.

Ich habe ein sehr schönes Beispiel angeführt, wie mich eine intensiv genutzte Landschaft für die Massentierhaltung tief betroffen gemacht hatte und ich über alternative realistische sinnvolle Nutzungen dieses Raumes nachdachte. Dazu schrieb ich einen Aufsatz und ich war innerlich sehr beglückt, als ich dann die Mitteilung las, dass sich die kommunalen Stellen in Richtung meines vorgeschlagenen Nutzungsmodells ausgesprochen hatten. Entwicklungen fallen ja nicht vom

Himmel, auch wenn sie neu „entdeckt“ werden. Da fehlen oft Denkanstöße, Unruheverbreitung, um neue Möglichkeiten anzustoßen.

Und wenn ich etwas aussende und dies eine Wirkung hat, so ist allein schon dieses Bestätigen der innerlich geöffneten Denkbahnen beglückend.

Die Selbstwirksamkeit zu erfahren, ist eine menschliche Grundlage des Selbstverständnisses.

Irrtümlich setzen Menschen Anerkennung als Grundlage für das Menschsein an. Aber gegenseitige Anerkennung kann sich in Selbstbeweihräucherung und gegenseitigem äußerem Erfolg aufweisen und darin total aufgehen.

Die Welt unserer eigenen Erfahrungen, meine Betroffenheit, meine Wünsche und Sehnsüchte, meine Verarbeitung von beglückenden und misslungenen Erfahrungen, meine Erfahrungen in der Dingwelt und der Sozialwelt führen zu einem Weltkonzept, in das sich die mich wenig oder kaum berührenden Dinge einordnen in äußere Lebensschichten, die sich um meinen inneren Kern legen.

Soweit jemand in einem Ehrenamt die tiefen Resonanzerfahrungen gewinnt, ist dies was ganz anderes wie Verwalten von Essensausgaben, Sammeln und Organisieren von Kleiderspenden. Es gibt Menschen, die die von mir skizzierte Tiefe nicht anstreben und die resonante Erfahrungen in Ehrenämtern, in Kirchenbesuchen und Kirchenverwaltungsmitarbeiten sehen. Und wir müssen auch die Möglichkeit realistisch sehen, dass solche unterschiedlichen Ausrichtungen ja nur rein zu sehen sind ohne Umschlagmöglichkeiten.

Der Zahnarzt wird in möglichst kurzer Zeit hohe für die Abrechnung relevante Leistungen erbringen, die Kassiererin wird an ihrer Kasse in möglichst geringer Zeit optimal viel Kundenkörbe durchschleusen und zum Ladenschluß entsprechende vorzeigbar abrufbare Umsätze vorweisen wollen. Zahnärzte unterhalten sich dann nur noch, welche Leistungen, die viel Umsatz bringen, in geringster Zeit zu bewerkstelligen sind. Auf dieser Grundlage sind dann unglaubliche

Einkommen möglich, wenn jemand nur auf Umsatz programmiert ist. Dies geht dann den Menschen derart in Fleisch und Blut, dass man als Beobachter von Entwicklungen förmlich sehen kann, wie aus ursprünglich religiösen Menschen nach und nach verhärtete Charakterstrukturen in eine ganz andere Richtung sich entwickeln. Wären solche Menschen von frühester Erziehungszeit an in resonanten Austauschbeziehungen in einem adäquaten Elternhaus erzogen worden, wäre dieses Ausbrechen aus einer letztlich verlogenen Struktur in eine dann ganz andere Verlogenheitsausrichtung nicht erfolgt. Solche Menschen kann man dann nur noch in ihren verfehlten Strukturen feststellen. Dann werden deren Kinder von vorneherein fit gemacht für die in ihren Augen Lebensnotwendigkeiten der gewinnbringenden Optimierungsausrichtungen von Gesundheit, Intelligenz, Ausbildung, immer unter dem Aspekt der vordergründigen Lebensoptimierung, wie sie in diesem Sinne hier nicht vertreten wird.

Menschen, beispielsweise in Pflegeberufen, warten, entgegen dieser effektiven Ausrichtung, auf ein Schenken von Zeit, auf eine Berührung, auf eine ausstrahlende Ruhe. Aber alles muss ja schnell und effizient „verabreicht“ werden. Das wird der Würde sowohl der zu Pflegenden als auch der Würde der Pflegerinnen nicht gerecht. Ich war Zeuge eines Gespräches, in dem Ärzte und Pflegerinnen darüber diskutierten, wohin sie persönlich gehen würden, wenn sie im Alter pflegebedürftig werden sollten, beispielsweise Demenz bekämen. Sie kamen zu dem Ergebnis, dass sie in jedem Falle Deutschland verlassen würden und in ein südliches Mittelmeerland oder nach Polen gehen würden. An Polen lobten sie die zurückgebliebene und damit noch verbliebene Katholizität, im südlichen Italien lobten sie die entwicklungsmäßige Rückständigkeit, wobei man sich mit Geld einkaufen könne und von der sozialen und geistigen Rückständigkeit dieser Menschen für sein Leben profitieren könne.

In unserer Wegwerfgesellschaft kann sich keine Tiefe entwickeln. Selbst Computer werden alle paar Jahre weggeworfen, von den Haushaltsmaschinen ganz zu schweigen. Es gibt kaum noch Schuster, die die Schuhe reparieren, kein „Kleidermädchen“, wie wir unser

„Nähmädchen“ liebevoll nannten, das die zerschleißenden Kleider wieder aufarbeitet. Früher wurde man mit wenigen Hemden groß. Wenn der Kragen zerschlissen war, wurde an unsichtbarer Stelle Stoff herausgenommen und als Kragen aufgearbeitet. So kann sich heute keine Beziehung zu irgend etwas Dauerhaftem aufbauen. So nehmen wir gar nicht mehr wahr, welche Schuhe, welche Hemde, welche Computer wir haben. Wenn nichts dauerhaft unsere innere Resonanz herausfordern kann, beschäftigen wir uns schon gar nicht mehr damit. Wir betrachten Dinge und Menschen nur noch instrumentell, und da keine Konstanz ist, brauchen wir diesen Selbstschutz, um andere Menschen und Dinge an uns innerlich rankommen zu lassen. Man kauft sich kein Buch oder eine CD mehr, um jederzeit dies lesen oder anhören zu können, wann man will, sondern man lädt sich die Dinge im Computer zum einmaligen Gebrauch auf. Wer ein großes Bücherregal hat, gilt als hoffnungslos veraltet.

Man positioniert sich ständig neu, Beruf, Wohnung, Parteienwahl wechseln, ohne dass ein Tiefgang hinter der Wahl steht.

Bezüglich Job und Familie muss man ständig überprüfen, wie bei all diesen grundlegenden Dingen, ob sie noch in den mainstream passen. Und dann werden Familie, Kinder, Beruf, Religionsausrichtung, soziale Umgebung weggeschmissen.

Die Dynamik der Weltveränderung ist derart groß geworden, dass wir uns laufend anpassen müssen, wenn wir top bleiben wollen. Eine feste Weltposition kann nicht mehr durchgehalten werden.

Mein Ansatz: In meinem Streben nach Wahrheit, wenn ich alles zurücklasse, was den Schwankungen unterworfen ist, muss es einen Punkt geben, in dem sich alle Menschen treffen können. Dies ist differenziert und durchgehend in weiteren Kapiteln aufzuzeigen.

Menschen wollen in der Mehrheit keine dauerhafte Welterfahrung aufbauen, sondern sie wollen von Welle zu Welle schwimmen, und die einen bleiben ganz oben, halten sich immer oben, und die anderen stürzen ab und sind die Verlierer.

Röttgen wollte Ministerpräsident des größten Bundslandes werden, er hatte bereits erreicht, dass er Bundsminister im wichtigsten Ressort der Bundesrepublik war (natürlich ist die Einschätzung subjektiv) und er strebte offensichtlich an, Bundeskanzler in Deutschland zu werden. Diese Welle trug ihn nicht mehr und er stürzte ab.

Und dann kämpft man weiter. (...), der aktuelle Vorsitzende der NRW-Landtagsfraktion der FDP, machte sich zu einer Karriere im Bundestag auf und sah für sich Wegeshindernisse. Er war bereits zum Generalsekretär der Bundespartei aufgestiegen, als er zurücktrat. Und in Wartestellung wartet er erneut und noch vielversprechender auf die nächste Welle, die ihn dieses mal noch höher tragen kann.

Letztlich muss ich für mich eine Position finden, wo ich in die Tiefe gehen kann. Dazu kann man seine Position verändern, wenn erforderlich. Ich habe beispielsweise nie in der Schule Positionen angestrebt, wo mir dieses In-die-Tiefe-gehen nicht optimal verblieben war. Mir war die Resonanz wichtig, in den menschlichen Beziehungen, im Umgang mit der Natur, in Beratungsmöglichkeiten; so war ich (zusammen mit anderen) immer zuständig für die berufskundliche Ausrichtung der Schüler, mit eigenem Beratungsraum, wo mich die Schüler jederzeit nach Vereinbarung erreichen konnten und Hilfestellungen erwarten konnten. So bekamen sie immer Impulse, wie sie etwas initiieren, etwas bewegen konnten, das oftmals festgefahrene Lebensgrundlagen wieder wecken konnte. Ich sendete etwas aus, und das hatte seine Wirkung.

Du kannst dein Leben ändern: Abgrenzung zu Sloterdijk

Wie spielt sich das Leben –idealtypisch überzogen- ab?

Wir wollen das Leben in seiner Fülle erfassen, wollen nur ja nichts verpassen. In allseitiger Hast und Eile ergibt sich genau besehen ein

Leben als Flucht im Herumschwirren und dem Willen, sich selbst nicht bewußt zu werden, sich selbst auszuklammern und zu vergessen.

Immer dominieren zufällige Augenblicke im Denkhorizont. Damit einem nichts entgeht, hat der Erlebnisplaner einen hohen Stellenwert.

Nach dem Verlust der Mitte und dem Sinn schwirrt der Mensch richtungslos und ziellos durch den Raum. Wie große Hamster rennen wir in Fremdbestimmung im Rad. Letztlich wollen wir der Langeweile entfliehen, weil wir uns selbst nicht mehr aushalten können.

Das derart dargestellte und gekennzeichnete Menschenbild wirkt zunächst befremdlich und übertrieben, weil wir dies alles ja gar nicht wahrnehmen und bewußt werden lassen wollen, trifft aber im Kern das Selbstverständnis der Zeit.

Der so gezeichnete Mensch lebt überwiegend, ja fast ausschließlich, für Konsum, vorgegebene äußere Prestigeziele der Man- Welt, Werbung verfolgt uns auf Schritt und Tritt, in den USA werden selbst Nachrichtensendungen mit Werbung vollgestopft. Der derartig außengesteuerte Mensch erholt sich nur noch unter dem Gesichtspunkt des Zieles, wie er seine Abläufe so gestalten und optimieren kann, dass er intensiver und länger arbeiten kann. Erholung ist also ganz auf das Ziel der Optimierung der Arbeitskraft ausgerichtet.

Wer zugibt, dass er den Aspekt der Muße nicht zu kurz kommen lassen will, der gilt in diesem zeitgemäßen Weltbild als Faulenzer.

Sloterdijk möchte ein Abstandnehmen vom derart verstandenen Leben. Er wünscht auf Distanz bedachte Haltung zum aktuellen Geschehen. Um zu verdeutlichen, wie er dies meint, gebraucht er das Bild der Einstellung eines Kunden, der über den Markt spaziert, ohne zu kaufen, betont damit die dabei praktizierte distanzierte Haltung.

Dabei soll sich dieser Kunde jeweils kritisch fragen:

Brauche ich denn das alles? Brauche ich diese Beschleunigung meines Lebens, um den aktuellen Trends im Größer- Schneller- Erwerb nachzurennen, indem ich mich für die üblichen Marktköder (Sonderangebote, neue Modelle, größere Wohnungen als Köder) einspannen lasse, um durch mehr Arbeit die Basis zu schaffen, z.B. durch Überstunden, Beförderungen?

Sloterdijk denkt über den erforderlichen Weg zum besinnlichen Leben nach:

Er spricht von kreativer Langeweile, die der Mensch braucht, der Mensch muss sich Zeit zur Ruhe gönnen, um in Gedanken versunken sein zu dürfen, woanders zu sein scheinen, nicht ganz da zu sein, sich aus dem Leben rückziehen zu können.

Das kontemplative Moment ist wichtig, schon Thomas von Aquin hatte erkannt, dass ein Leben ohne kontemplatives Moment verarmt ist.

„Die Kontemplation und die Tätigkeit haben ihre Scheinwahrheit, aber erst die von der Kontemplation ausgesendete oder vielmehr die zu ihr zurückkehrende Tätigkeit ist die Wahrheit"

Franz Kafka, in: Hochzeitsvorbereitungen auf dem Lande

Arbeit und Ruhe gehören zusammen wie Lid und Auge, Kontemplation ohne Handlung ist genauso für sich allein wertlos wie Handeln ohne Kontemplation.

Sloterdijk favorisiert, von diesen kritischen Grundlagen her, folgendes:

- Der Mensch sollte lesen, lesen, lesen.

Lesen ist Ernten auf dem Felde des Wissens.

Dem Spaziergang über den Markt entspricht der „Spaziergang" durch die philosophischen Bibliotheken. So war ich oft tagelang in den Seminarbibliotheken der philosophischen Institute, nahm jedes einzelne Buch in die Hand und setzte mich damit auseinander bezüglich Inhalt, Klappentexten, ausgewählten Kapitel, einfach um einmal jedes vorhandene Buch in der Hand gehabt zu haben und eine Nähe zu gewinnen.

Der Mensch muss sich Zeit zur Ruhe gönnen, um in erster Linie viel lesen zu können. Diese Vorbildlichkeit stellt Sloterdijk in seinen Büchern als gelebtes Leben dar.

In seinen Büchern kommt das immense Wissen deutlich zum Ausdruck, wobei das erworbene Wissen immer wieder in neue Zusammenhänge, die er kreativ aufwirft und entwirft, gestellt wird. Seine Kreativität ist atemberaubend, wie er all das Gelesene miteinander in Beziehung setzt. Mit kreativ entworfenen neuen Zusammenhängen wirkt er auf eingefahrenes Denken zuweilen bösartig und unruhestiftend, seine Grundhaltung ist aber immer heiter und von sanfter Ironie. Er wendet sich von der einseitigen Weltauffassung des modernen Menschen ab, er sucht nicht den zeitgemäßen Schwerpunkt von Leben in Fülle in der einseitigen Betonung von Quantität.

- Er stellt heraus, dass der Charakter des Menschen in seiner Grundstruktur durch dessen Handeln als permanentes Üben selbstverantwortlich geschaffen wird. Insoweit ist der technokratisch anmutende Buchtitel „Du musst dein Leben ändern: über Anthropotechnik“ berechtigt. Das beschauliche Element muss aber in großem Maße den Menschen verstärken. Um diesen Weg zur Schaffung der gegebenen Grundstruktur zu schaffen, muss ich auch aus den bisherigen Bezügen aussteigen können.
- Ich kann das Welt-Ich aufgeben zugunsten eines Ichs, das sich selbst reflektiert. Der Mensch tritt zurück aus seiner Welt und wird zum Beschauer derselben.

Nach der Lektüre von „Du musst dein Leben ändern“ frage ich mich, worauf er dieses Muss gründet.

1. Es gibt für ihn nur eine einzige Tatsache von universaler Bedeutung, nämlich die allgegenwärtig wachsende Einsicht, dass es so nicht weitergehen kann.

Die Katastrophe hat für ihn bereits begonnen. Im Hintergrund baut sich die Fratze der Apokalypse auf. Er erfaßt dies mit dem Bild, dass man Arbeitsplätze auf der *Titanic* sichern will, statt der Gesamtsituation als Stehen vor dem Abgrund ein Bewußtsein zu schaffen.

Das Stehen vor dem Abgrund wurde in der Geschichte immer wieder heraufbeschworen und vorausgesagt.

Originell ist dieser Ansatz von Sloterdijk nicht.

2. Alle Menschen sind Übende. Die Existenzweise des Menschen bezeichnet er als durch Übungen sich selbst erzeugende Wesen. Der Mensch als Übender erzeugt sich immer wieder selbst.

In einem atemberaubender Gang durch die Kultur- und Menscheitsgeschichte stellt er dies dar.

Ehrfurchtsvoll kann man ein solches umfassendes Werk lesen.

Das Buch: Donq- Liang You: Tunkönnen und Menschlichkeit Der ethische Grundsinn menschlichen Seins bei Otto Friedrich Bollnow Frankfurt am Main arbeitete schon 1993 diese Grundlagen in einer Dissertation heraus. Sloterdijk erwähnt nicht einmal dieses Buch. Während Sloterdijk mehr pragmatisch orientiert ist, betont Bollnow den lebensphilosophischen und existenzphilosophischen Ansatz. Bollnow geht damit in eine menschlich mögliche Tiefe, während Sloterdijk die menschlich mögliche Breite umfassend im Vordergrund hat.

3. Sein Ansatz:

Er schaut eher aus dem Fenster als in den inneren Spiegel.

Zwar setzt er sich jeden Morgen hin und schreibt auf, lässt alles Erleben des Vortages Revue passieren.

Und dies scheint der entscheidende Unterschied zu sein: Sein Gegenüber ist zunächst die äußere Welt, als die gelesene Welt, als seine Welt der Bücher, aber nicht seine innere Welt: wie sich seine innere Welt entwickelt, wie er sich entwickelt, wie er mehr und voller Mensch wird.

Es ist ein im Ansatz außenorientiertes Leben, Inneres bezüglich tief erfahrener Auseinandersetzungen mit Begegnungen, die ihm unter die Haut gingen, kommen zu kurz.

Meine Gedanken zu einem weiterführenden Ansatz:

Wer sich auf der Höhe der Zeit mit Philosophie beschäftigen möchte, kann nicht an den Büchern von Sloterdijk vorbeigehen. Er ist m. E. der belesenste zeitgenössische Denker. Zu Recht stuft er aus seiner Sicht seinen ebenso berühmten philosophischen Fachkollegen Precht (beide hatten bzw. haben im ZDF Sendereihen zur Philosophie) als einen „Rieu der Philosophie“ ein, da dieser schulbuchartig enormes schulbuchübliches Wissen ausbreitet und damit ein Bedürfnis der Zeit nach philosophischem Grundwissen optimal erfüllt. Dieses Wissen kann man sich aneignen, um als philosophisch gebildet zu gelten, ohne dass ein Anspruch an die eigene Veränderung implizit enthalten ist. Precht bestärkt den zeitgenössischen Leser, soweit er primär keine eigene Leistung bezüglich Umdenken in tieferen Strukturen anzielt.

Weiterführend aber ist ein Ansatz, der nicht das Lesen allzu überbetont in den Mittelpunkt stellt, nicht Theorie, Gedankenakrobatik, Anthropotechnik, sondern von den **Begegnungen, die uns treffen und verändern**, ausgeht. Nicht: „Du musst dein Leben ändern“, wie Sloterdijk wissenschaftsgeschichtlich mehr unbeteiligt folgert, sondern: „Du kannst dein Leben ändern“. Und dann auch nicht wieder theoretisch, sondern durch **Aufzeigen der ureigenen Begegnungen**, so dass ein **konkret gelebtes** Beispiel gesetzt wird, in dem der Leser die eigene Lebenserfahrung erkennen kann in dem Sinne, dass da in einem was aufblitzt, das man tausendfach selbst erlebt haben mag, aber nie derart gesehen hatte, weil man zu sehr **eingehaust ist im ansozialisierten Denken.** Ich habe dies in meinem Buch: „Walter Lück, Der Teufel und die große Liebe Eine Philosophie des Absoluten“ geschrieben, nicht auf der Grundlage von – bezüglich

Sloterdijk- gesammeltem Wissen in kreativen neuen Zusammenhängen, sondern auf der Grundlage von eigenen Erfahrungen, Betroffenheit, Begegnungen, die mir jeweils unter die Haut gingen. Dabei wurde deutlich: Derartige Begegnungen, wie ich sie darstelle, verändern jeweils einen Menschen, **bringen ihn jeweils auf eine höhere menschliche Stufe**, von dieser neuen Plattform/ Podest sieht man die Welt neu, und das Gewordene ist dann nicht mehr anschließend von irgendwelcher persönlichen Bedeutung bezüglich einer möglicherweise geforderten Analyse der Genese. Leben vertieft sich dann immer mehr, von Begegnung zu Begegnung, und erreicht immer wieder neue Plattformen, die dem Leben eine neue Grundlage fundieren.

Es geht letztlich um die alte Thematik der Verschränkung von Kontemplation/ ruhigem Beschauen und Arbeiten/Handeln (vita activa). Da heute einseitig das Arbeiten bis zur Erschöpfung steht, um alle medialen Vorgaben sich erfüllen zu können, was Geld und Zeit und Skrupellosigkeit in dieser Zielverfolgung bedingt, ist die von Sloterdijk vertretene Zurückdrängung dieser Einseitigkeit verständlich. Dabei besteht aber die Gefahr, dass er sich zu sehr ohne Realitätsbezug zum Menschen, der nicht abgehoben im Elfenbeinturm eines Berufsphilosophenbeamten abgesichert ist, verliert, weil seine konkrete Lebensgestaltung außen vor bleibt.

Eine Philosophie für unsere Zeit müsste aber sowohl die arbeits- und leistungserforderlichen Grundlagen ernst nehmen als auch die Möglichkeiten für Muße und Aufarbeitung des Erfahrenen in menschlich zugänglicher Tiefe nachvollziehbar erfahrbar machen.

Sloterdijk stellt sich die Frage, welche Möglichkeiten wir als Individuen haben, unserem Leben im Zeitalter des Todes Gottes einen Sinn zu geben.

Die Unterscheidung von Glauben und Unglauben ist eine Unterscheidung der Vergangenheit.

Wenn wir das Göttliche selbst nicht erfassen können, so sind, etwas tiefer angesetzt, die verbliebenen Wahrheiten zu erfassen. Dies geschieht nicht in Auseinandersetzung mit Wissenschaftsgeschichte, sondern in der Auseinandersetzung mit Erfahrungen und Begegnungen, bei denen sich Menschen in ihren Tiefen verändern und die dieses Wachsen beglückend spüren.

Letztlich stellt sich in jeder Philosophie die Frage nach der Wahrheit. Wenn die Religionen abgedankt haben, ist doch die Frage nach der Wahrheit nicht vom Tisch, sie stellt sich neu, aber nicht abgehoben, weltfremd, sondern ausschließlich im zwischenmenschlichen Bereich.

Wandel in aktuellen kirchlichen Grundfragen

Kirchenmänner lassen ihre Gläubige gerne in der Überzeugung, dass die kirchliche Grundhaltung stets durchgehalten wird. Gläubige haben den Eindruck, dass Gehorsam ganz wichtig sei und ihnen vermittelte Grundfragen ein für allemal geordnet sind. Wer sich nicht einfügt, fühlt sich vielfältig bedroht: Sündenfeststellung mündet in die Drohung und Feststellung einer ewigen Verdammnis, Katholiken werden nicht kirchlich beerdigt, werden von der Heiligen Kommunion ausgeschlossen, dürfen bei dem Scheitern der Ehe nicht wieder heiraten, die Liste ließe sich beliebig fortführen.

Da dies alles nach und nach, subtil schleichend, durchgesetzt wird, merkt keiner die enormen Sprünge in der kirchlichen Grundhaltung. Ab und zu sind derart radikale Änderungen, zumal sie parallel in gesellschaftlichen Veränderungen ja nur als Reagieren der Kirche gewertet werden müssen.

Als Beispiel des Wandels will ich auf die kirchliche und allgemeingesellschaftliche Haltungsänderung zur Homosexualität eingehen.

"Papst geht auf schwule Priester zu"

29.07.2013 Quelle: dpa, AP/dpa, AFP

t-online.de/Nachrichten/panorama/id 64720546

" ....Homosexualität ist für die katholische Kirche eigentlich ein rotes Tuch, zugleich hat sie ein Nachwuchsproblem. Nun ist Papst Franziskus mit für den Vatikan ungewöhnlich offenen Worten auf schwule Priester zugegangen. Er wolle nicht wegen ihrer sexuellen Orientierung über Schwule urteilen, sagte der Pontifex auf dem Rückflug aus Rio de Janeiro, wo er auf seiner ersten Auslandsreise am Weltjugendtag teilgenommen hatte.

....

Etwas diplomatischer als sein Vorgänger

Sein Vorgänger Benedikt XVI hatte in einem Kirchendokument festgelegt, dass Männer mit homosexuellen Neigungen nicht Priester werden sollten. Franziskus gab sich da bislang etwas versöhnlicher und erklärte, dass schwule Geistliche Vergebung empfangen und ihnen ihre Sünden vergessen werden sollten. ....

"Befreiungsschlag für alle Priester"

30.07.2013 Quelle: dpa, AP/dpa, AFP

t-online.de/Nachrichten/panorama/id 64729994

"....Die katholische Reformbewegung "Wir sind Kirche" hat die Äußerungen von Papst Franziskus für einen offeneren Umgang der Kirche mit Homosexuellen begrüßt. "Wir sind Kirche" -Sprecher Christian Weisner wertete den Vorstoß des katholischen Kirchenoberhaupts als einen Befreiungsschlag.

"Dies kann und muss ein Befreiungsschlag für alle Priester sein, die homosexuell sind und dies bisher verbergen mussten", so Weisner.

Bisher hatten schwule Priester oftmals in Angst vor Erpressung oder in Angst vor kirchlichen Sanktionen leben müssen. Es sei bemerkenswert, dass Franziskus sich kein Urteil über die sexuelle Orientierung anderer Menschen anmaße."....

Bezüglich der Änderung der staatlichen Haltung gegenüber Homosexuellen in der US-Armee finde ich die Nachricht, dass die Schweigedoktrin "Don't ask, don't tell" 2011 endete.

Diese "Don't ask, don't tell- DADT"-Doktrin besagte, dass Lesben und Schwule in den USA dienen durften, wenn sie über ihre sexuellen Präferenzen nicht sprechen. Vor der Einführung von DADT durch die Clinton- Administration 1993 duften Homosexuelle gar nicht dienen, diese Schweigepflicht war als Kompromiss gedacht. Wer bekannte, homosexuell zu sein, wurde entlassen.

Barack Obama hat dann durchgesetzt, dass in Zukunft bekennende Homosexuelle offiziell in der US-Armee dienen dürfen.

Quelle hierzu folgender Textauszug aus der Süddeutschen Zeitung:

sueddeutsche.de/politik/gleichstellung-in-der-armee-homosexuelle-us-sol...

12. Februar 2013 Gleichstellung in der Armee

"....Schon in seiner ersten Amtszeit hat Barack Obama die Rechte homosexueller Armeeangehöriger deutlich gestärkt. Der US- Präsident setzte Ende 2010 durch, dass sich schwule und lesbische US-Soldaten offen zu ihrer Orientierung bekennen dürfen. Mit Unterstützung des Senats schaffte Obama eine in den USA unter dem Namen "Don't ask, don't tell " (Frage nicht, sage nichts) bekannte Richtlinie ab. Das Gesetz aus dem Jahr 1993 verbot Soldaten, die sich zu ihrer Homosexualität bekennen, bei den Streitkräften zu dienen- sie mussten ihre sexuelle Orientierung verschweigen." ....

Homosexuelle Priester mussten bisher ihre homosexuellen Neigungen verbergen. Sie lebten stets in der Angst vor kirchlichen Sanktionen. Keiner durfte sich zur homosexuellen Orientierung bekennen, darüber sprechen, dies als seinen Lebensstil ansehen. Homosexuelle Neigungen waren so ziemlich das schlimmste, was einem Menschen passieren konnte. Ich erinnere mich an den Schulwitz in einem Oberstufenbuch im Fach Pädagogik:

Zwei alte Freunde treffen sich nach langer Zeit, und der eine ist lebensunlustig, frustriert, total depressiv, so völlig neben der Spur. Der Freund fragt ihn, was bei ihm nicht stimme. Der andere klagt über seinen Sohn, hat offensichtlich einen derart schlimmen Schicksalsschlag erlitten, dass er nicht sprechen will. Der Freund fragt:

"Was ist denn mit deinem Sohn, hatte er einen schrecklichen Autounfall?"

Der andere jammert: "Nein, viel schlimmer".

"Hat ihn seine Frau verlassen?"

"Nein, viel schlimmer".

"Hat er im Spiel alles verloren?"

"Nein, viel schlimmer".

Und endlich bekennt der Freund all sein Leid, seinen Schmerz, seinen Kummer:

"Mein Sohn hat mir gesagt, dass er schwul ist."

Für den christlich erzogenen Menschen war dies ein schlimmes Unglück.

Und nun ändert die Kirche ihre Grundhaltung.

Die Kirche kann sich bei dem Mitgliederschwund, wo die Gläubigen in Scharen davon laufen, nicht mehr erlauben, gegen gesellschaftliche Trends zu stehen. Erstmals einigt sie sich darauf, dass die homosexuellen Neigungen ja gar nichts Nichtakzeptiertes sein müssen.

Der Papst lässt anklingen, dass solche Sünden aus der Vergangenheit vergessen werden sollen. Er urteile nicht wegen sexueller Neigungen. Dies schien bisher immer ganz anders zu klingen. Homosexualität war, wie der obenstehende Text aufgreift, für die katholische Kirche ein rotes Tuch. Wenn aber die Kirche die Homosexualität verteufelt, so sind als eine Folge junge Menschen kaum noch bereit, ein eheloses Leben für die Kirche ohne gelebte Sexualität zu führen. Ganz konkret wird deutlich, dass Priester auch in die Gefahr kommen, mit Abhängigen pädophile Neigungen zu entwickeln. Die gelebten Auswege sind ja vielfältig: Priester haben eine Haushälterin, die mehr ist als ihre Nur-Haushälterin und damit vielfältig erpressbar werden.

Die neue Haltung der Kirche wird vielerorts als Befreiungsschlag empfunden, während einer Mehrheit der Gläubigen dies völlig egal ist, ob sich die Kirche der Zeit anpasst oder alles kampflos zu verschlafen bereit wäre, solange man alten überholten Werten, die solch vielfältige persönliche Vorteile versprachen, anhängt.

Kirche hat sich bisher immer anpassen können, sie wird auch heutzutage die Kraft dazu aufbringen müssen, wenn sie überleben will.

Ganz interessant ist, wie in diesem Zusammenhang also die amerikanische Gesellschaft im Bereich Militär den gesellschaftlichen Anpassungsprozess vorgenommen hat:

In einer ersten Stufe der Entwicklung wurden Homosexuelle nicht zum Militärdienst zugelassen.

Bis 1993 durften Homosexuelle strikt überhaupt nicht dienen.

Danach duldete man Homosexuelle, es galt jedoch eine Schweigepflicht. Man durfte darüber also nicht sprechen. Wenn man diese Einschränkung einhielt,

durfte man in der Armee dienen.

Wer sich aber zu seiner Homosexualität bekannte, wurde entlassen.

Erst Barack Obama hat durchgesetzt, dass Homosexuelle offiziell in der Armee dienen dürfen.

Der Anspruch der monotheistischen Religionen

Religion gehört zu den anthropologischen Grundkonstanten. Können wir uns von den Geschichtswissenschaften her nähern? Welche Fakten aus unserer Vergangenheit sind bekannt? Hilft uns die Auseinandersetzung damit zum Verständnis unseres gegenwärtigen Standes?

Sloterdijk hat umfangreiche Analysen vorgelegt (Gottes Eifer: Vom Kampf der drei Monotheismen; Im Schatten des Sinai: Fußnote über Ursprünge und Wandlungen totaler Mitgliedschaft) und beschreibt den Werdegang zum heutigen IST-Zustand.

Judentum, Christentum und Islam (die drei monotheistischen Glaubensbekenntnisse) beanspruchen jedes für sich die absolute Wahrheit.

Der absolutistische Anspruch beinhaltet den Machtanspruch, alleiniger Inhaber der ewigen Wahrheit zu sein.

Dieser Ansatz zur bedingungslosen Unterwerfung führt zur Entmündigung, zum Kleinhalten des Menschen, weg von der Realität, in Demutshaltung und in einem System der Unterdrückung.

Das Christentum entfaltete seine Botschaft mit einem universalen Verkündigungsgehalt. Im Christentum ist die Expansion auf die Mission gerichtet.

Die monotheistischen Religionen insistieren, allein im Besitz einer bestimmten offenbarten Wahrheit zu sein. Die Mitglieder akzeptieren widerspruchslos den von den kirchlichen Institutionen geschaffenen und propagierten Wahrheitsanspruch. Sie beruhen auf den Prinzipien von wahr und falsch und schaffen damit Vorbedingung für Intoleranz und Gewaltbereitschaft. Die Gläubigen haben einen Anteil an der Macht und Souveränität des Höchsten.

Diese Religionen haben eine ausgeprägte Neigung zur Ritualisierung. Der Glaube muss durch die ständige Ritualisierung in die

Gemeinschaft eingeschliffen werden. Wer gezwungen ist, ständig zu zeigen, dass er sich dem Glauben unterwirft, hat andere Ungläubige nötig, um für seine Wahrheit kämpfen zu können.

Christen bevorzugen die Mission, dem Islam wird der Heilige Krieg das Mittel der Wahl. Ein Aufruf zum Kampf gegen die Feinde Gottes fanatisierte vor 1000 Jahren das christliche Europa zu den "Kreuzzügen".

Was hat Gott mit den unheiligen Kriegen der Menschen zu tun?

Gott duldet von Anfang an keine anderen Götter neben sich! Er verlangt bedingungslose(s) (Liebe), Anhangen und Unterwerfung. Er ist der einzige und wahre Gott, Herr des Lebens aller Menschen. Sein Wille ist Gesetz.

Alle drei bestreiten unerbittlich die auch jeweils vom anderen beanspruchte göttliche Legitimität.

Die Radikalität scheint sie unempfindlich zu machen für die Herausforderung der globalen Krise: von Überbevölkerung, Armut und Umwelt. Gott ist wichtiger! Für seine Getreuen hat Gott einen Platz im Himmel, für seine Feinde die Hölle!

Daraus folgen:

Unterwerfungslust, Aggressionspotential, Eifererturn, Sündengerede,

Verrat am diesseitigen Leben,

Todeskult der Religionen ist wichtiger, zeigt sich im religiös begründeten Vorzug des Jenseits vor dem Diesseits.

Sloterdijk stellt dar, was sich ihm als gegenwärtiges IST darbietet.

Und immer wieder stellt er die Notwendigkeit auf den zivilisatorischen Weg in seinen Forderungskatalog.

Eine laufend sich verändernde Welt zwinge zu einer Verhaltensänderung.

Moses hatte sein Volk nicht nur befreit, sondern ihren Blick nach oben geführt, weg von der Realität. Jetzt müsse die Realität von heute im Mittelpunkt stehen.

Nur der zivilisatorische Weg ist allein noch offen.

Darin liege die Lösung zur Beendigung der Konflikte zwischen den drei Monotheismen.

Positive Aspekte und konstruktive Übergangsmöglichkeiten heute:

Wir leben heute mit einem sich laufend verändernden Weltbild.

Das Christentum hat seinen Anspruch, die Welt zu missionieren, nicht mehr militärisch verfolgt.

In einer Welt voller Waffen kann es nur um einen Wettbewerb um die zivilisatorischen Leistungen für die einzelnen Mitglieder gehen.

Im Wettbewerb der Religionen muss man daran anknüpfen herauszustellen, was die einzelnen Religionen in psycho-sozialer Ausrichtung leisten und in der Caritas.

Der gegenwärtige IST- Zustand in seinen sozialen und integrationsfördernden Aspekten ist wichtiger.

Der aktivistische Anspruch der Religionen kann nur zivilisatorisch eingebracht werden. Es ginge darum, den Eifer jeder Religion in den Prozess der Zivilisation zu integrieren, "Gotteseifer" in "Menscheneifer" umzuwandeln und keine aggressive Rechthaberei bezüglich göttlicher Wahrheiten zuzulassen.

Es darf nicht mehr zentral um die Auseinandersetzung mit Fragen zum jüngsten Gericht gehen, sondern um die tägliche Arbeit und Auseinandersetzung mit den Weltproblemen. Auseinandersetzung mit: Umweltbericht, Lage der Menschenrechte u. ä. - das wird die neue Grundlage für den aktuell erforderlichen Menscheneifer.

Nur der zivilisatorische Weg ist noch offen!

Was ist Liebe? Gedanken zum Herzen

Wenn Menschen sagen „Mein Herz gehört dir“, so ist damit nicht gemeint, dass ein *Teil* von mir, nicht einmal „der beste Teil“, dem anderen gehört. Es heißt vielmehr: sich selbst geben, sich ganz geben, das ganze Wesen ist erfasst, durchdrungen.

„Mein Herz gehört dir“ heißt also „Mein Leben gehört dir“ mit all meiner Vergangenheit und in seinen künftigen Möglichkeiten.

Als Schlüsselwort „eins“ ist damit die Mitte unseres Seins, in der Intellekt, Gefühle, Wollen, Vergangenheit und Zukunft eins werden, ausgesprochen.

Wenn etwas unser Herz ergreift, sind dies Augenblicke seliger Ganzheit, Momente der Vereinigung, in denen wir uns eins mit allem fühlen.

Wie kann Ergriffenheit des Herzens ausgelöst werden, die Höhepunkte der Herzerfahrung, wo sich die Welt völlig öffnet, wir plötzlich eins sind?

Eine unvergessliche Begegnung, die uns zutiefst berührt hat, kann zugrunde liegen.

Das kann aber auch ein alltägliches Ereignis sein, etwas,

was man hundertmal vorher gemacht hatte, was das Herz überflutet.

Es sind Höhepunkte der Lebendigkeit, und diese sind dann Erinnerungen, die für immer abrufbar bleiben.

In der Erfahrung des Einswerdens, lässt uns das Erlebnis im Innersten eins werden.

Im Herzen sind wir in einem tiefen, vollen, umfassenden Sinn eins mit uns selbst, und da sind wir so selig, dass wir mit allen Menschen innerlich eins sind.

Einfacher ausgedrückt: Wir sind auf das Innigste mit uns verbunden, aber auch mit anderen vereint, mit allen anderen:

Ich könnte nie sagen:

„Ich bin wirklich bei mir, aber mit anderen entfremdet."

Im selben Moment, da wir eins sind mit uns selbst, wo ursprüngliche Zusammengehörigkeit herrscht, sind wir mit allen anderen eins.

Da steht das Herz für den Kern des Seins, für den ganzen Menschen, weit tiefer als Entfremdung.

Was Entfremdung heißt, weiß jeder. Es sind die negativen Seiten, die Belastungen.

Wenn Menschen nicht bei sich zu Hause sind.

Wir suchen nicht die Entfremdung, sondern als unsere Grundlage die *Zugehörigkeit*. Zugehörigkeit ist genau das, wonach sich unser ganzes Wesen sehnt:

Wir erstreben die Verwirklichung allumfassender Ganzheit in der Zugehörigkeit.

Zugehörigkeit ist grundsätzlicher, allumfassender als Entfremdung:

Wir haben ein angeborenes Vertrauen, dass wir ganz und eins werden.

Entfremdung ist der Wesensverwirklichung abträglich, Zugehörigkeit macht die Tiefe des Wesens aus.

Erkenntnisse:

- Die Höhepunkte unserer Lebendigkeit machen unsere Erinnerung aus. Vergangenheit ist im Kern nicht Abrufen von beliebigen Begebenheiten, sondern unser innerer Schatz an Leben, an Lebensglück und -freude. Auseinandersetzung mit Vergangenheit kann aber auch zunächst Auseinandersetzung

mit eigenen oder erfahrenen Entfremdungen sein. Wo wir einen

Schlüssel zu einer partiellen Auflösung finden, ist dies in Richtung Befreiung. Eine meist schlagartige allumfassende grundlegende Befreiung kann aber als Erkenntnis ein umfassendes Glücksgefühl auslösen.

- Leben ist Einswerden. Vorbereitet durch ganzes Aufgehen in Situationen, Einswerden mit Situationen. Sich Vergessenkönnen, Aufgehen können: Jemand der alles um ihn herum vergißt. Etwa bei den Meldungen über die katastrophale Rheinüberflutungen in Köln, die Nachrichten über den Fall der Berliner Mauer, über die ersten Schritte eines Menschen auf dem Mond. Da vergißt man alles um sich herum und ist ganz von der Situation in seinem Innersten aufgehend, umweltentrückt.

- Leben ist Einswerden mit einem geliebten Menschen. Hier müsste man detailliert auflisten, was dies konkret bedeutet. Die Fülle des Lebens erfahre ich in jeder Einzelheit.

- Wenn Leben in letzter Tiefe in der Einheit besteht, können die anderen Menschen nicht ausgeklammert sein. Die anderen Menschen gehören in die Einheit. Erst dann bin ich ganz, wenn keine Spaltungen von Subjekten und Objekten möglich sind, zugrunde liegen, sondern wenn es wirklich um eine Einheit, um ein Einswerden geht.

Und entscheidend ist bei allem eine Stufung:

Ich muss fähig sein, in bestimmten Situationen von mir loszulassen, ganz aufzugehen.

Ich muss dann in der zweiten Stufe das Einswerden in einem Menschen erfahren haben.

Die erste Stufe, das Aufgehen in Situationen, erreichen die Menschen grundsätzlicherweise, die zweite Stufe wird dann nur noch ansatzweise erreicht.

Es sind die Computer- und Internetpartnerschaften mit den großen äußeren Übereinstimmungen. Innerliches Einswerden ist da nicht vorgesehen. Da bleiben dann Partner solange zusammen, wie die Belastungen nicht zu groß werden, wie die Entwicklungen nicht auseinanderdriften, wo keine außergewöhnlichen Belastungen entstehen. Da funktioniert insoweit alles mustergültig. Jeder lebt sein vorgegebenes Man-Leben u n d zusätzlich lebt er sein Leben in vorgegebener Partnerschaft. So gibt es dann Verträge der Abgrenzung in alle Richtungen, weil man ja immer in einer Partnerschaft auf Abruf ist, was man sich aber nie zugeben würde, weil dies nicht in den Fragehorizont gehört. Alles ist ohne Risiko, ohne Verpflichtung, ohne Sicht auf Zukunftsverantwortung und –verpflichtung. Und man schert aus, wo die ursprünglichen Parameter nicht mehr stimmen.

Die letzte Stufe ist dann die Stufe des Einsseins mit den uns umgebenden Menschen. Sie basiert zwingend in der Erfüllung der beiden vorausgegangenen Stufen. Ohne dies ist diese Stufe vordergründig, berechnend, sozialisiert, ohne inneren Bezug und Würde.

Unsere Beziehung zu Gott

- Dietrich Bonhoeffer sagte :"Einen Gott, den es gibt, gibt es nicht." Gott ist keine Sache, ist keine Person, ist nicht greifbar.

Es gibt unser Leben. Gott kann vor bzw. hinter allem stehen, was es gibt.

Er kann uns wissenschaftlich keine klaren Sätze sagen, er spricht in der wortlosen Sprache des Herzens.

- Gott kann nicht mathematisch oder naturwissenschaftlich bewiesen werden. Die Wissenschaft kann mit ihren Instrumenten die Planeten oder Krankheitserreger suchen. Naturwissenschaftliche Instrumente zur Suche von Gott gibt es nicht.

- Leben läuft ab angefüllt durch Arbeit, Freizeit und Konsum. Da bleibt kaum Raum und Zeit, weitergehende Gedanken zu entwickeln. Wir lassen uns ausfüllen mit all dem, was uns täglich um die Ohren ist. Ich hatte einen Verwandten, der mehr oder weniger Tag und Nacht das Radio laufen ließ, weil er immer auf dem neuesten Nachrichtenstand, mit den neuesten Skandalen, Prognosen, Sportergebnissen, Aktienkursen versorgt sein musste. Er war in allem voll auf dem jeweiligen aktuellen Stand.

- Von Zeit zu Zeit fallen aber alle Menschen aus diesem Rundum- sicher- versorgt- sein- Rahmen heraus.

Sie erfahren magische Glücksmomente durch ein Naturerlebnis, eine neue Liebe, die Geburt eines Kindes.

Sie kommen zum Staunen und suchen nach einer Adresse für ihre Dankbarkeit.

- „Gott sei Dank“ wird dann oft ehrlich spontan geäußert. Die Menschen sind glücklich, mit Gott und der Welt im Reinen zu sein, aber kein Wort ist doch derart belastet wie das Wort Gott. Unter Berufung auf Gott wurden Kriege geführt, Menschen umgebracht, ihrer Würde entweiht, ausgebeutet, von den Machtgierigen und Machthungrigen für ihre Interessen mißbraucht.

Das Problem somit: Soll ich wegen dieses Mißbrauches, dieser Verbrechen, wofür der Name Gottes herhalten musste, nicht doch besser für dieses Höchste einen anderen Namen suchen, gleichsam um zu zeigen, dass ich einen Schlußstrich ziehen will und alles dann neu beginnen könnte? Womit sollte ich das Höchste bezeichnen? Ich könnte mich den Begriffen der Philosophie zuwenden und dort den würdigsten und reinsten Begriff suchen und übernehmen. Schnell werde ich feststellen, dass ich keinen akzeptierten Namen finden kann.

- Immer gab es Menschen, die sich gegen den Missbrauch des Namens Gottes auflehnten, die sich gegen Unrecht im Namen Gottes und den damit verbreiteten Unfug auflehnten. Wir können den Namen Gott nicht reinwaschen. Wenn wir von Gott sprechen, dann müssen wir dem Gegenüber all diese Missbräuchen, Fehlformen klar ansprechen ohne irgendwelche Beschönigungen.

Wie könnte ich dann Gott ansprechen, was zunächst einmal ein Gegenüber verstehen kann?

Jeder fühlt sich in Situationen Gott nahe, wo er sich geborgen fühlt, wo er sich glücklich fühlt, wo er eins mit einem Menschen sein darf.

Momente des Glücks also, die ich nicht festhalten kann, gibt es genauso wie die Momente, in denen er uns fern zu sein scheint, uns zu entgleiten scheint. Als meine erste Frau verstorben war, da verstand ich die Welt nicht mehr und haderte mit dem Schicksal. Sie hatte immer gesund gelebt, hatte alle Nahrungsmittel im eigenen Garten angebaut, hatte alle medizinischen Untersuchungen zur Überwachung des Gesundheitszustandes genau eingehalten, hatte überall dort gute Taten durch Spenden, persönliche Besuche, Engagement für karitative Dinge in den Vordergrund gestellt. Gott war immer Orientierung, Halt und Gewißheit und war beim Tod derart unbegreiflich fern geworden.

- Ich möchte jetzt Gott genauer ansprechen:

Unser tiefstes Selbst, unser Wesen ist unser eigentliches und wahres Sein.

Diesen innerste Kern vergleicht C.G. Jung als den innersten Ort mit der Krippe, in die hinein das göttliche Kind geboren werden wird. Meister Eckhart sprach von der Gottesgeburt in der Seele.

Da sind noch keine Verletzungen, Fixierungen, Gewohnheiten in uns aufgebaut worden. Alles ist zunächst rein, offen, offen zu der Aufnahme des Stückchen Welt, wie es von unseren Eltern, Lehrern, Mitmenschen dann an den Seelengrund herangetragen wird. Da ist alles reiner Tisch, unbefleckt, unberührt, da sind wir Ebenbild Gottes, was ja Reinheit und absoluter Anfang für diese Werdemöglichkeit ist.

Dies ist ein innerer Zugang zu Gott,

Sakrament, Taufe, Bibel, Abendmahl/Kommunion sind damit ja nicht ausgeschlossen. Aber der Zugang zu Gott muss aus dem Innersten heraus geschehen. Überspitzt gesagt: Wer sehr unter der Kirche leidet, weil er als Kind missbraucht worden ist, und dies muss durchaus nicht in jedem Falle einen sexuellen Missbrauch einschließen, der möge auf all diese institutionalisierten Zugänge, die für ihn derart negativ besetzt sind, verzichten. Wem nutzt es was, wenn er in der Kirche im Chor bekennen muss, dass er ein Sünder ist, wenn doch erst mal all die anderen ihm seinen Weg verbaut hatten. Wem nutzt das Bibellesen, wenn er einen Prediger, der fromme Sprüche verkündet, von denen der Zuhörer weiß oder spürt, dass sie Lügen sind, seine kirchenamtlichen Pflichten damit erfüllt. Ich habe oft von einem Kollegen erfahren, der müde und überlastet zu einer Beerdigung hinfuhr, und da stellte ich mir immer vor, wie Gott bei diesen Angehörigen in einer der schwersten Lebensstunden innerlich wahrgenommen werden musste. Oder bei der Beerdigung meiner ersten Frau sagte mir der zugeordnete Pastor in einem Gespräch zur Vorbereitung der Beerdigung sofort klipp und klar: Ihre Frau interessiert mich nicht, ich mache nur die allgemeinen Abläufe, wie sie für eine Beerdigung vorgesehen sind. Ihn interessierte nicht, dass meine Frau jahrzehntelang im Domchor gesungen hatte und als Religionslehrerin eng mit der Kirche verbunden war. Nie vorher hatte ich diesen Pastor gesehen und nie nachher wieder. Er fiel mir nur einmal auf, als er selbst ein Kirchenbesucher seiend zu spät in den Gottesdienst kam und eine voll besetzte Sitzreihe entsprechend geleert wurde, um Hochwürden sitzen zu lassen.

- Gott in mir heißt:

Meine gesamte Lebenshaltung zeigt, dass Gott in mir präsent ist. Wo fromme Show ist, da ist dies deren verlogenes Engagement, das mir ein Ärgernis ist, weil es ja einfachere und schwächere Suchende vor den Kopf stößt.

Wo ich also durch Gottesdienstbesuch, Sakramente, Bibelerklärungen einen noch inneren festeren engeren Bezug zu Gott gewinne, da ist er hilfreich. Wo dies nicht der Fall ist, da soll ich keine Ärgernisse aufbauen lassen.

- Was bedeutet Alltagsspiritualität, wie sie in meinem Ansatz vorschwebt?

Es geht nicht in erster Linie um viel und vorrangiges Nachdenken, sondern um zu fühlen, dass man im Dasein ist. Spannungen und

Gefühle muss ich sehen, wahrnehmen, zulassen, bearbeiten, abbauen, muss nach innen lauschen.

Beten besteht nicht aus zweckgerichtetem Nachdenken, sondern im inneren Eintauchen auf meine Gefühle, dem Erleben von Einssein mit meinem Dasein. Gott geht mit mir überall hin. Ein mieses Beispiel: Vor Prüfungen will man die Prüfungsangst damit nehmen, dass sich der Prüfling den Prüfer in Unterhosen vorstellen soll. Ich bin als Prüfling klein und untergeordnet und der Prüfer erscheint allmächtig. Dies soll ich ausgleichen, indem ich ihn innerlich abwerte.

Dagegen erzählte mir eine Abiturientin vor ihrer Abiturprüfung bei mir ganz entspannt: Ich habe heute Nacht von Ihnen geträumt, wie die Situation so entspannt war wie im Unterricht. Ich konnte alles entspannt vortragen und genoß den Traum. Entspannt bin ich aufgewacht und habe mich auf den heutigen Tag gefreut.

Ich selbst habe die eigenen Universitätsprüfungen als Student immer genossen. Ich erfuhr immer freundliche Prüfer, die ich als mir gegenüber als wohlwollend spüren konnte.

Also: Situationen auf der einen Seiten von Angst, Misstrauen, Abhängigsein und andererseits Situationen von Einssein mit der Situation.

Dafür muss man Voraussetzungen erarbeiten. Und man kann dann entspannt sehen, wo die Situationen nicht Einheit signalisieren, sondern Fremdheit und reines Verwaltungshandeln.

Gott in mir geht mit mir überall hin, Gott lebt in mir:

Aber in mir, das ist letztlich mein Ich in seiner tiefsten Lebenstiefe, das ich Gott nennen kann.

Aber es geht bei dem Gottesbegriff nicht nur um diesen Selengrund, dieses letzte innerste Tiefste.

Gott erfahre ich auch in den zwischenmenschlichen Begegnungen.

Wenn zwei Menschen in Kommunikation kommen, entsteht ein „Zwischen“, das mehr ist als die Addition von Ich und Du. Es entsteht etwas völlig Neues, dieses Dritte ist größer als das zweifach isolierte Ich.

In der Ich-Du-Begegnung, in der echten zwischenmenschlichen Begegnung, haben wir ein Du, das sich aufschließt, und ein Ich, das sich genauso aufschließt. Und dies erfolgt in dem unausgesprochenen göttlichen Geist, der alles umspannt.

Nebenbei zu erwähnen: In jeder Begegnung werden wir herausgerissen aus Egozentriertheit und Egofixierung. Dies als Hinweis, wie wir in der Begegnung Grundlagen schaffen für ein Verreinheitungsgrundwerden des gesunden Ichs.

Begegnungen können das gesamte Leben umkrempeln. Es geschieht ein innerer Transformationsprozess. Sie können Wunder wirken.

Und bei all dem müssen wir nicht abgehoben über unsere Chancen, Möglichkeiten und Aufgaben sprechen, sondern immer das wirkliche Leben im Auge behalten. Beim Jugoslawienkrieg strömten damals viele Flüchtlinge nach Deutschland. Wir wollten sofort und spontan eine gestrandete Flüchtlingsfamilie aufnehmen, schließlich hatten wir ja den Weltkrieg in Deutschland erlebt gehabt. Meine Eltern standen damals vor dem eigenen ausgebombten Haus, wo alles Schutt und Asche war und wir zunächst einmal überhaupt nichts mehr hatten.

Wir gingen zum Rathaus und boten uns an, eine Familie aus Jugoslawien aufzunehmen. Schließlich wurden dort so viele bürokratische Hürden aufgebaut, dass dies schlicht und einfach nicht für uns vertretbar möglich gewesen war. Beispielsweise bekamen Familien ja Hilfen vom Staat, wurden nach staatlichen Angaben gut versorgt, und die Flüchtlingsfamilien hätten ihren Versorgungsanspruch und -berechtigung verloren, wenn sie privat irgendwie untergekommen wären.

Oder jemand bittet eine bettelnde Person in sein Haus und will ihr Essen und Arbeit anbieten. Jeder kennt aus den täglichen Zeitungsberichten, wie diese Hilfen mißbraucht werden.

Der Ansatz, Menschen helfen zu wollen, greift zu kurz.

Der Ansatz, auf staatliche oder kirchliche Stellen Hilfen zu warten, greift oftmals auch zu kurz.

Letztlich kann es nur so gehen:

Jemand muss in sich die Quelle finden, die ihn trägt. Doch selbst da ist Vorsicht geboten: Sind die Menschen wirklich mit dem unbefleckten Seelengrund geboren worden oder können sie nicht schon vor der Geburt irreversibel geschädigt worden sein?

Gott als die Natur,

Gott als das, was die Welt im Innersten zusammen hält.

Gott als der namenlose Seinsgrund.

Gott kann ich in der Natur finden. Statt zur überlaufenen Christmette zu gehen, wanderten wir in der Christnacht durch die Wälder um den Dom von Altenberg. Statt mitzumachen, wie sich die frommen Christen vor und nach dem Gottesdienst um die Parkplatze prügelten und sich dabei gegenseitig rücksichtslos anfeindeten, suchten wir Gott im Wald. Dies war gefährlich: Wer sich der Kirche widersetzt und sich nicht einordnet, wird damit bedroht, dass die Kirche ihn nicht kirchlich beerdigen will. So mussten wir früher in der Fastenzeit eine Pflichtbeichte durchführen und dokumentieren lassen. Wer diese Kommunionkarte bei dem Tod nicht vorlegen konnte, konnte kein kirchliches Begräbnis erwarten.

Eine tiefe Selbsterfahrung kann ich im Wald erfahren. Dies ist immer eine Gotteserfahrung - und umgekehrt. Dies bringt mich in Berührung mit meinem wahren und tiefsten Sein.

Spaziergang durch die Natur, Pilgern, Naturprozessionen sind legitime Zugänge auf der Suche nach Gott.

Und da ist der beste Ansatzpunkt, wenn Menschen von dem Gotteskindsein abgeschnürt worden sind - durch vorgeburtliche Schädigungen, durch Mißbrauch durch Eltern, Lehrer, Mitmenschen, Nachbarn usw. usw. - allein einen Zugang zu erarbeiten:

Durch Spaziergänge, die sich immer mehr dem „gemeinschaftlichen“ Gottesbild annähern können:

Pilgern in kleinen Gruppen, organisierten Pilgerreisen, Teilnahme an Prozessionen usw. Und dabei muss ich mir immer des eingegangenen Risikos bewußt sein: ich lasse mich nicht vereinnahmen, sondern ich breche Suchwege ab, wo diese für mich keinen inneren Gewinn in Richtung vertieftem Erfahren und Erleben bringen.

Das Reich Gottes ist inwendig in uns oder gar nicht.

Letztlich steht jeder Mensch vor der ganz großen Entscheidung:

Gibt es nur die Welt des Machens, des Machbaren?

Oder gibt es auch die Welt des Geheimnisvollen, des Selbstgestaltens, des Selbstverantwortlichen *in einer ganz anderen Dimension*.

Kann ich mich täglich erneuern oder nehme ich täglich hin, was die Vorgaben durch die Medien, die Politik, aus uns machen?

Bin ich in der inneren Sammlung oder lasse ich mich zerstreuen, alles verwehen, wo der tägliche Wind hintreibt?

Für uns persönlich habe ich die Möglichkeit entdeckt, jeden Abend eine Abendmail zu schreiben. Da lasse ich den Tag auf mich wirken und spreche aus, was mich bedrückt oder beglückt. Dabei ist das Entscheidende: Mit irgendeinem Punkt, der für den Tag wichtig war, beginne ich mit dem Schreiben. Und dann entwickelt sich eine Eigendynamik. Indem ich in was vertiefend einsteige, ergeben sich bei dem Schreiben eigene Gedanken, weiterführend, oder auch nur irgendwas auf den Punkt bringend. Und da steht mein Denken, mein Planen, mein Vorgehen auf dem Prüfstand, vor mir, vor meinem Seelengrund, vor Gott.

Dies ist die Basis für die ständige innere Erneuerung, für Nachkorrigieren.

Und wenn ich die Tagesmail geschrieben habe, lese ich sie nochmals durch, vordergründig zum Korrigieren von Tippfehlern und Satzkonstruktionen. Das Schreiben der Mails erfolgt ja jeweils ohne Unterbrechen, wenn ich ein falsches Wort schreibe, schreibe ich direkt im fortlaufenden Text das richtige in den weiteren Text, zum Zurückkommen und Korrigieren würde ja nur der Gedankenfluß unterbrochen.

Und dazu ist das Entscheidende: Beim erneuten Lesen ergeben sich jetzt neue Einfälle, Korrekturen, Verfeinerungen, Präzisierungen, die letztlich erst das ausmachen, was für mich der innere Gewinn dieser Tagesbesinnungen geworden ist.

Jeder muss für sich Zugänge zu seinem unbefleckten Seelengrund finden:

Waldspaziergänge, Naturerleben, Naturwunder, einfach jede Art von Staunen bewußt wahrnehmen und dankbar werden.

Wie schön ist ein erlebter Sonnenuntergang, wie wunderbar ist eine jungfräuliche Schneelandschaft,

da wird man dankbar für das Leben.

Aber wem kann ich danken?

Ich kann Voraussetzungen für solche Erlebnisse erarbeiten, leisten, dafür sensibel sein.

Aber letztlich ist das alles Geschenk. Im Zusammenspiel von Erarbeiten, Suchen, mich einsetzen: aber Geschenk von wem?

Einig sind wir uns: Ich erfahre Leben zutiefst als Geschenk.

Und das kommt dann aus dem vorgetragenen Verständnis heraus von „Gott“.

Dieser Begriff wird uns nicht weiterhin stören oder belasten. Der Begriff ist beliebig.

Kernsätze:

Gott ist in der Tiefe der eigenen Seele.

Wo wir eins mit uns sind, da sind wir in Gott.

Unser Seelengrund ist unser tiefstes Selbst.

Unser Dasein als Kontemplation ist inneres Eintauchen in die spirituelle Dimension des Daseins.

Mein Ansatz

Im nachstehenden Aufsatz übernehme ich für mich nachvollziehbare Gedanken aus:

Wei Wu Wei, Die einfache Erkenntnis Über die Abwesenheit der Gegensätze, 2011, Norderstedt

Wo ich von diesem Denken abweiche, stelle ich meine gegensätzliche Position heraus.

Lebensmodell: Marionetten der Freiheit

In einem Karussell kann sich ein Kind hinter das Steuer setzen und auf der Fahrt lenken. Es meint, es würde das geführte Auto lenken, macht die richtigen Lenkbewegungen und es ist voll davon überzeugt, dass es der Lenker ist.

In einer Autowaschanlage fährt man in eine Spur und von da an wird das Auto gezogen, die Waschprogramme laufen automatisch ab.

Ich fahre innerlich zu der Scheibenwaschanlage, fahre weiter zum seitlichen Waschen, der Unterbodenbesprühung, dem Trocknen, dem Einwachsen, ich kann, wenn ich dies zum ersten mal erlebe und mich in den Fahrer versetze , meinen, dass ich aktiv zu den einzelnen Stationen fahre.

Aber der Motor war abgestellt und es lief ein vollautomatisches Programm ab, wobei je nachdem, welche Programme ich zuvor gekauft hatte, die entsprechenden Programmpunkte eingebaut sind.

Zuletzt bekomme ich die Aufforderung, das Band, nunmehr mit eigener Motorkraft, zu verlassen.

Ist dies nicht ein Sinnbild für unser als eigentlich vorgefundenes Leben? Ich betrachte mich als der willentlich alles in Griff Habende und merke nicht, muss nicht unbedingt merken, wie alles so gesteuert ist, dass ich durchkomme, ohne irgendwo anzustoßen.

Gott:

Wenn wir uns selbst, unsere Innerstes suchen, so suchen die meisten von uns nach uns selbst als einem Objekt, das ein anderes als wir selbst ist. Dieses andere nennen sie dann Gott.

Es gibt aber kein Anderes, keinen Gott als Absolutes als Objekt außerhalb von uns.

Das Gesuchte ist der Suchende als reines Ich.

Das Subjekt als

Urletztes, Absolutes, der Eine Geist, Reines Bewußtsein. Das Eine.

Alle Begriffe weisen auf das Subjekt hin, das niemals ein Objekt sein kann.

Phänomenal ist das Subjekt nichts als seine Objekte. Daher sind sie eins.

Nur das Objekt wird von der Wissenschaft als real betrachtet. Realität der Wissenschaft ist immer auf die Phänomene, auf die phänomenale Welt, bezogen.

„Ich" kann aber niemals ein Objekt sein.

Was wir sehen, wenn wir einer den anderen anschauen, und überhaupt alles, was wir sehen können, einschließlich unserer eigenen Füße, ist nur unser Objekt.

Das Universum wird in grundsätzlich dualistischen Vorstellungen, als in Gegensätzen bestehend, von denen der eine „gut" und der andere „schlecht" ist, gesehen.

Lebensmodell Werkzeug Gottes:

Wir sind in Spendenkontakt mit einer Lepraärztin in Indien, die von Zeit zu Zeit nach Deutschland kommt, um von ihrer Arbeit zu berichten. Sie ist ganz ohne Einkommen, gibt jeden Euro, den sie erhält, für die medizinische Arbeit aus, hat einen Rechtstitel als Staatssekretärin, von dem wie nicht weiters Aufheben macht.

Sie ist in meiner Einschätzung total verfügbar. Sie sorgt sich auch nicht um ihre Zukunft, hat also keine Zukunftsängste.

Ein solches Leben als Ideal ist möglich, wenn es auch nur von wenigen Menschen konkret erreicht werden kann. Wichtig in diesem Zusammenhang ist mir auch, dass dies eine christliche Schwester ist, die also nicht in östlichen Dingen behaftet ist. Der Ansatz ist kompatibel mit jeder religiös gelebten Lebensweise.

Bin ich

im Zustand totaler Verfügbarkeit,

dann gibt es keine Gegensätze mehr!! Gegensätze gibt es nur, wo ich Absichten verfolge, Gegensätze aufbaue, schwarz-weiß beurteile, unabhängig, ob dies sehr differenziert gesehen wird oder grob in der Gegensätzlichkeit gehalten ist.

Es gibt kein Leiden und keinen Kummer, wenn ich „jenseits des Vordergründigen" bin, wenn ich jenseits von illusionären Egos bin.

Viel Leid entsteht durch falsche Selbsteinschätzung, durch Machtkampf, durch Rechtsansprüche, durch unrealistisch nicht einlösbare Erwartungen.

Sobald wir wissen, dass wir Subjekt sind, wenn wir nur als Subjekt leben und handeln, nennt man das Potentialität.

(Alles andere ist Gebundenheit.)

Reine Subjektivität liegt darin, keine Eigenschaften zu haben, niemals irgendeine Art von Objekt zu sein, ist reine subjektive Potentialität.

Gebundenheit:

Die Identifikation mit dem Körper, die Vorstellung, dass ich der/mein Körper bin. Damit wäre ich objekthaft.

Ursprüngliche Reinheit:

Frei leben, heißt sein, wie man ist. Es ist gar kein Tun. Es ist sein-wie-wir-sind.

Einerseits :

Tun als Ausdruck des Wollens, als Element in der Kausalkette.

Wir können in den **Zustand vollkommener Verfügbarkeit** kommen.

Der Begriff Potentialität

Der Mensch, wie er als reines Ich beschrieben ist, ist Potentialität. Was muss ich mir darunter vorstellen?

Wir leben in einer Fülle von Möglichkeiten, wir haben sehr viele Optionen für unsere Lebensgestaltung, unsere Zukunftsgestaltung. Gerade der moderne Mensch hat ungeahnt viele Entwicklungswege, die er nur annehmen muss. Was kann ein Mensch alles aus sich machen, wenn wir auf Entwicklungswege abheben!

Das Aktive ist aber letztlich überhaupt nicht gemeint. Gemeint ist vielmehr:

Im Zustand vollkommener Verfügbarkeit, eben nicht als Ausdruck eines Anstrebens, eines Wollens, sondern sich beschenken lassen, wie die Vögel und die Tiere im Walde, die einfach nur sind, nur leben, nur erfüllt sind.

Also einerseits dem Leben positiv gegenüberstehen und aus dieser Haltung heraus beschenkt werden.

Natürlich sind wir nicht realitätsblind. Die einen bekommen positive Steilvorlagen des Schicksals, die anderen bekommen Knüppel zwischen die Beine geworfen. Wenn ein Fußballspieler für sein Hobby Fußballspielen Millionen Euros im Jahr bekommt, so wird er es schwer haben, auf dem Boden zu bleiben, und wenn einer durch materielle Not geschlagen ist, die er nicht verschuldet hat, kann ich nicht einfach mit Lebenstheorien, die alles einebnen, Verständnis für Potentialität erwarten.

Wir müssen immer sehen:

Wunderschöne Wahrheitserkenntnisse- Realität, im realen Leben sein, in unserer phänomenalen Welt beheimatet zu sein. Dazwischen kann ein tiefer Riss klaffen.

Philosophien führen uns immer an Endziele, wie sie phänomenal möglich sein können, heran, den einen mehr, den anderen weniger.

Und wer dann ohne tiefes Durchdrungensein einer Wahrheit, nur weil er einer Religion auf den Leim gegangen ist, nur äußerlich lebt und zelebriert, was innerlich durchdrungen sein soll, der tut sich und seiner Religion keinen Gefallen.

Östliche Religionen sind in der Gefahr, allzu leicht den Abschied von der äußeren Welt zu nehmen, während im Westen überhaupt kein Versuch unternommen wird, tiefer nachzudenken in dem Sinne, diese Wahrheiten oder Weisheiten für das eigene Leben fundamental fruchtbar zu machen. Wo gibt es eine politische Partei, die religiöses Denken verkörpert oder gar vorlebt? Wie ernüchternd ist es, wenn man das Handeln der christlichen Volkspartei sieht, wie es machtpolitisch die religiösen Werte als Propagandainhalte vermarktet.

Die Verbindung von
Reinem Ich und
Phänomenalem Universum:

Wir handeln und setzen dadurch Anfangspunkte in die Kausalketten unseres Lebens. Diese Handeln überschneidet sich mit Handlungen anderer Menschen, setzt dadurch differenzierte weitere Kausalketten. Handeln ist immer ein Setzen von Kausalketten. Die Welt wurde so, wie sie ist, durch unser menschliches Handeln.

Wichtig wäre mir, auch die aktive Beteiligung des Menschen einzubeziehen.

Nicht nur: alles geschieht, passiv, sich hingeben, hinnehmen, fertig.

Da knüpfe ich an den Begriff der Begegnungsfähigkeit an, wie ich ihn an anderer Stelle schon vorgestellt hatte.

Während alle Wissenschaftler lange Abhandlungen über den Begriff der Begegnung anstellen, kam ich laut BOLLNOW als erster auf die Idee, den Begriff der Begegnungsfähigkeit herauszustellen. Ich kann nicht warten, auf irgendwas, passiv, wie das Kaninchen auf den Hasen starren, sondern ich kann etwas tun, um die Voraussetzungen zu Begegnung zu schaffen. **Dies ist meine aktive Aufgabe, nicht das Hinnehmen von großartigen Dingen, die vielleicht nie eintreten.**

Einlassen auf die phänomenale Welt also, um Hindernisse aus dem Wege zu räumen, um in mein „reines „Ich“ kommen zu können. Ich kann durchaus Gott in mir anstreben und demütig sehen, wie weit mir dies gelingt.

Mit anderen Worten:

Mein Karusselbeispiel ist schön und gut, auch das Beispiel von der Autowaschanlage, wie ich sie oben vorgestellt habe. Und mein „eigentliches Leben“ ist dieses sich Ausliefern- Können an das Ursprüngliche, als das Grundprinzip.

Das ist mir im Blick auf die Realisierung in meinem Leben zu abgehoben, verkennt unseren Lebensansatz, dem wir ausgeliefert sind, in Beruf, Nachbarschaft, usw. Mir ist wichtig, die Ansätze miteinander zu verbinden.

Das Göttliche in uns als Ansatz ist okay, so wie ich die Ausdifferenzierung dieser Gedanken bei Wei Wu Wei gefunden habe, hat mich unendlich bereichert, aber gleichzeitig möchte ich **für mein Leben herausstellen, dass ich aktiv sein kann, aktiv sein will und von meinem Ansatz aus auch aktiv werden muss.**

Zugespitzt:

Keine Zuspitzung auf passiven Ausgang, sondern eine differenzierte Integration der Ansätze.

Letztlich, in westliches Denken übertragen, hieße dies, der Muße mehr Raum zu geben.

Bei Wei Wu Wei ist dies anders gemeint, in Richtung „Totale Verfügbarkeit", was ich oben abgehandelt habe.

Mir geht es darum, in mein Inneres „heimzukehren", Muße haben, nachdenken, Geschehenes aufbereiten, z.B. für eine schriftliche Aufzeichnung. Dazu gehören Tagebuchaufzeichnungen, Gespräche über Tagesereignisse, Planungen und Projekte, die weiter differenziert werden aufgrund neuer Lektüre, erfahrener Ereignisse und Nachrichten usw.

Dies kann zu einem Tagträumen werden, wenn ich bei entsprechenden Gelegenheiten mich diesem Versenken in mein Inneres hingeben kann.

Zuweilen setzt sich die Thematik im Träumen im Schlaf fort. Man erwacht, hat neue Einsichten, neue Themen, neue Strukturen, neue Lösungen.

Spekulationen zum Absoluten

Wie kann ich, soweit dies menschlich möglich ist und nachvollziehbar dargestellt werden kann, in mein Innerstes kommen, die größte mögliche Lebenstiefe erreichen?

Welche Voraussetzungen für diesen Weg müssen erarbeitet werden?

Welche alltäglichen Lebensbedingungen sind zu bedenken, damit ich die entsprechenden Voraussetzungen schaffe?

Beginne ich mit den nachvollziehbaren Gedanken.

Der Mensch ist **von den verschiedensten Dingen der Innen- und Außenwelt** umgeben. In der Außenwelt sieht er Gegenstände, hört Stimmen usw. In der Innenwelt trauert er, freut sich, heftet seine Gedanken an irgend etwas. Immer steht er in Kontakt mit inneren und äußeren Objekten. Er steht mit Objekten in Beziehung. Er kann dem von außen und innen Bestimmtwerden nicht entgehen. Das Ich, innerlich und äußerlich zu Gegenständen in Beziehung stehend, verändert sich damit.

Womit ich in Berührung komme, kann ich steuern. Ich kann Schönes zu erleben suchen und ich kann Belastendem ausweichen.

Ich bin also von der Außenwelt abhängig.

Das echte Innere, nenne ich es

Herz, das Göttliche, oder gar Gott,

ist nicht durch die Welt meiner Objekte bestimmt.

Es wird durch nichts gefangen gehalten. Es ist völlig ungefesselt und unbegrenzt, frei, durch nichts befangen.

Da es nicht ein Außen und Innen gibt, ist es ein Einziges.

Was ist das Innere?

Es ist **klares** Schauen.

Es ist gekennzeichnet durch **Aufrichtig**-sein.

Aufgerichtetheit, Nichtgebundensein an Anderes sind Kennzeichen.

Wenn das Herz befangen ist in das Innen und Außen der uns umgebenden Welt, ist es **befangen**, kann es nicht aufgerichtet sein.

Ein reines Herz kann nicht beschmutzt werden.

Es ist ein **Einziges** und nicht eine Vielfalt.

Es kann in das Gute eingehen, aber nicht von ihm verführt werden.

Es kann eintreten in die Versenkung im Nichtanhaften an irgendwelche Dinge, es ist aber keine Versenkung, bei der ich von den Dingen befangen bliebe und ins Schwärmen oder Irren geriete.

Es ist ein Zustand des „in mir ist Nichtirgendwas". Denn das Herz ist ein Einziges, ohne Innen und Außen, ohne Grenze und Rand, jenseits der Zweiheit von Objekt und Subjekt, in der Versenkung der Einzigkeit.

Ob ich von den Dingen befangen, von ihnen abhängig bin, oder ob man sich in wahrer Selbstvergessenheit in sie versenkt, sind grundverschiedene Ansätze.

Ich komme daher nahe an absolute Wahrheit, wenn ich ohne Hass, ohne falsche Liebe, nicht auf Vorteil und Nachteil aus bin, wenn ich, ruhig, leicht, zufrieden, ganz reines aufrichtiges Herz sein kann.

Mein Herz muss unbehindert sein von innerer und äußerer Erscheinung. Es darf nicht gehemmt oder behindert sein.

Daraus resultieren seine Unbefangenheit und seine Freiheit. Nichts kann dem Herzen hinderlich sein. Unbefangenheit und Reinheit sind Kennzeichen des Herzen. In seinem Inneren ist alles enthalten.

Das Innere ist von nichts berührt.

Reines und Beflecktes, Gutes und Böses, nimmt es in gleicher Weise auf. Ob Wahres und Falsches, Heiliges und Profanes: es nimmt nichts an, stößt nichts ab, begegnet allem in der gleichen Weise.

Es ist offen und weit, ist ein Einheitliches, kennt kein Anderes oder Außen.

Es wird also von keinem anderen eingeengt, ist unbegrenzt und unbestimmbar.

Unser gewöhnliches Herz ist voll von Hemmungen und Behinderungen, es kennt Maße, es hat ein Innen und Außen.

Ich muss also erst **mein Herz ordnen.**

Das Herz steht mir nicht als Objekt gegenüber, sondern es ist in mir zum Subjekt geworden. **Ich bin dieses Herz**.

Es ist

ein sehendes Herz,

es sieht aktiv.

Aktives Sehen bedeutet:

Aktivität als Subjekt in allen **körperlichen und geistigen** Funktionen.

All diese Funktionen müssen durch dieses Herz gesehen werden.

Es ist aktiv als einheitliches Subjekt aller Funktionen.

In der Religion wird Gott meist gegenständlich gesehen als ein Anderes, Gegenüberstehendes.

Gott ist aber zugleich als mein eigenes Subjekt aufzufassen.

In der Bibel heißt es: „ Ich lebe, doch nicht ich lebe, sondern Christus lebt in mir".

Wenn das Andere zugleich als das Subjekt bezeichnet wird, das dem Menschen das **wahre Leben** verleiht, wenn das Andere zugleich mein eigenes Selbst ist, so geht dies in diese Richtung.

Gott kann nicht sein, dem ich mich hingeben und anvertrauen muss, der als lenkendes Subjekt von außen in mich transzendieren kann. Gott ist nicht ein Subjekt, das über mir steht und mich lenkt. Da wäre Gott objektives Subjekt.

Das Herz kennzeichne ich als Selbstheit, Selbstnatur, Herz- und Selbstheitscharakter, als Begriffe sind alle angemessen. Wir haben ein „Buddha-Herz", es ist der wahre Buddha. Und dies ist schlicht und einfach:

Unsere ursprüngliche eigene Natur.

Das eigene Herz ist ursprünglich Gott (Buddha).

Gott außerhalb zu suchen, ist einfacher: in Tempelbauten, Kathedralen, Statuen, Gedenkmessen u.ä.

Gott ist absolutes Subjekt, der Selbstheitscharakter, unbefangenes Subjekt.

Vernunft trifft Unterscheidungen und kommt nie über die Dualität hinaus.

Vernunft stellt gegenüber:

Gut und Böse, gemein und heilig, recht und unrecht.

Über diese Unterscheidungen müssen wir hinausgehen und uns davon lösen.

Wo Recht nur als Recht, Unrecht nur als Unrecht, Gutes als Gutes, Böses als Böses, Schuld als Schuld gesehen wird, kann ich Schuld nicht vergeben und Menschen aus dem Zustand des Bösen befreien.

Die Erlösung der Sünden muss auf einer Ebene vor sich gehen, die über dem Dualismus von Gut und Böse liegt, nämlich nicht Gut und Böse abzuwägen!!

Ich darf keinen Unterschied machen zwischen Gemeinem und Heiligem! Gott steht dem Menschen nicht als transzendente Objekt gegenüber. Buddha ist nicht gegenständlich und transzendent außerhalb der Welt anzusiedeln.

Die innere Entwicklung zur wahren Freiheit
darf nicht von Gott oder Buddha behindert oder gefesselt werden.

Eine absolut unbefangene Freiheit kennzeichnet das Selbst.

Durch Betrachtung **der eigenen Natur geht das Selbst Verwandlungen ein und verlässt doch nicht seine eigene Natur.**

Im Schauen der eigenen Natur wird Unbefangenheit und Freiheit deutlich.

Die Gedanken entspringen der absoluten Wahrheit, der innersten Natur.

„Obwohl deren sechs Sinne die vier Funktionen: Sehen, Hören, Empfinden und Erkennen haben, wird sie doch von den zehntausend Erscheinungen der Welt nicht beeinflußt. Die wahre Natur ist immer frei."

Quelle: Hui-neng, zitiert nach hisamatsu, die fülle des nichts, Seite 50

Das Anbeschauen der innersten Natur ist alles.

Die sechs Erscheinungen Farbe, Ton, Duft, Geschmack, Berührung sind nur Äußerlichkeiten.

Quelle: nach Lin-chi, zitiert nach hisamatsu, die fülle des nichts, Seite 50

Die Bedeutung des Lebens als Grundlage:

Der Mensch kann Werkzeuge schaffen, Hauptmerkmal des Menschen ist das Schöpferische.

Die schöpferische Kraft des Menschen ist gigantisch.

Aber der Mensch kann keine Pflanzen schaffen, nicht einmal ein einziges einzelliges Mikroorganismus erzeugen!

Der Mensch kann nur eine Sache in eine andere umsetzen. Aber er kann nichts Ursprüngliches erschaffen.

In unserer westlichen Philosophie
betont man den Begriff Seele, statt von Herz zu sprechen.

Ich beziehe mich in diesem Abschnitt auf Leibniz, Fichte und Heidegger:

Leibniz:

Die Seele ist wie ein **Spiegel**, der alle Dinge, die von außen einfallen, widerspiegelt.

Die Seele spiegelt das Universum in sich.

Im Widerspiegeln wohnt ein Streben inne.

Sie ergreift vorstellend die Welt. Sie strebt und begehrt ständig. Sein heißt: Nach etwas greifen, aber nicht rezeptiv sondern expressiv. Welt ist i h r Ausdruck. Die Seele drückt die Welt bzw. das Universum vorstellend aus.

Die Seele ist, was sie in ihrem Streben ausdrückt.

In der Vorstellung der Welt stellt sie sich selbst dar.

Das Begehren ist konstitutiv für ihr Sein.

Was draußen ist, wird wie eine Nahrung aufgenommen, wird einverleibt. Seele muss immer begehren. Jemand ist das, was die Seele begehrt und erstrebt. Die Seele ist vorstellend und stellt sich selbst dar. Was sie in solcher Weise vorstellt, i s t sie.

Ist der Grundzug also das Begehren oder das Herz im obigen buddhistischen Sinne?

Das Ich hatte den Trieb, eine fortdauernde Tendenz, nach Aktivität.

Die **Welt soll ichhaft gemacht** werden.

Die Welt soll sich dem Ich angleichen. Das Nicht-Ich soll durchs Ich bestimmt werden.

Zu Fichte schreibt Byung- Chul Han:

„Der appetitus , das Streben ist Wesenszug (der Seele). Das Streben geht darauf aus, die Welt ichhaft zu machen, sie dem Ich anzugleichen, das Nicht-Ich durch das Leben zu bestimmen. Alles, was nicht Ich ist, ist nichts anderes als das Material, an dem das Ich Kraft und Freiheit übt. Die Welt soll meine Welt werden."

<u>Quelle</u>: Byung – Chul Han, Philosophie des Zen-Buddhismus, Reclam Stuttgart, 2002, Seite 66

Heidegger:

Wenn ich handle, nehme ich die Welt auf meine Möglichkeiten hin in den Blick. Ich habe m e i n e Möglichkeiten im Blick, ich gehe also von meinem Selbst aus. Der Blick ist immer gerichtet, er ist gelenkt von meinen Seinsmöglichkeiten. Erst auf dieser Grundlage erscheint mir die Welt sinnvoll, in ihrer Sinnhaftigkeit.

Der **Entwurf** der Seinsmöglichkeiten setzt ein Streben voraus,
das Streben, der appetitus, lässt mir die Welt erst **sein**.

Dieses Bestrebtsein (als Antrieb) ist die Grundlage.

Heidegger stellt fest:

Dieser Ansatz wird vergessen, der Mensch lebt in die Welt, in den Alltag hinein. Dasein existiert zunächst **uneigentlich**. Die tägliche Selbstverlorenheit regiert das Dasein.

Sich eigens ergreifen setzt eine „Entschlossenheit" zu sich selbst voraus.

Ein ***Ich-bin*** muss alle meine Seinsmöglichkeiten begleiten können. Damit ist keine egoistische Ichzenztriertheit gemeint.

Malen einer Landschaft:

Bild: In die ferne Bucht kommen Segelboote zurück

<u>Quelle</u>: Die Philosophie der Kyoto-Schule. Texte und Einführung, Freiburg i.Br. 1990, Seite 457

Die Landschaft erschöpfend betrachten, heißt nicht, sie vollständig zu erfassen.

Die Landschaft erschöpfend betrachten heißt, **von sich wegsehend sich in die Landschaft versenken.** Die Landschaft ist nicht als Gegen-Stand vor mir.

Vielmehr **verschmilzt** der Maler mit der Landschaft. Das Bild **strömt** in das ent-innerlichte, ent-leerte, niemandige Herz.

<u>Quelle</u> : Die Philosophie der Kyoto-Schule Texte und Einführung, Freiburg i. Br. 1990, Seite 460

Grenzenloses Land kommt in die Haarspitze des Pinsels herein. Segel sind verborgen im abendlichen Dunst. Der letzte Abendschein ist noch nicht erloschen und die Lampen der Fischer beginnen zu flimmern. Grenzen-los ist die Landschaft, weil sie fließt. Herbstlicher Fluss und abendlicher Dunst, der verhüllt, sind kaum zu unterscheiden. Hell und Dunkel vermischen sich.

Der Maler i s t die Landschaft. **Er malt sich weg in** die Landschaft. **Die Landschaft führt den Pinsel.** Der Pinsel wird mit dieser Landschaft eins, keine Distanz ist möglich, in der ein perspektivisches vergegenständlichendes Sehen möglich wäre. Das grenzenlose Land verschmilzt mit der Pinselspitze. Jeder Pinselstrich ist die ganze Landschaft.

Jeder einzelne Strich atmet die ganze Landschaft, das Ganze.

Es wird eigentlich nichts gemalt, Teile werden nicht zu einem Ganzen angehäuft oder zusammengeführt.

Ergebnis:

In dem obigen Text zur Philosophie der Kyoto-Schule ist das ausgesprochen, was das zu suchende Innerste ausmacht. Damit sind wir in das Innerste, soweit es nachvollzogen werden kann, eingedrungen, haben es erreicht. Da geht es nicht um einen äußeren Gott, um Glaubenstatbestände, um nicht nachvollziehbare Abhandlungen zu Transzendentem, sondern um eine schlichte Darstellung, die jeder innerlich nachvollziehen kann.

Konkret heißt dies:

Der Künstler setzt sich hin und lässt sich auf irgendwas ein. Irgendwas beeindruckt ihn zutiefst, hat für ihn eine Bedeutung, die sich aus dem flachen üblichen Beobachten absetzt. Sie fesselt ihn, lässt ihn nicht mehr los.

Er gibt sich dieser Landschaft und diesem Bild der heimkehrenden Fischerboote hin. Und dann „malt es“ in ihm. So wie jemand in einer glücklichen Stimmung singen „ muss“, weil er gar nicht anders kann.

Solche Erfahrung hatte ich als Schüler gehört, als der Religionslehrer davon sprach, dass die Evangelientexte nicht geschichtlich hieb- und stichfest nach den Kriterien des Aufbaus eines historischen Textes niedergeschrieben worden seien, sondern dass sich die Evangelisten unter dem Eindruck unglaublichen Fasziniertseins/Betroffenseins hinsetzten und ohne Planung darauf los schrieben. **Diese großartigen sie beeindruckenden Ereignisse wollten aus dem Inneren heraus** und so begannen die Evangelisten zu schreiben. Die Texte sind nicht historisch und wissenschaftlich korrekt, dies kann man leicht überprüfen, wenn man Evangelienberichte der unterschiedlichen Evangelisten vergleichend nebeneinander stellt. Es ging um Faszination, um Betroffensein, um innerliches Aufgerissensein, wo man mit etwas im Inneren, was man gesehen, gehört, erlebt hatte, nach außen drängen musste, herauslassen musste. Und so fingen die Evangelisten an zu schreiben und erinnerten ohne aktives Zutun, ohne aktiven Gestaltungswillen, immer mehr, wurde ihnen im Schreiben immer mehr klar, was sich da um sie herum überhaupt abgespielt hatte. Dies ist ein großartiges Beispiel für das gemeinte Betroffensein des Innersten, das wir Herz nennen,

Unser Maler in dem obigen Beispiel geht auch ganz auf in der erlebten Situation, verliert sich in diese Situation. „Er i s t die Landschaft.“ Dies ist wunderbar ausgedrückt. Er ist gleichsam entrückt, in einer anderen Dimension.

„Die Landschaft führt den Pinsel“, wie in den Evangelien im übertragenen Sinn Gott- und der ist ja das Herz- das Schreiben führte.

Kann ich ganz in Gott aufgehen, sprich von meinem Innersten, vom Herzen mich ausgießen in etwas, das mich fasziniert? Warum kennen die Mitmenschen dieses Erlebnis nicht, müssen wir froh sein, wenn sie dies wenigstens verstehen und logisch nachvollziehen können, dass es so was gibt?

Voraussetzungen sind:

- Ich darf nicht befangen sein in den weltlichen Dingen, die unausgegoren, unreif, unfertig in mir wie Ballast liegen. Jeder hat seine inneren Mauern in unterschiedlicher Dicke, seine inneren Verdrängungen in unterschiedlichem Wahrheitsabstand, seine blockierenden Systeme, die sich um den göttlichen Kern, um die göttliche Tiefe legen.

- Heidegger spricht zurecht davon, dass der alltägliche Mensch in dieser Uneigentlichkeit lebt. Darin kann man sich ja auch wohlfühlen. Was wir denken sollen und wie wir handeln sollen, wird uns ja vorgegeben. Schon Kant sah die große Aufgabe des Menschen, sich seines Verstandes zu bedienen.

Großes inneres Reinemachen müsste am Anfang stehen.

- Man muss aufrichtig, wahrhaftig sein. Ich muss mich nicht nur meinem Gewordensein stellen, sondern auch meinem Verhältnis zur Welt. Wer hat schon den Mut, sich mit den ihn umgebenden Menschen, Strukturen, Tatbeständen auseinanderzusetzen? Dies würde Zeit und Kraft kosten, die dem materiellen Streben entzogen werden müssten.

Schön ausgedrückt ist das, was mit dem **Ordnen des Herzens** bezeichnet wurde.

Letztes Ziel all dieser grundlegenden ordnenden und reinigenden Handlungen ist es, dass die menschliche Aktivität in allen körperlichen und geistigen Funktionen nicht behindert wird, sondern freigelegt, freigesetzt wird.

Wenn ich die Herzenstiefe erreiche, so komme ich aus der Dualität von Gut und Böse, Recht und Unrecht, Schuld und Unschuld heraus.

Wenn Menschen sagen, dass Christus in ihnen lebt, oder dass Buddha ihr Innerstes sei, so ist dies sicherlich besser als wenn sie Glaubensdingen äußerlich nachrennen. Wenn jemand sich innerlich tief mit Jesus und Buddha auseinandersetzt und damit Halt und Orientierung gewinnt, so kommt dies zumindest einem Leben nahe, wie ich es in meinen Schriften darstelle. Aber entscheidend ist: Gott darf nicht ein „draußen" sein, weil er mein innerster Kern ist, er muss nicht Anweisungen für mein Leben geben müssen, aber als Hilfe für Menschen, die dies brauchen, wenn sie nicht ganz aus sich allein leben können, ist dies okay. Wir verurteilen doch niemanden. Und letztlich nenne ich in meiner Darstellung das Innnerste, als das Herz, Gott, aber eben nicht gegenständlich, außerhalb von mir, mit Anweisungen für das Leben, die nicht aus meinem Innersten kämen.

Gott kann ja nur ein Einziges sein. Da ist kein Platz für Buddha oder Jesus und/oder den anderen Glaubensgründern. Gott kann nicht transzendent außerhalb der Welt sein.

Das Selbst geht Verwandlungen ein, wenn es eine reine wahre Natur hat.

Die Gedanken entspringen dann der innersten Natur.

Als Beispiel aus meinem Leben gelten ja meine Schriften. Ich setze mich an den Computer und schreibe beispielsweise, was ich am Tage erlebt habe. Das beginnt mit den Abläufen, zunächst mehr als Bericht. Und dann merke ich, wie ich immer stärker zu Überlegungen komme, die sich einem tagesbestimmenden Gedanken widmen, wobei „tagesbestimmt" ja nicht mal richtig ist, denn auch aus dem Tagesgeschehenbezug komme ich nach wenigen Zeilen heraus, in allgemeine Überlegungen.

Entscheidend ist:

Ich komme ohne eigentlichen Anlaß in Dinge, an die ich bei Beginn des Schreibens nicht dachte. Es können auch zunächst, vordergründig gesehen, belastende Gedanken sein, die hernach als große

Befreiung wirken. Dabei ist wesentlich, dass alle Unreinheiten im Stadium des Bewusstwerdens zur Auseinandersetzung sich öffnen.

Die oben dargestellten Ansätze von Leibniz und Fichte und auch von Heidegger geben wichtige Hinweise, wie ich die Welt in mich hereinhole und wie ich dabei sorgen muss, dass diese Grundeinsichten beherzigt werden.

Ich muss meine Möglichkeiten sehen und ergreifen und nicht verschenken, weil damit das Leben vordergründig, materiell, religionsgleichgültig einfacher gelebt werden kann.

Diese westliche Philosophie trägt viel dazu bei, unser Leben bewußt zu verstehen. Sie ist zumeist aber damit erkauft, dass die innere Tiefe, der Gottesbezug, **wie ich ihn vorstelle**, mehr randlich, spekulativ, theoretisch in gegensätzlichen unterschiedlichen Positionen dargestellt wird.

Riskante Strukturen als anthropologische Grundtatsache: die Offenheit nach vorne

Leben ist Bewegung, ist Werden, ist in ständigem Fluss.

Hinter Bewegung und Werden kann man nicht zurückgreifen.

Leben ist ein ewig bewegter Strom, der den Einzelnen trägt und ihn einfach mit sich fortzieht, ohne dass ich mich ausklinken kann, stehen bleiben kann. Für HERAKLIT ist der Fluss das Bild für den beständigen Wandel.

Leben ist ein magisch wilder Fluss. Ich kann nicht wissen, wohin mich der Lebensstrom führt und wo er enden wird.

Leben ist das Veränderliche, das Wandelnde, das Werdende, es gibt nichts Festes.

Im Menschen gibt es nichts, was nicht im Laufe des Werdens sich nicht wandelt, also gänzlich unveränderlich bliebe.

Wir haben hier den Ansatz des Werdens, den ich etwas konkreter aus Lebens- Erfahrungen heraus betrachte:

Der Fluss des Lebens kann Menschen, selbst in einer Partnerschaft, unterschiedlich mitnehmen und in diesem vordergründig gesehenen Gleichfließen als Unterschiede nach und nach unmerklich heraustreten lassen:

- Bei gleichen Voraussetzungen haben sich Partnerschaften unterschiedlich entwickelt. Während der eine in einem Beruf ist, in dem für einige hochspezialisierte Fähigkeiten Millionen bezahlt werden, ich denke an Fußballspieler, rackern sich andere Menschen mit besseren Fähigkeiten in anderen Gebieten, die aber gesellschaftlich nicht gleichermaßen anerkennt sind, ein Leben lang auf einem vergleichbar geringen materiellen Niveau ab.

- Jemand hat in der Politik die Ausstrahlung, die ihn wählbar macht und die instinktive Fähigkeit, immer die Themen zu bearbeiten und den Menschen hilfreich zur Seite zu stehen, die Meinungsbildner in der Gesellschaft sind. So entstehen erhebliche Diskrepanzen.

- Jemand wird krank und der Partner kann das Kranksein nicht aushalten, weil er damit psychisch und physisch überfordert ist und entweder reichlich Hilfe genießt oder völlig an den Rand gedrängt wird.

Die Beispiele ließen sich beliebig fortführen.

Und dann kommen noch Einschübe in den Fluss, mit denen keiner rechnen konnte:

- Jemand verliebt sich neu in einen Menschen, der nicht in der Lebensplanung gestanden hatte.

- Jemand hat einen Unfall und sein Leben muss nun so ganz anders verlaufen.

- Menschen kommen in Lebenskrisen, spüren, dass sie ihr Leben verpennt haben und wollen nun mit aller Gewalt Leben nachholen.

- Oder Menschen kommen in religiöse Krisen, indem sie entweder Glaubensleute kennen lernen, die sie mitreißen oder andere, die ihre naive Glaubensausrichtung demaskieren oder ausnutzen.

Partnerschaften beruhen oft auf der Grundlage, dass sie bestehen, bis "dass der Tod euch scheidet" oder aber, in einem anderen Lebensmodell, dass man gegenseitig alle Beziehungen juristisch erfassen und absichern will.

Die Formel " Bis der Tod euch scheidet" ist immer solange gültig, wie sie aus eigenem Vorteil oder eigener Bequemlichkeit als heilig erklärt wird, für einen selbst, die aber ohne jede innere Bindung bleibt, wenn der Fluss zwei Menschen unterschiedlich mitnimmt.

Und hier wäre dann darauf hinzuweisen, dass es- wie nachher genauer ausgeführt- auch den Ansatz der Einheit gibt. Dass Menschen in eine Einheit zusammengewachsen sind-- oder ersatzhalber, und dies kommt dann dem Modell des Werdens nahe- dies juristisch und vordergründig bewahren, festhalten wollen, aus Verstandesgründen, was aber letztlich überhaupt nicht funktionieren kann.

Ich möchte nun das Werden genauer betrachten:

Werden ist nicht Mittel zu etwas anderem, sondern Selbstzweck!

Die Zwecke muss man ausschließen:

Befreiung von jedem Zweckgesichtspunkt, Befreiung von Einengungen.

Leben hat keinen Grund, es ist vielmehr offen in seine Möglichkeiten hinein.

Außerhalb des Werdens ist kein festes Ziel!

Das menschliche Leben ist restlos erfasst durch das Werden:

Das schließt demnach aus:

Hinter dem Leben gibt es keinen zugrunde liegenden Träger, der das werdende Leben bewirkt und dabei selbst unveränderlich bleibt.

Werden ist das Leben selber.

Das werdende Leben ist das Ursprüngliche, nicht weiter Ableitbare.

Die Bewegung ist ursprünglich, hinter dem sich Bewegenden kann ich kein Festes und Beharrendes suchen, an dem die Bewegung geschieht, denn das wahrhafte Sein wäre dann außerhalb der Bewegung.

Leben verläuft nicht in einer vorgeschriebenen Bahn.

Aus der Kraft des Lebens in einer nicht vorauszusehenden Weise geht das Leben hervor.

Das Fließen ist etwas Letztes, wer an ein festes, beharrliches Sein glaubt, glaubt oft deshalb daran, weil er in sich fest, tot ist.

Erste Bestimmung des Seins ist das Werden und außerhalb des Werdens gibt es kein festes Ziel!

Das menschliche Leben ist restlos erfasst als das sich Wandelnde, als ein Werden, ein permanentes Geschehen, das auf keinem unbewegten "Träger" begründet ist. Weder ein starres Sein, noch eine feste Struktur darf man hinter dem Geschehen des Werdens vermuten.

Das Gelebte ist nicht weiter zurückführbare Grundtatsache, nichts ist dahinter.

"Hinter das Leben kann das Erkennen nicht zurückgehen, "

Wilhelm Dilthey. Bei Bollnow: Dilthey-Buch, Seite 34

Gestaltungsmöglichkeiten des Lebens:

Schaffensleistung des Menschen ist: aktive schöpferische Selbst- und Weltgestaltung, in einer Bewegung des Überschreitens.

Seine Bestimmung ist jeweils anders und immer wieder neu zu erringen in unbegrenzte Offenheit.

Der Mensch gründet sich einzig und allein auf sich selbst, nämlich auf seinem Tun.

Seine Bestimmung muss er immer neu erringen und jeweils anders, schöpferisches Tun und Leisten sind fundamental.

Dem Leben wohnt die Gewalt inne, über die jeweilige Formung und die je erreichte Gestalt immer wieder hinauszudrängen.

In der Gestaltung soll sich nicht nur das Offene schließen, sondern das Geschlossene sich auch wieder öffnen.

Das Offene ist immer wieder in der Gefahr, sich zu verfestigen. Ich gewinne Erfahrungen, die mich prägen, die mein Leben tragen, die mein Leben erleichtern können. Es sieht so aus, als ob ich ein Ziel erreicht hätte. Wichtig ist aber das bewusste sich wieder Öffnen in neue Zusammenhänge, Erfahrungsgebiete.

So geschieht das Fließen immer wieder in die Zwischenstationen Verfestigungen und danach Auflösung in auch weitere und andere Horizonte. Wie dieses Werden verläuft, ist also niemals ein für allemal festgelegt, sondern bei jeder erreichten Stufe werden mir neue Sichtweisen geöffnet.

Das macht Leben geöffnet und spannend und zu einem ungeheuren Abenteuer.

Die Offenheit des Menschen ist das Grenzenlose, die Lebensmacht ist grenzenlos.

Die permanente Entgrenzung ist Basis des Menschseins.

Leben als Einssein:

Das Gefühl des Getragenwerdens, des rauschhaften Einssein mit allem Leben ist eine freudige lebensbejahende Grundstimmung.

Leben ist nicht ein fertig Vorhandenes, sondern ein ständig weiter Entstehendes, ein Durchdringung von Geist und Leben, als ein blinder Drang, der alles treibt.

Der Zauber des Lebens liegt in einem Schleier von Möglichkeiten in ihm und über ihm. Er ist unergründbar durch den vorausnehmen wollenden Verstand, Vernunft und Leben sind grundsätzlich Gegensätze.

Es gibt eine Ureinheit allen Lebens,

die rauschhaft erfahren werden kann.

Vom Verstand her kann ich das Leben nicht ausschöpfen.

Das Leben bringt ständig neue Möglichkeiten aus sich hervor,

Leben ist Fluss u n d Quelle.

Einheit und Verbundenheit aller Dinge zeigt sich beim unverbildeten Kind, wenn es von "seiner Sonne", "seinem Berg" spricht. " Unser Papst" war gang und gäbe, als die Leute sich mit Benedikt identifizieren konnten.

Die Unterschiede, auf die wir immer abheben, sind relativ:

Die Katze ist groß und gefährlich für eine Maus, für einen Elefanten ist die Katze klein und bedeutungslos, uninteressant.

Das Letzte und Größte ist die Liebe: **Sie nimmt alle Gegensätze auf, sie lässt Unterschiede bedeutungslos werden.** Da wird es dann in der reinen Liebe **uninteressant, ob** jemand Minister oder Häftling ist (man könnte im Internet ja nachschlagen, wo da konkrete Verkörperungen sind), Millionär oder Sozialhilfeempfänger (auch da kann man recherchieren, dass dies nicht ungewöhnlich ist), alt oder jung, groß oder klein, gebildet oder ohne formalisierte Ausbildung.

In der Liebe hat Menschsein seine tiefste Reife erfahren, wenn zwei Menschen sich als Frau und Mann zu einer Einheit ergänzen.

Mithin liegen zwei fundamentale Lebensansätze vor:

- Leben als Werden, Fluss, Bewegung, wenn ich Menschsein von aussen betrachte.

- Und Leben als Liebe, wenn ich die **Einheit** allen Lebens sehe.

Nicht akzeptiert wurde:

Wenn das Letzte und Tiefste nicht das Leben wäre, sondern wenn man dem Leben zugrunde liegend einen äußeren Gott hineingeheimnissen und voranstellen würde.

Konsequenzen für das Zusammenleben:

Wir erinnern uns: Leben wird nach vorne geführt.

Und Leben in einer Partnerschaft kann auseinanderfließen.

Leben muss aber auch in der Auseinandersetzug mit der Vergangenheit -wenn nicht jeweils erfolgt ist- und der Gegenwart erfolgen. Diese Auseinandersetzung mit den Begebenheiten des Lebens ist Basis für die Verreinheitung der Seele. Mehr kann ich nicht tun, als mich den Erfahrungen zu stellen. Geschieht dann das Auseinanderfließen, was nie ausgeschlossen werden kann, so habe ich eine gesunde Basis, um mein Leben nach vorne zu entwerfen und zu gestalten.

Konkret bietet Leben immer eine Fülle von Möglichkeiten, die solange ich nicht eingrenze, zunächst schier unerschöpflich scheinen. Konkretes Leben ist ja immer Spezialisierung, Einengung, Abschlaffung des Elans. Und wenn ich aus welchem Grund auch immer, aus diesem Gleichförmigen herausgerissen werde, öffnet sich Leben neu und beglückend frisch, soweit und solange ich nicht der Versuchung erliege, dem bisherigen bequemen eingefahrenen Leben nachzutrauern und mich als Opfer empfinde, weil ich im Fluss des Lebens schön längst als Totholz mitgetrieben werde.

Die Überraschungen des Lebens erfolgen nur dann als einen aus der Bahn werfend, wenn man allzu sorglos mit seinen jeweils aktuellen Gegebenheiten umgegangen ist und da keine tragfähige gesunde Substanz da ist.

Herausforderungen des Lebens können quasi wie vom Himmel fallen. Dann bin ich überrascht und überfordert. Oder: Alles im Leben ist im Fluss, auch und gerade, wenn eine Störung auftritt.

Wenn ich immer mein Leben in Richtung Vergangenheit und Gegenwart im Blick hatte, habe ich einen freien Blick nach vorne. Und soweit ich vom Himmel fallend blockiert werde, wird der Blick nach hinten, auf die Vergangenheit, erzwungen, und der ist dann sehr schmerzlich und kann vernichtend sein, oder für kurze oder lange Zeit, oder schlimmstenfalls für endgültig.

Und zu gläubigen Menschen wäre zu sagen: Die Formel "bis der Tod euch scheidet" ist nicht tragend, wenn sie wirklich Verwerfungen, Diskrepanzen, Anforderungen des Lebens aushalten soll. Die Realität der konkreten Anforderungen spült brüchige Lebensgrundlagen weg. Da ist ein anderer Ansatz dann im Horizont: Jenseits juristischer Absicherungen steht die Liebe: ein allumfassender Ansatz, wo Liebe nicht nach reich und arm, einfach oder gebildet, usw. usw. steht, Liebe als Einheit, Liebe jenseits jeglicher Gegensätze und Unterschiede.

Und ein letztlich nicht absolut tragender Grund ist, wenn man diese Liebe nicht fassen kann, nicht erfahren kann, nicht verwirklichen kann, dann versucht man diese Art von Liebe annähernd zu verwirklichen. Da müsste man sich dann absprechen, was konkret anstrebbar ist auf gleichwertiger Basis. Dazu könnten gehören: absolute gegenseitige Ehrlichkeit, absolute gegenseitige Transparenz, Versprechen, was immer sich im Verlaufe des Lebensflusses öffnet, sich damit auseinanderzusetzen und den anderen in diese Auseinandersetzung einzubeziehen.

Letztlich gilt auch hier: Was immer ich nicht ereichen kann und damit nicht verwirklichen kann, dem kann ich mich ehrlich zuwenden und in diese bewusst vorgegebene Richtung wachsen.

Welt der Gegensätze und Welt als Eines:

Wir leben in einer Welt der Gegensätze.

Alle Wesen stehen in Gegensatz zueinander.

Mann und Frau bilden einen Gegensatz, aber ihr Streben geht auf Vereinigung.

Die Welt der Gegensätze zeigt Eigenschaften und Bewertungen, z.B. bezüglich gut und böse, Tag und Nacht, nah und fern, groß und klein.

Freude kann vollkommene Erkenntnis durch unser ganzes Wesen sein.

Der Verstand stellt sich den Dingen, die er erkennen will, gegenüber, trennt sich von ihnen ab.

Aber die Liebe erkennt ihren Gegenstand dadurch, dass sie eins mit ihm wird.

In der Liebe versinken und verlieren sich alle Widersprüche des Lebens; nur in der Liebe sind Einheit und Zweiheit nicht in Widerstreit.

Der Mensch muss seine Bestimmung immer neu erringen und jeweils anders.

Mit dieser fundamentalen Aussage unterstreiche ich nochmals, dass der Mensch immer auf dem Wege zu seiner Selbstdeutung, Selbsterkenntnis ist. Diese ist nicht ein für allemal vorgegeben, und schon gar nicht von einem äußeren Gott, dem wir gehorchen müssten. Der Mensch schafft sich selbst, gestaltet sich. Und da sind doch in jeder Epoche, in jeder Kultur, in jedem gesellschaftlichen Rahmen andere Bedingungen, die nicht zuvor fest vorgegeben waren, die sich also laufend entwickeln und verändern.

Schöpferisches und Tun und Leisten sind von dieser Grundlage her möglich und dies ist für den Menschen fundamental.

Der Verstand stellt sich den Dingen, die er erkennen will, gegenüber, er trennt sich von ihnen ab. Aber die Liebe erkennt ihren Gegenstand dadurch, dass sie eins mit ihm wird.

In der Liebe versinken und verlieren sich alle Widersprüche des Lebens, nur in der Liebe sind Einheit und Zweiheit nicht im Widerstreit.

Der Mensch im Mittelpunkt - Schritte und Stufen der westlichen Philosophieentwicklung

Kant gefiel sich in der Rolle, einen totalen Neuanfang für die Philosophie zu schaffen. In verschiedenen Büchern wird darauf verwiesen, wie seine Zeitgenossen völlig aus der Fassung gerieten wegen dieses Neuansatzes. So habe sein Meister Lampe geweint, weil er nicht mehr innerlich in seinem liebgewordenen Gedankengehäuse zufrieden sein konnte.

Berühmte Zeitgenossen, wie z.B. auch Goethe, sahen die große

Umwälzung im philosophischen Denken.

Dies wirkt bis heute nach. Ein Bekannter, der erfolgreich in der Entwicklung von Innovationen in den unterschiedlichsten technischen Anwendungsgebieten war, u. a. im Goldbergbau, sagte bedauernd:

"Jetzt habe ich mich mit so vielen Dingen beschäftigt und hatte nie Zeit, mich mit Kant auseinanderzusetzen." Für die weiteren Jahre seines Leben wollte er Kant lesen.

Schon in meiner Schulzeit war Kant d i e geistesgeschichtliche Größe. Damals hatten wir Philosophie nicht als Fach, aber unser Religionslehrer bot bei sich zu Hause privat Kurse zu Kant an, offensichtlich damit diese Faszination in katholischen Bahnen genutzt werden sollte.

Ich will also Kant nachstehend geistesgeschichtlich einordnen und erforderliches Grundwissen referieren, bevor ich danach die entscheidende Kritik anbringe und eine Konfrontation mit meinem Ansatz vornehme.

Erkenntnistheoretische Ansätze im Überblick

Das Grundlegende in der Menschheitsgeschichte war die göttlich-kosmologische Sicht:

Die Dingwelt bot sich der Erkenntnis unmittelbar an. Wissen war vom Gegenstand abhängig. In der Erkenntnis zeigt sich das Sein der Dinge.

In meinen ersten Lehrerjahren mussten wir möglichst zu jeder Lehrprobe die

göttliche Harmonie und Ordnung der Dinge reflektieren. Ein Beispiel war das Unterrichtsthema: die Zähne des Menschen. Nach einer Abhandlung der verschiedenen Zahnarten in Aussehen und Aufbau wurden die unterschiedlichen Aufgaben dargestellt und schlussendlicher Kern war: Das wunderbare Zusammenspiel der unterschiedlichen Zahnarten, ihre

Harmonie, in der sich die göttliche Ordnung zeigte.

Gott war der Schöpfer einer wunderbaren Ordnung.

In der Erkenntnis wurde uns die wunderbare kosmologische Ordnung zugänglich.

Mit Kant rückt das Individuum ins Zentrum:

Kant erkennt, dass der Mensch apriorische Erkenntnisraster hat, und nur auf dieser Grundlage ist Erfahrung möglich. Die Welt ist also nicht eins zu eins erkennbar. Die Welt wird mit der menschlichen "Brille" gesehen.

Wir erkennen also nicht "das Ding an sich", sondern wir erkennen lediglich auf der Grundlage unserer Erkenntnisraster als Voreinstellungen.

Wissen ist von den eigenen vorgegebenen menschlichen Denkstrukturen konfiguriert.

In der Erkenntnis zeigt sich die Struktur der Subjektivität.

Beiden Ansätzen gemeinsam ist ein ahistorisch- statisches Bild vom Menschen, der Mensch als Begehrender wird nicht gesehen.

Nur die jeweils eigenen Vorannahmen biegen die Erfahrung.

Die eigenen Prämissen müssten aber analysiert werden.

Ein weiterer erkenntnistheoretischer Ansatz:

Die Begierde zur Tat, zum Handeln treibt den Menschen. Ein Mangel, eine Spannung muss vorliegen.

Das Ich der Begierde ist gekennzeichnet durch ein ursprüngliches Fehlen, eine ursprüngliche Leere.

Seinen Seinsgrund vollzieht das Ich im Handeln.

Das Ich ist ein Nichts, das sich erst auffüllt.

Das Ich ist in seinem Wesen mithin gesundes **Werden oder halt nur Spielball** der anderen in vermeintlich geglaubten Vorteilen.

Die Aufgabe der Selbstgestaltung, des Werdens, entsteht, indem man diese Ansätze durchdenkt und entsprechend an sich arbeitet.

Descartes Trennung zwischen Sinnlichkeit und Verstand

Descartes nimmt die Grenzziehung zwischen Wahrnehmungsinhalten und Verstandesleistungen vor. Er setzt einen Trennstrich zwischen Sinnlichkeit und Verstand.

Das berühmte **Wachsbeispiel von Descartes:** Was das Wachs eigentlich ist, lässt sich nicht durch die Sinne, sondern nur durch das Denken erfassen. Farbe, Gestalt, Größe liegen offen zutage. Wachs ist hart, kalt, man kann es anfassen, gibt einen Ton von sich, wenn man drauf schlägt. Als Körper ist es also ganz deutlich erkennbar. Nun bringe ich ein Feuer in die Nähe: Die Farbe ändert sich, die Gestalt wird unförmig, es wird flüssig, lässt sich nicht mehr anfassen und gibt auch keinen Ton mehr ab.

Bleibt es dann noch dasselbe Wachs? Es bleibt, ohne dass dies jemand leugnen kann. Was also war es, das man deutlich erkannte?

Es war nichts im Bereich der Sinne. Alles ist jetzt verändert. Aber es bleibt- das Wachs. Wachs war also ein Körper, der jeweils unterschiedliche Eigenschaften hatte. Entfernen wir alles, was nicht dem Wachs zugehört, so bleibt übrig: etwas Ausgedehntes, Biegsames, Veränderliches. Kann ich mir bildlich ausmalen, was das Wachs ist, oder kann ich es nur denkend begreifen? Was ist dieses Wachs, das sich nur denkend begreifen lässt?

Erkennen ist nicht Sehen, nicht Berühren.

Erkennen ist eine Einsicht allein des Verstandes.

Die bekannten Sinnestäuschungen sind Fehlleistungen des Verstandes!

Descartes befreite den Verstand aus seiner dienenden Funktion und machte ihn zu einer autonomen Erkenntnisinstanz. Er wollte seine Fähigkeiten nicht einem göttlichen, sondern einem natürlichen Licht- dem lumen naturale- verdanken.

Der Heilige Thomas von Aquin lehrte zuvor: In den Dingen selbst findet sich die Ordnung verwirklicht. Diese dienende Funktion des Verstandes zum Einfügen des Menschen in die von Gott gegebene Ordnung der Dinge wurde herausgestellt.

Die Wahrnehmung liefert nur immer Teilaspekte der Dinge, aber der Verstand ist in der Lage, über diese unendlich vielen Aspekte hinaus zum Wesen einer Sache vorzustoßen. Er urteilt mit Hilfe der ihm zur Verfügung stehenden Ideen bzw. Begriffe, wobei Descartes für "Begriff" mehrfach den Ausdruck ratio formalis gebraucht. Der Verstand ist also ein Vermögen der formalen Bestimmung, während die Wahrnehmung nur inhaltliche Momente liefert. Der Verstand bringt von sich aus die Erkenntnis des Ganzen hervor.

Die Struktur der Welt und damit auch die aller möglichen Erfahrung ist durch das menschliche Erkenntnisvermögen a priori vorgezeichnet.

Die Erkenntnistheorie, die vom erkennenden Ich ausgeht, als Ansatz bei Kant, war der Antike noch völlig fremd. Erst

DESCARTES befreite den Verstand aus seiner dienenden Funktion und machte ihn zu einer autonomen Erkenntnisinstanz.

Nur in der Selbstgewissheit des cogito ergo sum kann das Erkennen ein unkritisierbares Fundament haben. Was aber im erkennenden Subjekt als erkennendes Organ fungiert, dazu sagte Descartes ganz einfach: Erst die Leistungen des Verstandes befähigen uns, über die Perzeptionen der Sinne zu den Dingen selbst vorzustoßen.

Einschub: Das mittelalterliche Denken war von Thomas von Aquin geprägt gewesen. Verstandeserkenntnisse waren für Thomas von Aquin aber nicht autonom, sie waren **Dienstleistungen als Einfügen des Menschen in die von Gott gegebene Ordnung der Dinge!**

Nach DESCARTES sollte der Mensch seine Fähigkeiten nicht mehr einem "göttlichen Licht" verdanken, sondern dem "menschlichen Licht".

Die Wahrnehmung liefert immer nur Teilaspekte der Dinge, aber der Verstand ist in der Lage, über diese unendlich vielen Aspekte hinaus zum Wesen einer Sache vorzustoßen. Er urteilt mit Hilfe der ihm zur Verfügung stehenden Ideen bzw. Begriffe.

Die Wahrnehmung liefert nur inhaltliche Momente. Der Verstand bringt von sich aus die **Erkenntnis des Ganzen** hervor.

Hier liegt der Ansatzpunkt für die weiterführenden Gedanken Kants

Diese setzen den descartischen Trennungsstrich zwischen Sinnlichkeit und Verstand voraus.

Alle Erkenntnis fängt mit der Erfahrung an, Erfahrung geht jeder Erkenntnis zeitlich voraus. Das bedeutet aber nicht, dass alles Erkennen nur aus Erfahrung entspringt. Erkenntnis, die nicht aus der Erfahrung entspringt:

Vor aller Erfahrung, a priori, das in uns liegende Erkenntnisvermögen, nennt Kant "reine Vernunft", und seine Funktion nennt er "transzendental".

Transzendental ist also für Kant etwas, das vor unserer Erfahrung liegt, etwas "Apriorisches".

Die reine Vernunft umfasst das Vermögen der Anschauung (Sinnlichkeit), das Vermögen der Begriffe (Verstand) und das Vermögen der Ideen.

Die Kategorien sind die Formen des Denkens.

Wenn wir etwas empfinden, wird es durch die **Formen der Anschauung** zu Wahrnehmungen zusammengefasst. Auf die so entstandenen Gegenstände lassen sich die **Formen des Denkens** (Die Kategorien sind die Formen des Denkens) anwenden.

Alles, was wir wahrnehmen, erscheint uns in der Form des räumlichen Nebeneinanders. Auch die Zeit ist eine apriorische Anschauungsform, mit der wir unsere Zustände, Gefühle und Willensregungen **im Nacheinander** betrachten.

Der Raum ist ein Element, das nicht von außen kommt, es ist eine apriorische Anschauungsform, die erst durch eine Wahrnehmung **aus dem Bewusstsein wachgerufen** wird.

Die menschliche Vernunft war allerdings immer bestrebt, die Grenze der Erfahrung zu überschreiten. Sie entwickelte Iden, die über die Erfahrung hinausgingen (Idee von Gott, Seele, Welt). Solche Ideen sind nicht begründet, sondern "regulativ", es sind leitende Prinzipien, die dem Verstand sagen, wie er verfahren soll. Wir sollen unser **Handeln so betreiben, "als ob"** die Seele unsterblich sei und "als ob" Gott existiere. Solche Ideen sind denkmöglich, aber man darf sie nicht mit Erkenntnissen verwechseln, denen eine Erfahrung entspricht.

Die Gegenstände der Anschauungen (das, was angeschaut wird) heißen "Erscheinungen". Es ist das, was das gewöhnliche Bewusstsein als "Dinge" bezeichnet. Da nun Raum und Zeit nur im Bewusstsein existieren, gehören auch die Erscheinungen dem Bewusstsein an. Sie sind nichts als Vorstellungen.

Der Stoff ist aposteriorischer Natur, stammt aus der Erfahrung. Den Stoff der Sinneserkenntnis bilden die Empfindungen, die Empfindungsinhalte. Der Stoff ist gegeben.

Aber dieses **Material ist noch gänzlich ungeordnet**. Kant spricht von einem "Chaos", einem "Gewühl" der Empfindungen.

Das sinnliche Erlkenntnisvermögen muss das Material **ordnen, das Chaos zum Kosmos gestalten. Es ordnet die Empfindungsinhalte im Nach- und Nebeneinander, d.h. räumlich und zeitlich**.

Das Wesen der Sinneserkenntnis besteht also darin, dass das gegebene Sinnesmaterial mittels der apriorischen Formen von Raum und Zeit geordnet und geformt wird.

Erkennen heißt Ordnen. Wir ordnen den Gegenstand, indem wir in dem Mannigfaltigen der Anschauung

synthetische Einheit als

Einheit im Mannigfaltigen bewirken.

Die Wahrheit der Erkenntnis liegt nicht in der Gegenstandsabbildung, sondern in der richtigen Gegenstandserzeugung. Ihr kommt Allgemeingültigkeit zu, weil die Gesetzmäßigkeit des erkennenden Bewusstseins eine allgemeine, überindividuelle ist.

Erkennen heißt nicht Gegenstände abbilden, sondern erzeugen.

Die Gegenstandswelt ist dem erkennenden Bewusstsein nicht vorgegeben, sondern baut sich erst im Erkenntnisprozess auf.

Kant hat den Anteil des erkennenden Subjekts am Zustandekommen der Erkenntnis aufgewiesen. Darin liegt eine Überwindung der antiken Auffassung, die das Erkenntnisphänomen allzu ausschließlich vom Objekt aus sah und den anderen Pol, das Subjekt , nicht entsprechend zu Geltung kommen ließ.

Für Kant müssen von vornherein die **Begriffe ((Kategorien))** gegeben sein, damit aus Wahrnehmungen Erfahrungen werden können.

Solche **Begriffe** umfassen z.B. Qualität, Quantität, Relation, Modalität. **Diese Kategorien von Kant *fügen das Mannigfaltige der Anschauung so zusammen, dass daraus Gegenstände der Erscheinungswelt gebildet werden.***

Ein Mensch ohne Verstand hätte Sinneseindrücke, und damit Erscheinungen,

Anschauungsinhalte würden sich aber nicht **zu Einheiten** oder Vielheiten zusammenfügen, dass sie als durch Ursache und Wirkung miteinander verknüpft erscheinen.

Gegenstände der Erfahrung werden erst durch den Verstand aufgebaut.

Die Erzeugung von Gegenständen beinhaltet den Aufbau einer Objektwelt. Die objektive Welt gibt es nicht "an sich", sondern nur für den Menschen, der mit Verstand begabt ist.

Nach Kant ist uns das, was wir als Natur erfahren, nur durch die Formen a priori des Bewusstseins gegeben. In der Erfahrung begegnen wir also nur Phänomenen.

Die Ideen der Vernunft:

Es muss etwas im Subjekt sein, das zur Erkenntnis drängt mit dem Ziel: mit dem Vielerlei der Erfahrung immer mehr Einheit zu gewinnen.

Jede Idee bezeichnet eine Totalität, die dem Bewusstsein nie gegeben, sondern aufgegeben ist und alle drei Ideen drücken im Grunde den Drang des Bewusstseins nach Einheit aus.

Idee der Welt als Totalität aller äußeren Phänomene:

Wir können die Welt nie in der Erfahrung antreffen! Wir erfahren immer nur partielle Phänomene in der Welt. Nie haben wir die Totalität der Welt als Gegenstand.

Gott ist kein Objekt, kein Phänomen, sondern für das Erkenntnisvermögen ist er eine Idee, also regulativ und nicht konstitutiv.

Für Objekte des reinen Denkens gibt es ganz und gar kein Mittel, ihr Dasein zu erkennen. Begriffe ohne Anschauung sind leer, von Gott haben wir keine Anschauung.

Aus der Unmöglichkeit, Gott zu erkennen und zu beweisen, folgert Kant nicht, dass Gott nicht existiert. Er will dem Glauben Platz machen.

Wo man weder beweisen noch widerlegen kann, darf man glauben.

Solange die Kraft Gottes bzw. der Verstandes- und Anschauungsformen die Welt strukturierte, blieb der Mensch als Verlangender, als Begehrender unsichtbar, wir haben also ein ahistorisch- statisches Bild vom Menschen bis dahin.

Der Schlüssel zur Erkenntnis ist nicht weiter in Gott oder in einer Kantischen Kategorie.

Erfahrung kommt aber bei genauerem Hinsehen nur über den Anderen, das Nicht-Ich zu sich selbst.

Bedingung der Möglichkeit von Erfahrung ist also die Beziehung des Ich zum Anderen.

Der Erfahrung des Ich zum Anderen wird diese Beziehung als Wesentliches eingeschrieben.

Die Beziehung zum Anderen ist das Metaphysische.

Die klassische Repräsentation war ganz selbstverständlich von einer Dingwelt ausgegangen, die sich der Erkenntnis unmittelbar darbot. Ein vermeintlich unmittelbares Wissen strukturierte den Erkenntnisprozess. Wissen war aber in Wirklichkeit nicht vom Gegenstand, sondern durch die eigenen Denkstrukturen konfiguriert.

Die Erkenntnis zeigt die Struktur der Subjektivität und eben nicht das Sein der Dinge.

Die Dinge bieten sich nicht an sich der Erkenntnis dar, sondern lediglich für das erkennende Subjekt. Nur die jeweils eigenen Vorannahmen biegen die Erfahrung. Das-An-Sich-der-Dinge wird gar nicht sichtbar.

Gefragt wäre also die kritische Inblicknahme der eigenen Prämissen. Das Ich muss sich selbst in den Blick nehmen, um seine Prämissen aufzudecken. Das Ding an sich bleibt mithin unerkennbar.

Ansatz von Hegel

Zur kontemplativen Betrachtung eines Dings:

Im Gegensatz zur Erkenntnis, die den Menschen in passiver Ruhe hält, treibt ihn die Begierde zur Tat zum Handeln. Diese Grundspannung treibt den Menschen nach Auflösung, nach Ent-Spannung.

Für Hegel ist das Ich wesentlich durch die Begierde nach etwas gekennzeichnet. Begehrt kann nur etwas werden, wenn ein Mangel, eine Spannung vorliegt, wenn etwas fehlt, das für das Ich unentbehrlich erscheint.

Das Ich der Begierde ist gekennzeichnet durch eine ursprüngliche Leere, durch ein Fehlen.

Seinen Seinsgrund vollzieht das Ich im Handeln. Der Mensch existiert nur in seinem Tun.

Das Ich ist ein Nichts, das sich erst im Prozess mit demjenigen auffüllt, das es begehrt. Das Ich der Begierde ist eine Leere, die einen realen und positiven Inhalt durch die Tat erhält, indem das begehrte Nicht- Ich verwandelt und "assimiliert" wird.

Kontemplatives, passives Verhalten kann die menschliche Wirklichkeit nicht führen. Der Mensch wird in der Kontemplation von seinem Gegenstand absorbiert, das Erkenntnissubjekt verliert sich im erkannten Subjekt. Der Kontemplation offenbart sich das Objekt, aber nicht das Subjekt.

Durch die Begierde ist der Mensch von seinem Objekt getrennt, nur durch die Begierde kann der Mensch dazu gebracht werden, das Objekt als ein von ihm Getrenntes wahrzunehmen.

In der Kontemplation verliert sich das Ich voll und ganz in den Gegenstand.

Selbstbewusstsein ist also kein rein geistig-kontemplatives, sondern vielmehr ein begehrendes.

Das Ich ist nichts anderes als sein negiertes Nicht-Ich.

Der positive Inhalt des negierten Nicht-Ichs wird aufgenommen.

Das Ich muss seine Begierde auf eine andere Leere, auf einen anderen Mangel richten, nur so kann es sich offen und potent verhalten.

Das Sein eines die Begierde des Anderen begehrenden Ichs wird Werden sein.

Seine Erhaltung im Dasein wird für das Ich heißen:

Nicht zu sein, was es ist (als statisches und gegebenes Sein, als natürliches Sein, als "angeborener Charakter") und zu sein (d.h. zu werden), was es nicht ist.

Die Brücke zu meinem Ansatz

Nach Kant stellen die Empfindungen ein reines Chaos dar; sie weisen keinerlei Ordnung auf, vielmehr stammt alle Ordnung aus dem Bewusstsein. Erkennen heisst ja für Kant: ein Gegebenes ordnen.

Grundfrage: Woher kommt die Ordnung?

Grundfrage ist also:

Ordne ich das Gegebene, stammt die Ordnung also aus meinem Bewusstsein, oder: Liegt ein objektiver Grund in dem Gegebenen, dann ist das Gegebene also nicht bestimmungslos.

Ist in dem Gegebenen die göttliche Ordnung, die ich mit meinem Verstand, "mit dem göttlichen Licht", erkennen kann?

In den unterschiedlichen Ansätzen wird entscheidend auf den menschlichen Verstand rekurriert, einmal auf Gott und einmal auf den autonomen Menschen, was aber letztlich doch ohne eine praktische Auswirkung ist, denn entscheidend ist ja, dass es immer um den Verstand des Menschen geht, von wem dies gegeben wurde, ist nachrangig.

Für mich entscheidend ist: Die Ordnung kann ja auch in den Dingen liegen und dann ist die Frage, wer sie da hineingelegt hat. Die Ordnung ist in jedem Falle nicht direkt sichtbar, denn sie ist in den Dingen oder in meinem Verstand.

Nun der entscheidende Schritt:

Brauche ich in diesem Denkgebäude Gott, zumal wenn ich seine Existenz gar nicht beweisen kann? Ich kann ja weder beweisen, dass es einen Gott gibt, noch dass es keinen Gott gibt.

Dann nehme ich als das Absolute nicht Gott, auch nicht meinen Verstand, sondern das Leben: Was erfahre ich vom Leben im Vollzug meines Lebens?

Es geht bei Kant im Ausgang immer um die Synthese von den sinnlichen Empfindungen. Der Verstand nimmt die Synthese der Empfindungsintuitionen vor. Wir tragen Raum, Zeit, Kausalität in uns, das klingt ziemlich passiv. Der Verstand ist ein Vermögen der formalen Bestimmung.

Die formale Bestimmung des Menschen kann doch in dem Menschen sein, was in ihm vorgegeben ist, was aus ihm aus seinen Möglichkeiten werden soll und kann. Jemand kann sich in all seinen Möglichkeiten optimal verwirklichen, die Aufgabe seines Lebens leisten, was ihm jeweils aufgegeben ist. Dies ist keine ein für allemal feststehende Aufgabe, die in den Genen steckte, das zu erbringende Lebens-Leisten ergibt sich flexibel im Erschließen der jeweiligen konkreten Möglichkeiten.

Ich hatte eine Schülerin, die zunächst einen Volksschul- (Hauptschul-) abschluss erworben hatte und in die Oberstufe des Gymnasiums aufgenommen wurde. Sie schaffte das Abitur und wollte anschließend eine medizinisch-pflegerische Berufsausbildung wählen. Es boten sich für sie an: Medizinstudium oder Ausbildung zur Krankenschwester.

Die Fragestellung war also: Soll sie die in ihr bis dahin ungeweckten Möglichkeiten sehen und jetzt zur Verwirklichung optimal ausreizen oder soll sie sich mit einer Krankenschwesterausbildung begnügen?

Es ging also einmal um äußerliches Abwägen von Berufsausbildungsstätten, späteren Einkommensmöglichkeitenentwicklungen, Bereitschaft zur Übernahme beruflicher Belastungen durch Wochenenddienst, ständige Bereitschaften, die ein anzustrebendes Familienleben belasten, und einmal eine Entscheidung, die darauf beruht, dass jemand **seine innere Bestimmung** verwirklichen will, ohne äußere Bedingungen für sich allein ausschlaggebend werden zu lassen.

Es gibt Berufe, bei denen auch heute noch eine Berufung letzten Sinn macht, etwa beim Lehrer, dem Arzt oder dem Priesteramt.

Liegen also die Bestimmungen in einem Menschen oder werden sie von außen an ihn herangetragen?

"Empfindungsintuitionen" scheint mir ein gut brauchbarer Begriff zu sein. Das Ordnen, die Synthese des Aufnehmens von sinnlichen Empfindungen, in ihren chaotischen Auftreffen auf jemanden, kann ich auf der Grundlage meiner erfahrenen Sozialisation neutral in mir ablaufen lassen. Oder ich setze mich mit meinem Inneren immer offensiv auseinander, setze mich mit meinem Inneren bewusst auseinander, sorge für eine verwahrheitete Psyche (Dies wird mehrfach an anderen Stellen in jeweiligen Zusammenhängen erläutert), wobei ich mich nicht bestimmen lasse von der ansozialisierten Synthese meiner Empfindungen, sondern von meinem

Bewusstsein als reiner Basis meines Inneren in der Ausrichtung auf das Leben.

Mit anderen Worten: Ich kann ein Menschenbild haben, das dem trockenen nüchternen, farblosen Lebensstil Kants entspricht, der beispielsweise in seiner trockenen nüchternen Sachlichkeit Ehe als gegenseitigen Gebrauch der Geschlechtsteile ansah, oder ich kann Leben im sensiblen Hören auf mein Inneres, im Auseinandersetzen mit meinen Empfindungen, wie es jeweils durch neue Erfahrungen erweitert wird, sehen.

Auseinandersetzung mit Empfindungen sollte aktiv erfolgen und nicht trocken sachlich passiv hingenommnen werden.

Die nicht-duale Zukunft

Die Welt retten- ein genialer Versuch

Barbara Vödisch, Das One Bewusstsein

In der Erfahrung der Einheit die Fülle des Seins leben

Die Autorin greift unser alltägliches Lebensverständnis an, wie es unreflektiert als unser Leben gesehen werden kann.

Mögliche unreflektierte Angriffspunkte können sein:

Wir leben in Illusionen, nehmen Zwänge und Druck hin, wir sind in Lebensgeschichten verwickelt, die sich im Laufe der Zeit unbemerkt in unsere Wahrnehmungen und Auseinandersetzungen festgesetzt haben, quasi als fest gewordene Sicht von Tatbeständen. Wir hängen in Vergangenem und Zukünftigem, was dann mehr oder weniger zu einem ständiges Kreisen in sich wird.

Unsere Vorstellungen und Erwartungen erzeugen in uns eine Parallelwelt, und der jetzige Moment kann gar nicht mehr voll wahrgenommen werden.

Ich bin in alten Erfahrungen gefangen:

Habe ich alles richtig gemacht?

Fühle ich mich für irgendwas schuldig?

Gebe ich anderen die Schuld?

Bin ich mit meinem Leben unzufrieden und erhoffe Besserung?

Mein ganzes Weltbild und Menschenbild ist aus Glaubenssätzen zusammengebastelt. Dass heute andere Grundlagen der Lebensgestaltung sind, wird dann übersehen, weil man in der Vergangenheit eingehaust ist.

Ich strenge mich an, weil ich geliebt und anerkannt werden will,

ich fürchte Ablehnung, Liebesentzug, wenn meine Erwartungen und Vorstellungen nicht verwirklicht werden.

Ich meine, dass ich mir die Liebe verdienen muss, ich fühle mich zurückgewiesen, mache anderen Vorwürfe, ich glaube, das Recht zu haben, andere bestrafen zu können, wo alte Verletzungen künstlich am Leben gehalten werden.

Ich mache andere für ein (fehlendes) Glück verantwortlich, mache das Leiden anderer zu meinem Leiden.

Ich leide unter Kälte, Gefühllosigkeit, Egoismus, die ich erfahre.

Vieles empfinde ich als Angriff gegen mich selbst, bin ständig im Bestreben, recht zu haben.

Ich will von allem mehr: mehr Geld, mehr Anerkennung, mehr Erfolg.

Jedes Ich kämpft ums Überleben, um ein möglichst großes Stück vom Kuchen erhalten zu wollen. Ich verurteile andere statt eigene Schatten, Gier, Härte und Kampf im Konkurrenzdenken zu sehen.

Ansatzpunkte zu Veränderungen:

Stelle d e i n e Erwartungen in Frage und mache dich nicht von dem Verhalten der anderen abhängig, kläre für dich, was dich verletzt, was du erwartest, und wo deine Illusionen liegen.

"Du hast wirklich schlechte Karten, wenn du darauf hoffst, dass deine Vorstellung von immer wohlwollenden und in Harmonie lebenden Menschen in Erfüllung gehen. Akzeptiere lieber, was ist " (Seite 41)

Erwarte nicht viel zu viel von den anderen, mach nicht andere für dein Glück verantwortlich, denn sonst bist du von deren Verhalten abhängig.

"Wie oft schon hast du versucht, jemandem zu helfen, und es zeigte keine Wirkung, weil er es selbst nicht wirklich wollte." (Seite 87)

Bei diesen Überlegungen zur konkreten Daseinsbewältigung kommt immer der Punkt, an dem wir über unseren Urgrund nachdenken.

Die Frage stellt sich dann so:

Kann es auf Erden Frieden geben, beständiges Glück, "paradiesische Zustände" und eine Berufung auf einen "Gott"?

Auch diesen Fragen will sich Vödisch stellen, möchte aber zunächst ganz klar herausstellen, dass die Befolgung der obigen Lebensratschläge nicht ein feiges Hinnehmen von uns aufgestülpten Lebenssichten anderer beinhalten kann:

Wer uns behindert, kann uns zu wahrer Größe verhelfen.

Einwände gegen uns, die uns tief berühren und ins Mark treffen, fordern uns heraus, leiten Veränderungen ein. Ich wachse in den Auseinandersetzungen auch mit Menschen, die mir nicht wohlwollend begegnen, die mich in deren Vorwärtsintrigieren vielleicht nicht mal sehen. Verhalten anderer, das für den anderen ungewollt einen Wachstumsprozess in mir bedingt, rechtfertigt nicht dessen Tun, löst also keine Abhängigkeit von ihnen aus.

Natürlich kann ich immer NEIN sagen. Ich muss Dinge beim Namen nennen und dazu den Mut haben!

Ich kann auf den Tisch hauen! Ich muss mich nicht schlecht behandeln lassen!

Andere nicht zu verurteilen, heißt aber nicht, alles durch die rosarote Brille zu sehen.

Ein Nein, um Dingen Einhalt zu gebieten, ist niemals ausgeschlossen. Eine sehr klare Sprache ist manchmal notwendig!

Mit jemand unter vier Augen deutsch reden, klar, eindeutig, ist niemals ausgeschlossen.

Vödisch spricht von einem Bewusstsein in einem dualen Weltbild.

Duale Weltsicht trennt, spaltet.

Vödisch stellt ein Bewusstsein der Einheit im Miteinander, in Ausgewogenheit, Frieden, Mitgefühl, Liebe dar, nicht Bewusstseinswandel, Bewusstseinssprung in Gegensatz hin zu einem Bewusstsein der Fülle.

Bewusstsein der Fülle beinhaltet:

Ich bin eins mit mir selbst, eins mit der Liebe, eins mit dem stillen inneren Glück, ich fließe mit dem Fluss des Lebens.

In diesem Geiste ist ein Berufen auf einen äußeren Gott nicht kompatibel. Gott und das Paradies müssen uns gerecht werden bzw. in uns gelebt werden.

Jeder Mensch muss sich selbst befreien, und auf dieser Grundlage sind dann alle frei.

Die Vollkommenheit, die Ganzheit ruht in dir.

Das stille Glück liegt in dem Urgrund deines Seins, kommt in dir an.

Paradies ist nicht getrennt von uns, nicht an einem unbekannten Ort, es ist verankert in deinem Sein.

Paradies ist deine innerste Dimension, findest du in Frieden, Liebe, im stillen Urgrund des Seins.

Das duale Bewusstsein lässt uns glauben, dass das Paradies woanders sei.

Das Paradies ruht in dir, es ist hier und jetzt.

Es existiert kein Ich getrennt von Gott.

Leben erfolgt in der jeweiligen selbst gewählten und erkannten Berufung:

Beschneide dich nicht in deinen Möglichkeiten.

Habe den Mut, das zu tun, was dir entspricht.

Dein Durchhaltevermögen hilft dir, Hindernisse und Rückschläge zu überwinden.

In jedem liegt ein unendliches Potential, dem Leben liegt eine absolute Genialität zugrunde. Leben kann als Experiment und Abenteuer gesehen werden. Nicht mit einem Leben mit angezogener Handbremse zufrieden geben, mit all dem Ballast, der uns bremst.

Wir können uns voll entfalten, wenn wir frei sind von all dem Ballast und in vollkommenem Frieden leben.

Im ersten Teil oben wurde herausgestellt, was uns bremst, behindert, was wir in unserem (alten!) dualen Bewusstsein überwinden müssen.

Was aber macht dann unsere Lebensgestaltung in dem neuen Bewusstsein aus?

Grundsatz ist: Ich brauche nichts und niemanden für mein Glück. Was ich brauche, liegt in mir. Anziehung zu bestimmten Menschen, zu bestimmten Orten und Erfahrungen ist okay, soweit sie meinen Ansatz teilen.

Im Bewusstsein der Fülle ruhe ich in vollkommenem Frieden.

Dieser Ansatz spricht aus, was ich in meinen Schriften unter den Begriffen von Verreinheiten und Verwahrheiten in einem identischen Ansatz vertrete.

Wenn wir uns heute von einem äußeren Gott verabschieden und dafür gibt es zwingende Gründe, gerade nach den Büchern von Kurt Flasch und Hans Küng, und sich in diese Richtung nichts mehr retten lässt, müssen wir die Blickrichtung vom außen auf das Innen richten. In uns ist alles, wobei uns unterschiedliche Bezeichnungen nicht stören können: Gott, das Himmlische, das Paradies, die Liebe, das absolute Freisein, die beglückende Lebensaufgabe, und jeder kann von sich aus "die Welt retten", wenn er im innersten Kern erst mal sich selbst sieht und aus diesem gesundeten Kern Kreise ziehen kann, aber ohne jedes Muss.

In dem Buch wird asiatisches Denken mit unseren konkreten individuellen Daseinsleistungserfordernissen zu einer überzeugenden Einheit nachvollziehbar an konkreten Lebensauseinandersetzungen vorgestellt. Verlogene Vorgaben, von wem auch immer, wären da auf verlorenem Posten.

Das wahre Selbst: Werden, wer wir wirklich sind

Grundlegung eines Verständnisses für ein aufziehendes neues Schisma (Rezension zu Richard Rorty Das wahre Selbst)

In dem Buch finde ich ein wunderbares Zitat, das den ganz anderen Ansatz von Rohr gut erklären lässt:

"In der Geschichte des Christentums war man im Wesentlichen damit beschäftigt, ein christliches falsches Selbst zu schmücken und zu maskieren! Wir haben es getauft, konfirmiert oder gefirmt, verheiratet und Christen dazu gebracht, "zur Kirche" zu gehen, anstatt wahrzunehmen, dass sie die Kirche sind. Wir haben einem Selbst die heilige Kommunion gereicht, das weitgehend unfähig zu jeder Art von Kommunikation und Gemeinschaft war, und ja, wir haben viele Falsche Selbste zu Priestern, Predigern, Bischöfen und Päpsten geweiht und gewählt, die ihr Wahres Selbst nicht kannten und nicht wussten, wie sie es in Gott genießen sollten. Das ist ein Anlass zu großem Kummer und großer Trauer, nicht zu Hass und Verachtung, und ich hoffe, ich bringe das auf konstruktive Weise zum Ausdruck." (Seite 127)

Rohr spricht klare Worte:

- ein falsches Selbst wurde maskiert

- Christentum wurde also von ihm von Grund auf als unehrlich eingeschätzt,

- nicht Kommunion, Kommunikation, Gemeinschaft wurde gesucht, sondern Verabreichung äußerlich gebliebener Sakramente,

- selbst Päpste und Bischöfe hatten keinen ehrlichen Genuss an diesem Christentum.

Da muss in der Geschichte der Religionsausbreitung ja einiges verdammt schief gelaufen sein!

Und zu Recht haben heute Kirchenkritiker Bestseller geschrieben (Küng: Ist die Kirche noch zu retten? Flasch: Warum ich kein Christ bin. Sloterdijk: Im Schatten des Sinai), ohne dass dies Klarheit in die Ursachen bringen kann.

Zunächst einmal wird übersehen: Jahwes Sorge -und das bezieht sich auf das Alte Testament- gilt vor allem der Gruppe, sein Bund wird mit dem ganzen Israel geschlossen, nicht nur mit einzelnen Juden. Aus unserem übertriebenen Individualismus des Westens haben wir keinen inneren Zugang zu diesem für die damalige Zeit gegebenen Ansatz. Daher erfolgen Fehleinschätzungen von Flasch, Küng, Sloterdijk.

Mich wundert, wie vor dem Hintergrund des heutigen Zeitgeistes und der Daseinsmöglichkeiten früheren Daseinsbedingungen das Faktische von den Kirchenkritikern abgewertet werden muss.

Vor 800 vor Christus standen allem Anschein nach die meisten Menschen in Verbindung mit Gott und mit der Wirklichkeit: durch Mythen, Dichtung, Tanz, Musik, Fruchtbarkeit und Natur.

In einer Welt, in der es nur ums Überleben ging, waren die Menschen psychisch gesünder. Es war eine gefährliche Welt, aber die Menschen hatten das ehrliche tiefe Gefühl der Zugehörigkeit, zu einem ganz und gar verzauberten Universum, in einem Gefühl ursprünglicher Einheit.

Wenn es im Inneren nicht so viel Grund zur Freude gibt, bleibt einem ja nichts anderes übrig, als sich anderen überlegen zu fühlen und sich von ihnen abzutrennen. (Die Leute mussten bei der Stange gehalten werden, mit den damals noch möglichen und durchsetzbaren Tricks, selbst am Gottesdienst einer anderen Gruppe teilzunehmen war doch schwere Sünde!)

In einer Prüfung zur Geographie von Norwegen zählte ich als Student die Möglichkeiten auf, die ein kleines Land im Norden ohne damals bekannte Bodenschätze hatte, unter anderem Seefahrt und Rauben. Ein Dozent fand dieses Ansinnen völlig abwegig, - allein, es ging doch darum, was den Menschen zum Überleben überhaupt möglich war. Es muss doch immer der zeitgenössische Rahmen mit seinen damaligen Möglichkeiten gesehen werden.

Die Geschichte zeigt: Zum Überleben aßen Menschen beispielsweise bei Flugzeugabstürzen Menschenfleisch. Die Einhaltung unserer ethischen Maßstäbe weltfremd in andere Zeitepochen allgemein zu erwarten, ist doch naiv.

Und das ergibt doch den entscheidenden Punkt: Muss ich die Religionen nach dem unverfälschten Geist von Jesus betrachten oder aus der Entwicklung des darauf zurückführenden Christentums mit all seinen Irrwegen, die doch nicht mehr geleugnet werden können und wozu jedes Buch Fleiß, Gelehrsamkeit, Wissenschaftlichkeit oder einfach nur Hass und nicht abgebaute Frustration beinhaltet?

Mit anderen Worten: Gehen wir auf den Geist Christi zurück, zurück zu den Wurzeln, oder schlagen wir uns damit herum, wie und was alles schief gelaufen ist, weil da eine klerikale Schicht ihre Vorrangstellung lebte und ausbaute, teils in ehrlichem Glauben, den Menschen zu helfen im Rahmen der damaligen Möglichkeiten.

Unter Machterhaltungsaspekten hat die Kirche alles -und ich füge hinzu- nicht nur zu ihrem Wohl, sondern weitgehend auch zum Wohl des damaligen Menschen richtig getan: die Menschen wurden von außen her getrieben!

Sie tun, was sie müssen, weil sie im Diesseitigen und Jenseitigen eine Strafe befürchten und daran glauben.

Die Vorstellung von Religion wurde zu einer Ansammlung von Gesetzen, Forderungen, Reinheitsgeboten, Einschränkungen.

Eine richtig spannende Geschichte:

Bei jeder Teilung oder Trennung haben die Gruppen je eine Hälfte des Evangeliums verloren, beginnend mit dem Großen Schisma von 1054, als die Leiter der Ost- und Westkirche sich gegenseitig exkommunizierten. Derselbe Verlust von Ganzheit vollzog sich 1517 mit den protestantischen Reformatoren (Luther, Calvin) und ebenso bei der Trennung von den Naturwissenschaften zur Zeit Galileos. Und nahezu unsere ganze jüdisch-christliche Geschichte spiegelt die Abspaltung vom Weiblichen. Immer haben beide Seiten etwas verloren, um über ihren Teil souverän zu bleiben. Das Ganze interessierte nicht.

Bei der Betrachtung der Abspaltungen wird deutlich:

Die Ebene des Sowohl- als auch, des "nicht ganz eins, aber auch nicht zwei" wurde nie verstanden, nie akzeptiert, weil man immer die ganze Macht behalten wollte.

Für die nicht-duale Ebene gab es keinen Horizont, kein Verständnis, das konnte gar nicht in das Denken der Leute kommen.

Besondere Stationen des Irrweges:

Die äußerst verkopfte scholastische Philosophie hatte 1100- 1500 ihre Blütezeit, der Buchstabenglauben an die Vernunft dominierte in der sog. Aufklärung,
antagonistisches Denken dominierte in den Reformbewegungen.

Zur Machtsicherung griffen Religionen zu Ausschluss, Verurteilung, Drohen.

In der Zeit damals war die Kontrolle der eigenen Mitglieder durch Schuldgefühle besonders angesagt.

Spätestens wenn wir uns die Ausbeutung ganzer Völker und Länder betrachten, wird uns klar, dass die Kirche nicht im Geist Jesu gehandelt hat.

Der neue Papst Franziskus möchte an die TRADITION JESU anknüpfen:

TRADITION JESU besagt inhaltlich:

Jesus predigt die bedingungslose Liebe, die für ihn gleichrangig ist mit der Liebe zu Gott. Die Armen und Kleinen stellt er in den Mittelpunkt, weil man ihnen das Leben vorenthält. Liebe, Sanftmut, Barmherzigkeit, auch zu den und dem Bösen sind seine Werte und Visionen.

Die Tradition Jesu hat ihren Ursprung noch vor der Niederschrift der Evangelien. Die Evangelien entstanden 30- 60 Jahre nach Jesu Hinrichtung. Die Evangelien spiegeln diese Situation, **sind keine Geschichtsbücher**.

Im Lauf der Geschichte wurde aus der Tradition Jesu die christliche Religion. Kennzeichnend für die römisch-katholische Religion sind: Doktrinen, ethische Beschlüsse, rituelle Zelebrationsformen, juristischer Kanon.

In den Händen einer kleinen Elite liegt die Heilige Vollmacht, beim Papst an der Spitze, unter Ausschluss von Laien und Frauen.

Die weltfremde Haltung verkörpert selbst Kardinal Ratzinger, der Vorgängerpapst:

In der katholischen Kirche hat Kardinal Ratzinger Homosexualität einmal als "intrinsisch ungeordnet" bezeichnet, als etwas, das "in sich selbst" einen Angriff auf die gute Ordnung darstellt. Wie kann ein Mensch die Frohe Botschaft hören, wenn er "in sich selbst" ein Problem darstellt?

Die römisch-katholische Kirche erhebt zu Unrecht den Anspruch, identisch mit der Tradition Jesu zu sein.

Doch Papst Franziskus will direkt an die Tradition Jesu anknüpfen.

Wieder steht die Kirche an einer Wegesgabel, zu einem Schisma. Sie kann Papst Franziskus folgen oder auf ihren historisch gewachsenen Machtansprüchen einer kleinen Gruppe bestehen.

Das Buch von Rohr bereitet den offen denkenden Christen auf diese Möglichkeit vor!

Die nicht-duale Ebene wurde nie verstanden, die Ebene des Sowohl- als auch, des "nicht ganz eins, aber auch nicht zwei".

Aber aus den Fehlern der Vergangenheit kann man doch lernen und darf sie nicht als hassenswerte Erinnerung wegschieben.

Was wollte Jesus?

Der Jude Jesus hatte eine eigene ganzheitliche Lehre, er sah eine Einheit in uns selbst, mit dem Nächsten, mit Außenseitern oder gar Feinden und mit Gott.

Dass die Christen seinen Ansatz auch oder gar weitgehend auf den Köder "Lohn im Jenseits" verkürzten, ist einfach eine Tatsache.

Das eigentliche Christentum, wie dies Jesus vertrat, blieb eine Art Unterströmung, wurde nicht zum Mainstream.

Der Ansatz von Jesus widmet sich nicht der machtpolitischen Auswertung und Entwicklung des jüdischen Volkes im Alten Testament.

Heute tun wir Dinge, weil sie wahr sind und nicht weil wir müssen und Strafe befürchten. Wir sind nicht mehr von außen getrieben, sondern von innen gezogen.

Die dramatischste Art, unsere Trennung zu überwinden, geschieht als la petite Mort, dem kleinen Tod. Nach jeder augenblickkurzen Erfahrung von Vereinigung fallen wir traurig in die vertraute Distanz zurück, letztlich suchen wir zur Einheit in Gott über und durch das Du in der Liebe.

Eine Vorstellung von Religion als nur Ansammlung von Gesetzen, Forderungen, Reinheitsgeboten ist dem vorrangigen Suchen nach Einheit, Liebe, dem Du, Wahrheit hintangestellt.

Gott sagt "Ich bin nicht ganz anders. Ich habe etwas von mir in dich eingepflanzt, das sich nach Vereinigung sehnt." Erotisches Begehren und die sexuelle Vereinigung bei allen Lebewesen sind Nachahmung und Spiegel dieser Sehnsucht, weshalb das Hohelied, Rumi, Hafis, Kabir und Johannes vom Kreuz so hocherotische Bilder benutzen konnten, um ihre Mystik zu vermitteln." (Zitiert nach dem Buch auf Seite 107)

"Gemeint ist, dass das Wahre Selbst in seiner ursprünglichen, reinen, uranfänglichen Form ganz oder teilweise mit Gott identifizierbar oder sogar identisch ist, mit der letzten Wirklichkeit, dem Grund und Ursprung aller Erscheinungen. Das, wonach wir uns sehnen, das sind wir. Tatsächlich kommt unser Sehnen daher." (Zitiert nach dem Buch auf Seite 106)

Alles, was uns durch seine Wahrheit erschüttert, verwandelt uns.

Augenblicke ewigen Lebens erleben wir als Augenblicke der Liebe, der Geburt eines Kindes, der Vereinigung, der Schönheit.

Das Falsche Selbst bezieht seine Energie aus Problemen und selbst gemachten Zielen, fast in jedem Augenblick. Das Wahre Selbst (die Seele) braucht einen anderen Treibstoff:

Einheit und Zufriedenheit selbst und vor allem tiefe Resonanz (Sinn) jeglicher Art.

"Menschen, die diese Ganzheit finden, sind im Gleichgewicht und neigen dazu aufzublühen, im Gegensatz zu bloßen Konformisten und bloßen Rebellen, die bei allem ständig Partei ergreifen- ohne die erforderliche Weisheit. Denken Sie an den armen Galileo Galilei, der unter dem Druck der Kirche, zu widerrufen, dass sich die Erde um die Sonne dreht, vor seinem Tod ganz ruhig sagt: "Und sie bewegt sich doch". Es war klug genug, in einem totalitären System zu überleben, und bis heute gilt er als Vater der modernen Wissenschaft."

(zitiert, Seite 29)

Das Zitat zeigt mir den Wandel der menschlichen Notwendigkeiten und Möglichkeiten. Galilei stand moralisch über den Kirchenleuten mit dem Papst. Aber das Faktische, dass andere ihre Macht auslebten und anderen aufzwangen, musst er anerkennen. Wie weit sind wir heute davon entfernt. Wenn ein Küng rebelliert, bekommt er an einer anderen Universität einen Lehrstuhl, zurück bleibt nur die innere Kränkung, dass er nicht mehr zur kirchlich anerkannten Elite gehört.

Überleben wird im Verlaufe der Menschheitsgeschichte immer einfacher, die Wahrheit zu leben ist doch erst in jüngster Zeit möglich geworden.

"Die Entdeckung des Wahren Selbst wird sich anfühlen, als würde Ihnen eine tonnenschwere Last von den Schultern genommen. Sie müssen Ihr idealisiertes Selbstbild nicht mehr aufbauen, schützen oder voranbringen. Das Leben im Wahren Selbst ist viel glücklicher..."

(Zitat Seite 30)

"Das Wahre Selbst hat immer etwas Gutes zu sagen. Das Falsche Selbst plappert drauflos, hauptsächlich über sich selbst."

(Zitat Seite 33)

Mein persönlicher Gewinn aus dem Buch sind Aussagen zum

Neuen Menschen:

Zusammenstellung:

- Etwas ist in den Menschen eingepflanzt, was sich nach Vereinigung sehnt. Es geht darum, in alles immer tiefer einzudringen, Zusammenhänge zu sehen, über das Vordergründige hinaus zu gucken.

- "Christus möchte, dass wir die Wahrheit ihm selbst vorziehen, denn bevor er Christus ist, ist er zunächst Wahrheit.“ Dieses Zitat von Simone Weil ist Seite 131 bei Rohr abgedruckt.

Die Wahrheit zu suchen ist wichtiger als das Annehmen und Aufnehmen von verkündeten Worten.

- Leben hat seine Erfahrungen der Ewigkeit in uns, wenn etwas ganz tief in uns eindringt, uns erschüttert, unsere Sichtweise vertieft, wir immer ein wenig neuer Mensch, mehr Mensch werden.

Sinnerlebnisse, wenn Erfahrungen eine tiefe Resonanz in uns erzeugen, beglücken uns.

- "Die heilige Teresa beschrieb, dass man entweder damit beschäftigt ist, einen Kanal zu graben, - oder man findet die Quelle und lässt das Wasser einfach auf sich zu und in sich hineinfließen. Ihre gesamte mystische Theologie beruht darauf, diesen inneren Strom zu finden und seine Zeit nicht mit Kanalarbeiten zu vergeuden."

(Zitiert Seite 36)

Die Kirche hat immer abgehoben versucht den Kanal für uns Gläubige zu graben, während doch jeder von uns in sich schon einen inneren Strom hat, worin alles einfach fließt.

Fazit:

Das Buch setzt bei dem Menschen an. Es stellt den idealen Menschen durch die Darstellung des Wahren Selbst konkret dar, das Wahre selbst ist der Mensch in der nicht-dualen Ebene, im Sowohl-als auch, " im nicht ganz eins, aber auch nicht zwei". Davon wird das Falsche Selbst unterschieden. In der Geschichte ging es zu sehr um das Falsche Selbst, aber das Wahre Selbst war immer vorhanden und die Zeit ist heute reif dafür, dass es sich ohne Behinderungen durch eine falsch verstandene Religion genießen darf.

Wer die anthropologisch-ethisch-ökologische Dimension des heutigen Menschen ohne die differenzierte religionsphilosophische Grundlegung lesen möchte, wird in Barbara Vödisch: Das One-Bewusstsein. In der Erfahrung der Einheit die Fülle des Seins leben einen ersten Zugang finden, um Rohr vertiefter verstehen zu können.

Das o.a. Buch von Kurt Flasch kann zur Kontrastierung eines ganz anderen Ansatzes hilfreich sein.

Das Buch "Das wahre Selbst" kann in seiner Bedeutung für die kirchliche Entwicklung nicht hoch genug eingeschätzt werden, daher die höchste Bewertung mit 5 Sternen.

Das ganzheitliche Bewusstsein

Verstandesbewusstsein und Wahres Bewusstsein

SINNLICHES BEWUSSTSEIN

In der Stufe des Naturmenschen lebt das Individuum unmittelbar und instinktiv auf seine körperlichen Bedürfnisse und Empfindungen hin. Seine Kräfte dienen dem Ziel der Erhaltung, Stärkung und Bequemlichkeit des Körpers.

Diese Phase können wir innerlich nachvollziehen, wenn wir uns in Kindheit und Jugend, speziell in Pubertät, von uns hineinversetzen/ zurückversetzen. Diese wilde Phase ist auch heutzutage bei Jugendlichen zuweilen erlebbar.

Sie ist durch große Empfindungsfähigkeit gekennzeichnet.

Probleme werden erst gelöst, wenn sie unmittelbar auftreten, theoretische Fragen wie "Was wäre wenn", treten erst gar nicht auf. Körperliche Begierden und Bedürfnisse stehen stärker im Vordergrund und werden völlig natürlich und unreflektiert gesehen.

Es geht um körperliche Befriedigungen und die Vermeidung von Schmerz als wesentlicher Lebensinhalt. Dominanz gegenüber anderen wird durch körperliche Stärke hergestellt.

Körperliche Stärke ist auch das anzustrebende Ideal.

Der Mensch ist sehr intensiv und innig mit der Natur verbunden.

Familiensinn und Stammesbewusstsein sind wichtig, es gibt noch keine Trennung von Ich und Natur, das Selbstbewusstsein ist noch wenig ausgeprägt.

Der Mensch tendiert zu kollektivem Verhalten, neigt zu Gruppenverhalten, auf heute übertragen: etwa zu Motorrad-Gang oder "Einheit" in der Armee.

Die Natur wird noch nicht beherrscht, sondern er folgt ihr.

Imaginative Zukunft existiert nicht, und das Gewesene wird schnell vergessen.

Das Bewusstsein ist fixiert auf Körper, Äußeres, Umwelt.

Er hat keine innere Stabilität zu Inhalten und Gefühlen.

VERSTANDESBWUSSTSEIN

Der Mensch erkennt sich als der Welt Gegenüberstehendes und vom Äußeren unabhängiges und selbstständiges Wesen, dies ist der Standpunkt des neu erwachenden Egos. Der Mensch kann das Äußere beobachten, erkennen, ordnen, klassifizieren, bearbeiten und letztlich auch beherrschen.

Er ist der Kraft und Überlegenheit seines Verstandes bewusst, er wird sich seiner selbst als Verstandeswesen bewusst, nicht mehr nur als körperliche Erscheinung. Er entwickelt damit ein ausgeprägtes Bewusstsein von sich selbst, ein der Welt entgegengesetztes Selbstbewusstsein. Die Stufe des Verstandes oder des intellektuellen Bewusstseins ist die Stufe des Selbstbewusstseins.

Bedürfnisse des Ego sind:

Macht, Anerkennung. Es sieht sich als Persönlichkeit, als Identität.

Im vorausgehenden animalischen Bewusstsein ging es um körperliche Kraft, materielle Dinge, Essen, Sex.

Das intellektuelle Bewusstsein ist definiert durch Wissen, Verstand, Überzeugungen, Schlauheit, Persönlichkeit.

Ein starkes Ich ist Gegenpol zur Welt.

Gebrauch des Verstandes (Analyse besagt Trennung) setzt sich nun allem entgegen, trennt sich von allem und fühlt sich getrennt.

Es setzt sich der Natur entgegen, die ihm fremd und feindlich geworden ist.

Um der Beherrschung der Natur willen, um die Natur zu bezwingen, entstehen empirische Wissenschaften, Technik.

Der Verstand ist das Werkzeug des Aufspaltens, der Mensch wird durch den Verstand von allem getrennt: also auch von der Einheit mit der Natur.

Hegel nennt diesen Zustand "unglückliches Bewusstsein".

Tiere werden unbegrenzt ausgebeutet, Tiere werden zur Sache und deren Leid wird nicht mehr gefühlt.

Im industriellen und imperialistischen Zeitalter haben wir den Wandel von Großfamilie zur Kleinfamilie zum Singledasein.

Ganze Völker werden hingeschlachtet für Ruhm und Ehre, politisch-soziale Utopien, Gottesvorstellungen.

Die Natur will der Mensch untertan machen, um durch Aneignung ihrer Kräfte und Rohstoffe Macht auszuüben.

Verstand denkt nur linear und quantitativ, es kommt zu gigantischer Überproduktion, um durch viel weitere Arbeit die Überproduktion wieder vernichten zu müssen.

Es geht um Macht, Beherrschung, Menge, statt Lebensfreude, Ruhe, Kreativität, um Selbstbestätigung und Befriedigung des Ego in Kategorien von Quantität.

In der Nützlichkeits- und Leistungsgesellschaft dominiert die stete Produktionssteigerung: als qualitäts-los, sinn-los, wert- los für unser wahres Lebensglück.

Gefühle und Emotionen wären bzw. sind hinderlich, weil sie als dem animalischen Bewusstsein zugeordnet gelten.

Es entstehen Ängste: vor gefährlichen Bakterien, Mitmenschen bestimmten Glaubens, vor der Zukunft.

Das Verhalten ist mit einem Schachspieler vergleichbar:

der linear denkende Verstand leitet aus Vergangenheit ab, ist niemals innovativ, kreativ.

Es dominiert tradiertes Fremdwissen aus Büchern, indoktriniertes Wissen.

Durch Zunahme des Eigenwillens (in dieser Phase) gegen die Interessen des Ganzen entstehen Konflikte.

(Im sinnlichen Bewusstsein ging es um Beute, Nahrung, Annehmlichkeiten, vorhandenes Materielles, Frauen im Kampf um materielle Vorherrschaft.)

Jetzt geht es um intellektuelle Vorherrschaft und Superiorität, wobei nicht der physisch stärkere, sondern die intelligenteren Macher missionieren, kontrollieren.

Die nicht vorhandene Belohnung wird in die Zukunft projiziert, Kampf kommt nie an ein Ende.

Ständig wird mehr produziert und dadurch die Lebensgrundlage für jegliche Produktion zerstört, durch sinnloses Mehr, Schneller, Größer hin zur Endstation Burnout.

Die Sinnlosigkeit des Verstandesbewusstseins zeigt sich im sinnlosen linear ausgerichteten grenzenlosen Wachstum.

GANZHEITLICHES BEWUSSTSEIN

Im spirituellen Bewusstsein erfahre ich alles als sinnvoll und harmonisch.

Alles ist in allem enthalten und aufeinander bezogen. Alles ist in der Einheit, nichts ist mehr vereinzelt.

Die durch Verstand verursachte Spaltung in Gegensätze wird/ ist aufgehoben in höherer Einheit:

Ich und Welt, Ich und Du, Mensch und Gott. Dies sind keine isolierten Teile, denn alles macht einen Sinn.

Seelengrund, Gottesgrund als letzte Tiefe ist gekennzeichnet durch Einheit, Sinn, Harmonie.

Überzeugungen, Rollen, Einstellungen werden als zeitweilige Standpunkte gesehen und betonieren mich niemals ein.

Im Zustand des unglücklichen Bewusstseins:

fühlte sich der Mensch von allem getrennt.

Er musste um alles kämpfen.

Der spirituelle Zustand ist ein von der Natur aus glücklicher. Hier entsteht mehr und mehr das Gefühl, dass letztlich alles gut ist und gut wird, dass letztlich alles Sinn macht, dass die Welt ein harmonisches Ganzes ist.

Es findet ein grundlegender Wertewandel statt, und neue Werte tauchen auf und ersetzen die bisherigen: statt Misstrauen Vertrauen, statt Konfrontation Kooperation, statt zusammengesetzter, stückweiser Erkenntnis ganzheitliches Erkennen und Erfassen, statt fremdbestimmten Arbeitslebens kreative Selbstverwirklichung, statt Mangel Fülle, statt Egoismus Liebe und statt Gegeneinander ein Miteinander.

Ein Leben lang bin ich täglich mit den Situationen und Erfahrungen konfrontiert, die der Mensch braucht. Ich muss sie nur annehmen und mich damit auseinandersetzen. Vertraut der Mensch auf dieser Erfahrung, so lebt er im Fluss des TAO, im Fluss des Lebens. Er bekommt das Gefühl, dass alles seinen richtigen Gang geht und die Aufgaben so kommen, dass er innerlich wächst.

Auch wenn die Handlungen der anderen nicht meinen Maßstäben entsprechen, sehe ich dies nicht als Bedrohung, sondern als Bereicherung.

Andersartige Erfahrungen wecken nicht Ablehnung, sondern Neugier, Interesse, Wertschätzung. Sie sind wertvoll, weil sie für mich neu und anders sind. Als Grundhaltung werde ich nicht bewerten und abwerten, sondern staunend bewundern.

Erst aus der Einheit wird die bunte Vielheit wertgeschätzt und geachtet.

Alle Kreationen sind Teile eines Ganzen und werden nicht als Gegner, Fremde oder Bedrohung eingestuft, empfunden.

Ursehnsucht als Erfahrungsebene zum Göttlichen

1)

Erloschene Liebe und Neuanfang

Neue Chance der Selbsterfahrung

Beispiel einer gescheiterten Beziehung:

Er hat alles verloren, was ihm am liebsten war. Er hat keine Familie mehr, glaubt sein Leben zu verlieren. Nach jahrzehntelanger Ehe hatte sie die große Liebe in einer neuen Beziehung, die sie jahrelang hinter seinem Rücken gepflegt hatte, urplötzlich und unwiderruflich gefunden.

Er schaut enttäuscht, am Boden liegend, auf sich und seine Gefühle der Beziehung zurück, in der er sich so glücklich wähnte.

Er spürt die Verletzungen, die ihm in der Beziehung zugefügt worden sind.

Er fühlt sich betrogen, hintergangen, gedemütigt, ihm sei in der ganzen Ehe etwas vorgespielt worden, was er so nicht für möglich gehalten hätte.

Es ist das unüberbietbare Tief seines Lebens.

Diesen tiefen Verlust kann ich nachvollziehen, auch wenn die von mir erfahrene absolute Talsituation ganz anders war: ich stand bei der Beerdigung meiner Frau neben dem Grab, hatte nur noch den Wunsch, mit in das Grab gelegt zu werden, alles war ohne Sinn. Und da kamen die Zweifel an Gerechtigkeit, an Gott. Meine Frau hatte ein Leben lang gesund gelebt, wir aßen nur Gemüse, das wir selbst im

Garten angebaut hatten. Es sind Erfahrungen des Lebens, in denen es kein Weiterleben mehr zu geben scheint. Der Blickwinkel ist total eingesargt.

Im obigen Beispiel lässt der absolut zu Boden Geworfene, der aus allen gewohnten Lebenswegen Hinauskatapultierte, zu, was er in seinem Inneren zaghaft, ansatzweise überdenkt.

Aber da ist ein Nichts. Er ist jetzt ganz allein und, ohne das eingespielt erlebte Gemeinschaftliche, ein nacktes, pures Nichts.

Der sich zerstört Fühlende weint über den Verlust seiner Frau, die er über alles zu lieben glaubte, er lässt seine Traurigkeit und seine Depressionen zu, sieht im Verlauf der folgenden Wochen, dass er unwiederbringlich auf sich selbst zurückgeworfen ist.

Doch er spürt sich zum ersten mal im Leben als selbst.

Seine Berührung mit Ärger und Trauer nimmt er an, lässt alles zu, verschafft dem, was in ihm unter einem Berg von Schutt begraben liegt, Ausdruck.

Neben Gefühlen des Schmerzes über den Verlust spürt er zum ersten Male Erleichterung.

Da ist einerseits Trauer, Wut, Enttäuschung, und zum ersten mal etwas ganz anderes, das er so nicht kannte: da spürt er, erst nur in Ansätzen, sporadisch immer öfter, Stärke und Zuversicht, was immer stärker anwächst.

Zuvor hatte er geglaubt, das alles nicht aushalten zu können, war total verzweifelt und dachte, jetzt sei alles aus, er sei abgeschnitten von allem, was ihm Leben und Welt bedeutet hat.

Doch da ist etwas in ihm gewachsen:

Er ist mit sich selbst in Berührung gekommen.

Verbissen hatte er an der Frau festgehalten, doch sie war weg, unwiederbringlich weg, hatte Liebhaber zu einer Lebensgestaltung, wie sie ihr ohne Tiefgang vorschwebte, gefunden. Er wusste, dass es kein Zurück zu ihm gab, weil sie die neue Liebe wie einen Rausch zu erleben schien.

Als er dieses Unwiederbringliche, dieses Zerschellte, in seiner totalen Betonstärke feststellen musste, da war er für das Leben aufgebrochen worden.

Und jetzt, erst jetzt, konnte er sie innerlich loslassen.

Und er spürte, wie sich ein eigenes Leben in ihm entfaltet, ihn durchströmt, sich breit macht.

Er gewinnt den inneren Stolz, den inneren Mut. "Ich bin, der ich bin" ist sein selbstbewusstes langsam wachsendes Lebenscredo.

Er wächst förmlich um einen halben Meter.

Auf eine Tafel schreibt er sich:

"Ich bin in der Lage, mein Leben in die Hand zu nehmen.

Ich kann Initiativen ergreifen.

Ich habe viele Möglichkeiten" .

Ich bin unabhängig, ich kann entscheiden, meine Möglichkeiten entdecken, Menschen an meinem Leben teilhaben lassen und neue Möglichkeiten entdecken und ausprobieren.

Zunehmend kommt wieder Freude in seinem Leben auf.

In ein Tal gestoßen zu werden, gehört zum Menschsein dazu. Wir sind mit Verlusten, Betrug, Oberflächlichkeit konfrontiert, wodurch immer wieder Korrekturerfordernisse von/für allzu geradlinig scheinende Lebenswege vorprogrammiert sind, aus der conditio humana nicht wegzudenken sind. Wer die Augen offen hält, kann weitgehend vermeiden, dass er blauäugig sein Leben so oberflächlich herunterlaufen lässt und nicht sieht, wo unehrliche Überzeugungen ganz einfach irgendwann, wenn äußere Belastungen kommen, ihn abstürzen lassen. Abstürze sind bei vielen vorprogrammiert, wenn gemeinsame berufliche Karrieren sich auseinander entwickeln, wenn

Krankheiten eine Familie belasten, wenn Schönheitsideale sich wandeln und die ehemalige bewunderte Prinzessin ihren Verlust des konventionell Wertvollen nicht bemerkt hat. Wenn die Schönheit von einst nur noch belächelt wird, wenn sie ihren Wahn nicht bemerkt.

Leben wird viel zu wenig reflektiert und im sanften Dahingleiten im Lebensstrom entgeht, wenn, wann und wo es abdriftet. Meist hat dies ja keine Folgen, da bleibt doch alles vordergründig alltäglich und normal.

Und immer ist die große Einbettung des Lebensentwurfes zu sehen, wobei sich schon in den Fundamenten unbemerkt ganz andere Lebensvorstellungen einschleichen konnten:

Ganz verschiedene menschliche Bedürfnisse und Sehnsüchte können im Verlaufe einer Beziehung so nach und nach, bei entsprechenden Lebensabläufen hervorgelockt, zum Ausdruck kommen:

- Ein Paar kann ein Leben lang einzig und allein aus dem Verlangen nach genitaler Verbindung bestehen.

- Einem anderen Paar bedeutet die Sehnsucht nach ganzheitlicher Intimität mit dem geliebten Menschen alles.

- Und eine weitere Struktur geht über die sexuelle Vereinigung hinaus, ist bestimmt von einem Urbedürfnis nach einer anderen Art von Vereinigung, einem Drängen, das, uns Menschen zu eigen, nach einer Vereinigung mit Gott und dem Kosmos verlangt. Als kosmische Empathie kann sich jemand nach Glauben sehnen und das Göttliche suchen.

2)

Flucht in eine Pseudoliebe

Beispiel:

Intimität berührt keine Tiefe und wird von keiner Tiefe genährt

Eine gefundene Anzeige:

"Ich habe ein romantisches Kerzenlicht in meiner hübschen Wohnung angezündet. Eile zum Telefon und rufe mich an. Wenn es jetzt klingeln wird, wirst du mich bald schützend in deine starken Arme nehmen. Ein liebevolles Essen ist für dich vorbereitet, eine Flasche Wein geöffnet. Ein Abend voller Liebe und Zärtlichkeit liegt vor uns. Ich warte sehnsüchtig auf Dich, bei dem Retter, bei dem schicksalhaft dieser Notruf meiner Seele angekommen ist."

Da ist keine geerdete Intimität, kein Feuer, das von innen brennt.

Eine lasche unsensible berechnende Lebenseinstellung wird sichtbar und kann mit Lebenskraft nicht in Verbindung kommen.

Die ekstatischen Erfahrungsmöglichkeiten, in Gipfelerfahrungen einen Schatz in uns kennen zu lernen, werden so nicht gehoben werden können.

Beziehung zu sich selbst und zu anderen bleibt blutlos, steril, leidenschaftslos. Die Beziehungen sind nur etwas Aufgesetztes, etwas Verbales, technisch Nachgelesenem in seinen Abläufen.

Da ist kein Ja zum Leben, keine Lebenskraft und Leidenschaft, da bleibt jemand in allen Beziehungen auf sich zurückgeworfen, die erfahrene Liebe erdet ihn nicht. Die Erfahrung, dass es Schönes, Tiefes, Unergründliches, Intimes gibt und dass ich all das bin, fehlt. Er misst die anderen nach dem Weiter, Größer, Tiefer und wird nur daran gemessen.

Was würde das Menschliche in seiner Tiefe ausmachen?

Ich will mit mir selbst in Kontakt kommen, spüren, wie mich innere Energie überflutet, ich will mich wundern und staunen.

Ich will die Grenzen, die mein Ich markieren, nicht mehr spüren und ein Gefühl der Einheit mit der Natur, dem Kosmos, Gott aufkommen lassen, die Berührung mit mir selbst, meinem Selbst, indem ich offen für andere bin, spüren.

Unser Urverlangen nach Einssein beinhaltet, die Lebensquelle zum Fließen zu bringen. Ein innerer reißender Strom als Ausdruck innerer

Freude, treibt mich letztendlich hin zum Göttlichen, indem der geliebte Partner zum göttlichen Ideal für mich wird.

Ich erhebe die Geliebte in die Sphäre des Göttlichen, sprenge die Wirklichkeit.

Ich erhebe die andere in die Sphäre des Göttlichen.

Und damit steht es jetzt an, über diesen idealen Menschen, der für mich das Göttliche darstellt, im nächsten Abschnitt vertiefter nachzudenken.

Ich fasse zusammen:

Im ersten Beispiel hatte ich über das übliche, das "normale" dahingleitende, unreflektierte Leben nachgedacht. Wir alle leben unser Leben, wie wir sozialisiert worden sind, und dies reicht ja von der Spannweite der konventionell religiösen Schiene bis zu einem Elternhaus, in dem moralische und ethische Zielsetzungen verfolgt worden sind, die nicht dem Mainstream angehören. Die meisten schaukeln ihr Leben mit mehr oder wenigen Aneckungen durch, die anderen haben weniger Glück und werden schlimmstenfalls sogar aus der Bahn geworfen. Dabei kann man endgültig untergehen, auf niedrigerem Level unbekümmert und ohne Tiefgang weiterleben, oder jemand ist durch ein Tal gegangen, ist bei einem jähen Absturz quasi zerschellt und hat dies als Anfang für eine neue innere Erfahrung auswerten können, wie dies in dem zweiten Beispiel aufgezeigt worden ist.

Und nun stünde an darüber nachzudenken, wie jemand aus seinem wahren Selbst heraus die Liebe erfahren wird.

3)

Ekstase und Ursehnsucht

Beispiel

Liebe in einem Wahren Selbst

Alles wird zum Ausdruck einer innigen Zuneigung.

Alles wird intensiv, wahr, sanft, sensibel erlebt:

im zarten Sich-Anschauen, im gefühlvollen Streicheln über die Haare, der Wangen.

In einem selbstvergessener Kuss, im anderen versunken zu sein.

Wonnige Gedanken an den abwesenden Partner durchströmen mich, auch wenn der Partner nicht anwesend sein kann:

im seligen Gefühl beim Lesen oder Schreiben eines Liebesbriefes, einer Tagesmeditation, der Mitteilungen der alltäglichen kleinen und großen Bekümmernisse.

Dem inneren Wünschen und Drängen sich hinzugeben, führt zum in uns wohnenden Verlangen und Streben nach Höherem.

Liebende schweben im siebten Himmel, der keine Fehler, Ungereimtheiten, Defizite kennt. Ein außerordentliches Glücksgefühl jenseits räumlich- zeitlicher Gliederung durchströmt die Körper.

Jede Einzelexistenz und Trennung wird überwunden, wenn ich mich mit dem anderen als eins ersehne.

Die Aufhebung der Einzelexistenz ist grundgelegt in der Ursehnsucht nach Vereinigung, in der Sehnsucht nach der totalen Einswerdung, nach "absoluter Nähe".

Die erfüllte tiefe Sehnsucht in mir besagt: erst, wenn ich mit diesem Menschen für immer zusammen bin, bin ich ganz!

Da bin ich ganz voll; kein Zustand der Halbwahrheit und Unvollkommenheit ist mehr möglich und zugelassen.

Im Taumel der sexuellen Vereinigung geraten beide außer sich, endlich sind sie eins, das Stürmische, Wilde, Ekstatische kann nicht mehr zurückgehalten werden, der Himmel öffnet sich in einer Explosion, in einem Aufschrei der orgastischen Erfahrung. Das Erträumte, das Ersehnte, das innigst Verlangte wird endlich Wirklichkeit in der natürlichen Entfaltung der menschlichen Natur.

Eindringen und Sich-Öffnen bieten auf der menschlichen Ebene die unüberbietbare Erfahrungsebene. Einssein ist die innigste Weise, wie sie Menschen auf engste Weise überhaupt möglich ist.

Da gibt es keine blockierten Prozesse mehr. Ich stoße danach an Seiten von mir, die mir vorher unbekannt waren, die unberührt wie leblos in mir schlummerten. Jetzt erfahre ich meine Lebendigkeit als Fruchtbarkeit, ich mache die Bekanntschaft mit meiner Lebenskraft.

Versöhnung mit dem Christentum

Zur Kritik an: Hubertus Halbfas, Der Herr ist nicht im Himmel: Sprachstörungen in der Rede mit Gott

Der Autor setzt sich mit dem doppelstöckigen theistischen Weltbild auseinander. Es gibt für ihn keine übernatürliche Welt, von der das Diesseits abhängig wäre. Der Himmel ist für ihn leer. Die fremde Sprache in den Gebeten und Liedern erscheint ihm ohne ein gesundes Verhältnis zur Gegenwartskultur.

Er versucht den Werdegang dieser Entwicklung zu analysieren und zu verstehen:

In den Kulturen der alten Welt war die eigentlich bedeutende Welt in der Höhe angesiedelt, als Welt der Götter, wo es kein Leid, keinen Tod, keine Unvollkommenheit gab. Es gab unterschiedliche Ränge der Engel wie in einem Hofstaat, es gab besondere Fürsprecher für die Nöte der Menschen.

Wo die eigenen Lösungswege versagen, hilft nur noch Beten und Erflehen himmlischer Intervention.

Antiken Menschen galten visionäre Erfahrungen als eine Stimme aus der Transzendenz.

Erschien ein echter Ekstatiker wie Paulus, überwältigt von einem Erlebnis, traf er auf Menschen, die von einem Kontakthunger gegenüber der Transzendenz erfüllt waren. So wurde er ernst genommen und wirkte suggestiv.

Die Zehn Gebote wurden von Menschen erarbeitet, die überzeugt waren, dass es Gottes Wille ist, das Lebensrecht jedes Menschen zu sichern. Was man als geboten und notwendig ansah, legte man Gott in den Mund.

Der Wille Gottes - da geht es aber auch oft um die eigenen Interessen der Kirche.

Engel sind den Hirten tatsächlich erschienen und haben die Geburt des Heilands verkündet.

Bei der Taufe Jesu hat sich der Himmel wirklich geöffnet.

Jesus konnte über den See gehen und nach seiner Auferstehung bei geschlossenen Türen Räume betreten.

Dieses wortwörtliche Verstehen ist für den Evangelisten nicht zu bestreiten. Aber dies sind keine historischen Vorgänge.

Solche visionären Erfahrungen gibt es:

C.G. Jung:

erlebte in einer Krankheit immerwährende Seligkeit, Visionen und Erlebnisse waren ihm vollkommen real. Wir sollten diese Tiefe in Erfahrungen, die als wirklich und bewusst gemacht worden sind, nicht einfach abtun. Wir müssen trennen zwischen subjektivem Erleben und historisch nachprüfbaren Fakten.

Diese himmlische Parallelwelt wurde immer stärker eingegrenzt seit Galilei.

Blitzableiter verdrängen geweihte Kerzen, Kunstdünger und Agrardünger ersetzen die Bittprozessionen um das Gedeihen der Ernte wirksamer.

Im 17. Jahrhundert gab es noch Hexenwahn und Teufelsglauben.

Doch eine jenseitige Welt zur Erklärung diesseitiger Phänomene wird immer mehr überflüssig.

Französische Revolution und Erklärung der Menschenrechte führten zu einem Prozess demokratischer Autonomie, was von Gläubigen verurteilt wurde, Prinzipien, die sich aber heute durchgesetzt haben.

Die Kirche hat auf die wissenschaftlichen Herausforderung mit ihren Gegenmitteln von Zensur, Schreibe-, Lese- und Redeverbot unglücklich reagiert.

Marx, Nietzsche, Feuerbach, Freud führten zu dem beschriebenen Untergang der Parallelwelt.

Gott gibt zur Erklärung des Unbekannten nichts mehr her. Erdbeben, Überschwemmungen, Seuchen, Krankheiten, Wettergeschehen,

das sind Fragen der wissenschaftlichen Welterklärung, in Sachbereichen der Wissenschaften ist Gott systemfremd und störend.

Gegen den Verfall religiöser Tradition und anstatt nur zu tradieren muss sich die Kirche von Generation zu Generation erneuern, umbauen, anpassen, reparieren.

Die Religion hat es mit der Auslegung des menschlichen Daseins zu tun, im Aufschließen eigener Erfahrung für neue tiefergehende Erfahrung.

Gott ist der Namen für unendliche Tiefe und unerschöpflicher Grund allen Seins.

Nur wenn das Leben keine Tiefe hat, seicht ist, Sein selbst nur Oberfläche ist, dann wäre man Atheist.

Doch wer um die Tiefe weiß, der weiß auch um Gott.

Jesu Tod war der Tod eines Propheten, der für sein öffentliches Auftreten büsste, ähnlich Martin Luther King oder Romero.

Das Kreuz in unseren Kirchen mahnt, jene zu erkennen, die vor unseren Augen gekreuzigt werden.

Wenn wir Jesus nur anbeten, werden wir ihm nicht folgen. Das Göttliche, das ihn erfüllte, soll in jedem Menschen zum Durchbruch kommen.

Unsere lebenslange Selbsterfahrung soll verschränkt sein mit Gotteserfahrung.

Halbfas reißt als Weltbild für die heutige Zeit an:

Er zitiert ausführlich Eckhart:

Was die Schultheologie Christus allein vorbehält, spricht Eckhart jedem Menschen zu.

Alles, was die Heilige Schrift über Christus sagt, das bewahrheitet sich völlig an jedem guten und göttlichen Menschen.

Alles, was Gott seinem Sohn in der menschlichen Natur gegeben hat, das hat er alles auch jedem Menschen gegeben.

Zum Weltbild der modernen Physik verweist er auch auf Max Born.

Max Born sagt:

Im Fußballspiel wird das Zuschauen begleitet von Applaus und Pfeifen, dieses Beteiligtsein am Geschehen hat seinen ausgeprägten Einfluss auf Schnelligkeit und Konzentration der Spieler.

Zur Kritik an der zweigeteilten Welt verweist er auf den Zen-Meister Seng-tsan.

Gott sei kein Gegenüber, keine Abgrenzung, sondern der leere Grund. aus dem alles fließt. Sein Name ist Tao, Brahman, göttlicher Geist, das EINE.

Die Mystik kannte zu keiner Zeit eine zweigeteilte Welt.

Einen außerweltlichen Gott, der quasi über der Welt und allem schwebt, hat es nie gegeben.

Bewertung:

Auf der Rückseite des Buches steht: "Ein befreiendes Buch!" Hubertus Halbfas greift die Position des Christentums an, soweit sie nicht mehr haltbar ist. Seine Kritikpunkte drücken eine respektvolle wohlwollende Grundhaltung aus, weil er ganz klar trennen kann von bekannten und akzeptierten Entwicklungen, wo "Fehler" der Kirche, aus dem heutigen Verständnis heraus, ganz einfach aus der Entwicklung heraus verstanden und erklärt werden können.

Er trennt prägnant das religiöses Weltbild von dem wissenschaftlichen Weltbild, er sieht die mythische Einbettung der Menschheit für die Zeit hilfreich und nachvollziehbar.

Letztlich ist die große Stärke dieser Entwicklung des Autors, dass er von dem Weltbild der zweigeteilten Welt wegkommt und die Einheit von allem sieht, wie sie durch Eckhart für das Christentum erarbeitet worden ist.

Damit nimmt er allerdings eine Position ein, die von der offiziellen Kirche nicht gedeckt ist. Als Professor für Religionspädagogik kann er sich diesen Notwendigkeiten für die Weiterentwicklung der Glaubensgrundlagen nicht verschließen sondern er muss sie aktiv mit weitertreiben.

Dieses mutige wohlwollende Buch fern jeglicher Effekthascherei bewerte ich mit 5 Punkten.

Ergebnis meines Ansatzes: Meine in offener Kritikfähigkeit erworbene Lebensgrundeinstellung

Erfahrene unterschiedliche Lebensansätze

Menschlich kristallisiert sich immer klarer für mich heraus, allgemein und grundsätzlich als Lebenssicht/Erfahrungen:

Menschen unterscheiden sich hauptsächlich in zwei Gruppen: einmal definiert durch materielles Hochgespültsein und einmal durch emotionale Intelligenz.

Und für alles und grundsätzlich braucht man eine solide logische Intelligenz, das ist Basis, die die Menschen dann nochmals geringfügig unterscheidet.

In diesem Bereich kann man durch Fleiß und Disziplin vieles ausgleichen und erreichen.

Wenn man Menschen fragt, ob sie mit ihrer angeborenen Intelligenz zufrieden sind, erhält man nur zustimmende, uneingeschränkt bejahende Antworten. Die Schulentwicklungen zeigen ja auch, wie in der Vergangenheit künstlich Unterschiede gemacht, Gräben aufgerissen worden sind. Für die Gymnasiallehrerausbildung wurde eine philosophische Prüfung ("Philosophikum") vorausgesetzt, deren Inhalte oft lebensfremd und schon gar nicht in Verbindung mit dem gewählten Fach stehen mussten. Und für fast alle Fächer brauchte man das "große Latinum", obwohl in den studierten Fächern hierfür keine Notwendigkeit einsichtig gemacht werden konnte. Philosophie wurde gar als Unterrichtsfach in der Schule kaum angeboten, um den Kreis der selektiert Gebildeten klein zu halten. Heute dagegen kann man Abitur 1 und Abitur 2 absolvieren; wenn es nicht für ein Universitätsstudium reichen würde, studiert man halt an einer Fachhochschule. Und wer eine handwerkliche oder kaufmännische Lehre absolviert hat, kann immer weiter aufstocken bis zu einem Hochschulstudium.

Daraus ergibt sich doch: In einer gewissen Bandbreite lassen sich Menschen in ihrem Bildungsabschlußniveau immer weiter qualifizieren, können alles anstreben und auch erreichen. Dazu werden Stipendien als Anreiz gesetzt, die in ihrer Höhe großzügiger sind als die Einkommen der in der Nachkriegszeit arbeitenden Bevölkerung. Keiner ist mehr künstlich von einer menschlichen positiven Entwicklung abgehangen.

Eine letztlich wunderbare Entwicklung, wovon man in unseren Jugendzeiten nicht hätte träumen können.

Wer weiterkommen will und Defizite in irgendeinem Bereich feststellt, kann durch Disziplin und Fleiß heutzutage alles erreichen.

Eigentlich ist selbst der Ansatz gut, wenn jemand den gesunden Stachel eines Defizits verspürt. Dann ist er aufgerufen, darüber nachzudenken, wie er sein Leben differenziert ausrichten und weiter gestalten kann.

Insofern haben sich die gesellschaftlichen Entwicklungen unendlich positiv entwickelt, keiner ist von seiner weiteren Entwicklung in der Möglichkeit ausgeschlossen.

Als nächstes möchte ich auf die Struktur eingehen, was sich unterschiedlich in einer Lebenspartnerschaft bei dieser Grundlage, die für jeden einzelnen nur positiv ist, ergeben kann. Menschen sind ja nicht in erster Linie Einzelkämpfer, sondern sie suchen eine Partnerschaft, um die letzte menschliche Erfüllung in einer Familie und mit Kindern zu erfahren:

Menschen können- wie gesehen- ihre Möglichkeiten voll entfalten. Aber dies erfolgt nicht bei allen gleichermaßen in Richtung gleicher Einkunftsmöglichkeiten. Berufe können mächtig divergieren. Sollte ich dann in die Richtung gehen, wo zur jeweiligen Zeit und am jeweiligen Ort die eigene Ware Ausbildung am besten verkauft werden kann? Da sich alles derart rasch ändern kann, bleibt da immer ein Risiko. In meiner Schulzeit war die Zahnarztausbildung unter uns Schülern am geringsten angesehen, denn erstens zählten nur die Geisteswissenschaften und zweitens waren anspruchsvolle Zugänge, wozu das Medizinstudium gehörte, sehr langwierig und in entsprechenden Leistungsanforderungen. Es war mehr die Zeit der Dentisten, die nochmals "unterhalb " der Schwelle des Zahnarztes arbeiteten. Ein richtiges Medizinstudium kam für die Dentisten und Zahnärzte daher kaum in Frage.

Keiner konnte voraussehen, dass es dann Jahrzehnte gab, in denen die Dentisten einkommensmäßig gewaltig hochschnellten und die Zahnärzte zeitweise an der Spitze der Einkommensentwicklung standen.

Ähnlich war die Entwicklung der Ingenieure. Ursprünglich hatten sie eine Volkschulausbildung und darauf aufbauend eine Fachschule besucht. Und später gab es dann alle Schattierungen bis hin zu wissenschaftlich ausgebildeten und promovierten Ingenieuren.

Das ließe sich beliebig fortsetzen. Das ist aber hier nicht das eigentliche Thema.

Es geht vielmehr darum, wie solche Strukturen auf Partnerschaften zurückschlagen. Wenn beispielsweise ein Partner Zahnarzt wurde oder Schönheitschirurg und auf einmal nach Aussage der betreffenden Ehefrauen "ein Schweinegeld verdienen" konnte und die Lebenspartnerinnen in Kindererziehung und Haushalt und im Rückenfreihalten für den Ehemann ihre Lebensaufgabe fanden und dann von heute auf morgen, auch wenn sich solche Entwicklungen für sehende Augen langfristig abzeichnen, damit konfrontiert wurden, dass der Geldverdiener fremd ging, sein Leben immer mehr neben Ehefrau und Kindern lebte, aus dieser Gemeinsamkeit in der bisher für gut gefundenen Arbeitsteilung innerlich ausbrach, war Stillhalten und Schweigen angesagt.

Dann muss die Ehefrau gute Miene zum bösen Spiel machen, das Fremdgehen herunterspielen, sich in Krankheiten flüchten, Spleens in alle Richtungen entwickeln, ihrerseits Absurditäten kultivieren. Und sie wird andere Menschen, die schwächer zu sein scheinen oder die sie auch nur falsch einschätzt, weil sie ja keinen Horizont gewinnen konnte, psychisch missbrauchen für gemeinsames Klagen, Kämpfe gegen Gott und die Welt in oder gegen Kirchenrennen, letztlich sich im Missbrauch von Gott und der Welt stabilisieren.

"Materielles Hochgespültsein", das trifft in der gesellschaftlichen Entwicklung für immer mehr Menschen zu, solche Fälle kann man gut sehen und erkennen.

Berufe divergieren in der Einkommensentwicklung, wunderbar finde ich das Beispiel der Zahnärzte, das ich daher nochmals aufgreifen und vertiefen möchte:

In meiner Schulzeit wurde Zahnarzt, für den es für ein Arztstudium nicht reichte. Glück gehabt: Sie setzten sich ohne ihr Zutun an die Spitze der Verdiener. Und da sie sich zuinnerst komisch vorkommen, rennen sie beispielsweise in die Kirche, um sich absegnen zu lassen. Oder sie werden Wohltäter in Organisationen, bei denen man angesehen ist.

Und wenn der entsprechende Ehepartner da finanziell nicht mithalten kann, kann er sich in der Ehe solange halten, wie er/ indem er Affe und Lakai und aufgeblasener Ausgehaltener spielt und sich so zutiefst verdammt lächerlich vorkommt. Beispiele für diesen Typ kennt sicher mancher von uns, denn diese Beispiele in perfekter Vollendung gibt es überall.

Wenn eine Betrogene mitspielt in dieser lächerlichen Struktur, wird die Ehe natürlich gut gehen. Garantie ist dieses Wohlverhalten natürlich nicht. Doch das tolerieren m ü s s e n, dass der Mann fremd geht, tötet jeden notwendigen und berechtigten Stolz und zerstört

Menschen, die sich äußerlich in Wohlstand tummeln und überall als gern gesehene Gäste den Ton anstimmen. Wer ein solches Leben nicht anstrebt und dies von ihm als selbstverständlich Erwartete nie tolerieren könnte --- für den ist dann halt Ende, der notwendige und berechtigte Stolz hat seinen Preis, den zu zahlen mühsam ist und der allen gewachsenen Ansprüchen der Bequemlichkeit entgegensteht.

Ich habe für meine Lebensgrundlage immer auf die Basis als alleiniges Fundament: Erwerb/Erarbeitung von emotionaler Intelligenz gesetzt. Damit sind keine Blumentöpfe zu gewinnen, dies ist ein Ansatz, den sich kaum jemand leistet und leisten kann. Ich war damit immer zufrieden und gewann dadurch meine innere Freiheit.

Mein Ansatz lässt sich bezeichnen als:

Anstreben von totalem WIRsein, totaler Einheit, Kompromissbereitschaft, besonders im Anfang einer Beziehung, wenn man ohne jede Scheuklappen anerkennt, dass da unterschiedliche Menschen zusammenwachsen wollen und werden, ohne sich Illusionen darüber zu machen, was hierzu zu leisten ist als Aufgabe, als Lebensleistung, als Werdensleistung.

Ich bin immer offen für Rückwirkungen, die ich aus Verhalten anderer für mein Leben/ unser Leben gewinne. Da bin ich doch niemals unbeteiligt.

Wo Leute mit ihrem Leben oberflächlich herumspielen, dafür werde ich mir allenfalls eine Zeit nehmen, wenn dies nicht allzu sinnlos ist. All die Zeit, die wir mit Menschen verbringen, die Treibgut des Lebens geworden sind, ob aus Not oder aus Bequemlichkeit, hätte man doch besser in die Tonne gekloppt. In diesem Sinne habe ich ja auch gesagt, dass ich Treffen mit solchen Menschen, die sich so wichtig fühlen, niemals anstreben würde.

Gut, in dieser Grundhaltung wird man äußerlich abgehangen, aber innerlich erfüllt. Es ist der Weg meiner Freiheit. Verlogene Strukturen, die andere aus Bequemlichkeit von sich wegschieben, kann ich mir nicht für mich zum Problem machen.

Wie waren im Leben angetroffene, unreflektiert gescheiterte Paare doch in der Fassade glücklich, so erfolgreich, hatten doch beispielsweise ein neues großes schönes gemeinsames Haus gebaut, aber wo Strukturen nicht verreinheitet und verwahrheitet sind, da ist halt irgendwann der Ungeist, den keiner sieht und den man durchaus hätte sehen können.

Herausforderungen des Lebens

Schmerz und Leid sind Erfahrungen, die den Betroffenen das Leben in neuer Weise erschließen können.

Nicht immer ist ja schon die Schwelle des noch Erträglichen überschritten. Nicht immer muss man dem Leid fliehen und es als Erfahrung abweisen. Man kann das, was uns widerfährt, so es ist, wie es ist, bewusst in sein Leben aufnehmen, in seine Persönlichkeit integrieren, darin reifer Mensch werden.

Ein Problem ist, wenn man, damit verbunden, liebgewordene Gewohnheiten des Lebens aufgeben muss. Leben neigt ja dazu, dass es allzu sehr gleichförmig abläuft. Wir nehmen eine bestimmte Perspektive ein, und die ist dann unsere vermeintliche reale Sicht. Bestimmte Gedanken schleifen sich ein und unter diesem Blickwinkel beurteilen wir alles. Wenn da irgendwas aufgebrochen wird, ist es doch auch ungeheuer hilfreich für die menschliche Entwicklung. Natürlich ist es schön, wenn alles ohne langes Nachdenken immer wieder so abläuft, wie man es gewohnt war. Man ist dann ungeheuer entlastet. Alles war vertraut, man ist in allem zuhause.

Wie viele Menschen werden mit Notwendigkeiten konfrontiert, die sie sich nicht ausgesucht haben und die belastend sind. Da hilft es durchaus, wenn man keine Selbstvorwürfe, kein Nachhaken zu dem, wie man selbst oder andere in ihrem Handeln diese neue Struktur und Herausforderung bedingt haben, erhebt.

Der Blick kann selbst dann in Dankbarkeit nach vorne gehen. Die schönen gewesenen Dinge kann einem keiner wegnehmen, und die Ausblicke nach vorne zeigen viele neue Möglichkeiten, denen man sich ernsthaft stellen darf und muss.

Bejahenswert ist nicht nur das Angenehme und Lustvolle, sondern auch und manchmal gerade das Schmerzliche, Negative, Unangenehme, uns Herausfordernde. Wir suchen grundsätzlich normalerweise nicht das Negative, aber wenn es uns heimsucht, dann wehren wir es nicht ab.

Die tieferen menschlichen Erfahrungen gründen im Normalfalle auf dem Schmerzlichen.

Natürlich wollen wir "schön leben", ein Leben in Orientierung am Schönen führen, in erfüllter Weise leben.

Wo alles gleichförmig abläuft, da stellt sich ein langweiliges Leben ein, deswegen graut es ja denkenden Menschen vor einem Paradieseszustand; wären wir Menschen gar unsterblich, dann müsste man Leid und Tod erfinden und Herausforderungen suchen.

Ein fundamentaler Satz ist: Gestalte dein Leben so, dass es bejahenswert ist.

Und sei für alles offen, was auf dich zukommt. Akzeptiere das Belastende, das Schmerzliche, die Herausforderung, und wo diese Seite fehlt, suche bewusst die Herausforderungen und steuere so dein Werden bewusst mit.

Gedichte und Aphorismen

Was ist der Mensch?

Der Mensch ist nichts an sich.

Er ist nur eine grenzenlose Chance.

Aber er ist der grenzenlos Verantwortliche

für diese Chance.

Albert Camus

Einfach ausgedrückt:

Der Mensch ist nichts,

es sei denn, er macht was draus.

Und wenn er nichts draus macht,

kann er anderen keinen Vorwurf machen.

Aufgabe und Geschenk

Als Glücksfall des Lebens fand ich in Dir das Wunder,

das mein Herz und meine Seele öffnete.

Als Glücksfall des Lebens fand ich Dich,

die nicht neben mir steht, sondern in mir aufgeht.

Als Glücksfall im Leben fand ich Dich,

die mich so liebt wie ich bin und

wie wir uns gemeinsam weiterentwickeln.

Als Glücksfall des Lebens darf ich Dich

ganz und grenzenlos lieben

als Aufgabe und Geschenk.

Pädagogische Impulse

Eine Auseinandersetzung mit

Vergangenem hat nur Sinn,

wenn sie das Gegenwärtige

besser verstehen lässt -

(Beispielsweise anläßlich

von Jahrestagen, Jubiläen,

Feiern),

und damit das jeweils

Zukünftige vertiefter

gestalten lässt.

Ein schmerzliches Verdrängen

durch Abwehren der uns aus

der Tiefe hervorquellen wollenden Auseinandersetzung ist mit unserer Lebensaufgabe nicht vereinbar.

Aufgabe:

Wende dieses Beispiel auf vorgelegte Beispiele an.

Meine göttliche Substanz

Unser Schatz aus Vergangenheit und Zukunft:

Der Schatz der Vergangenheit besteht in

dem verantwortungsbereiten Einsenken

der Spuren aus der Tiefe existentieller Erfahrung,

die in unserem Herzen gesteuert hinterlassen worden sind.

Der Schatz der Zukunft besteht darin,

was wir an immer weiter werdender

Öffnungsfähigkeit unseres Herzens

erarbeitet haben.

Veränderungen

Leben besteht in ständiger Veränderung.

Wer den Lebensfluss anhalten will, muss scheitern.

Veränderung ist die einzige Konstante des Daseins.

Jeder Tag

bietet eine Möglichkeit

- wachsen zu können,
- lieben zu können,
- staunen zu können,
- Schönes zu finden,
- mit Freude zu schaffen,
- im Üben der Grundhaltung
- verzichten zu können,
- um loslassen zu können.

Glück

- des Gelingens
- nicht das Jenseits ist der Ort des Glücks, sondern dein Innerster Punkt
- der Anblick eines schönen Abendhimmels
- der Duft einer Blume
- Ruhe im mühevollen Leben
- dass du immer willst, das du tust
- Beredsamkeit im Schweigenkönnen
- Glück muss in einem selbst wurzeln
- Ruhe in sich selbst finden und nicht töricht woanders außerhalb suchen
- alles, was wir brauchen, ist tief in uns drinnen und

  wartet auf seine Entfaltung.

Wir tragen in uns,

was wir vergeblich außerhalb von uns suchen würden.

Im Heraustreten aus dem vorgegebenen Lebenskreis zu einem Du findet das Geheimnis des Seins statt.

Die Quelle des Guten ist in dir, du musst ständig nachgraben, dass sie immer sprudelt.

Blumen fragen nicht, wo und wann sie blühen sollen, sie haben es in sich. Dein Glück muss in dir selbst wurzeln.

Ich suche dich

Um Dich im Innersten zu sehen,

- schaue ich, wonach du dich sehnst.

- Menschen, die aus der Liebe leben, sehen alles in einem anderen Licht.

Lehre die Sehnsucht

- nach dem Meer, indem der Lernende ein Schiff bauen soll,
- nach der Schönheit der Natur, indem der Lernende einen Garten pflegt.

Liebe

Die Welt besteht aus lauter Gelegenheiten der Liebe.

Ohne Liebe kannst du keine tieferen Zusammenhänge sehen.

Die Bäume zeigen Verwurzeltsein, Wachsen, Blühen, Fruchten, Welken,

alles ist wunderbar geordnet, aufeinander abgestimmt, stufig,

auf ein Ziel hin ausgerichtet.

Der Mensch lebt aus der Liebe und

kann daher/ nur so die tieferen Zusammenhänge sehen.

Mitten im Leben den Weg in die Tiefe gehen

Sei immer ganz da in allem, was du tust.

Überfliege nicht die Zeilen,

meditiere einen Text,

versenke dich ganz.

Im Reden versenke dich in den anderen,

in seine Sorgen, seine Nöte, seine Anregungen.

Sei bei allem mitten im Leben im gegenwärtigen Augenblick

Voll und ganz da.

Dies ist dein Weg in die Tiefe deiner eigenen Seele.

Sinn des Lebens

Es gibt Augenblicke, da möchte man erfüllt sterben,
und es geschieht wiederum und zugleich Neues,
Neues Gebieren,
man wähnt sich immer wieder neu im Himmel.
Höchster Lohn der Lebensreise
ist es zu spüren,
dass und was wir werden:
Mehr Liebe und Gutsein
spüren, entdecken, geben und erhalten,
mehr Licht und Wahrheit in die Welt bringen:
Dann hat Leben einen Sinn.

Leben rückwärts verstehen und vorwärts leben:
Zum wahren Glück brauchen wir etwas, wofür wir uns begeistern.

Das größte Glück auf Erden sind:
Bewußtsein eines erfüllten Lebens,
Erinnerung an viele gute Stunden,
Das innerste Wesen seines Ichs
entdeckt zu haben
in Annäherungen.

Jeder Tag ist ein Angebot zur
Bewältigung des Angebotes des Lebens
und nicht ein Berg, der sich in den Weg stellt,
den wir nicht übersteigen könnten.

Luxus

Meinen ganz anderen Luxus habe ich erarbeitet:

Aus Steinen, die in den Weg gelegt werden, habe ich gebaut.

Ich suchte

Die leidenschaftliche Liebe,

Die geistige Ansprache,

den Luxus der Einsamkeit,

Den Himmel in dir und mir.

Hier und jetzt da sein

Im Augenblick,
In diesem Tun,
will ich ganz aufgehen.

Die Wonne des Wachsens spüren und genießen,
Den Grad des Friedens:
Vergangenheit als Traum voller Freude,
Die Zukunft als Vision des Hoffens:

Ich bin für das Glück geschaffen.
Alle Voraussetzungen zum Glücklichsein
sind uns durch das Leben gegeben.
Wenn wir im gegenwärtigen Augenblick leben,
kommen wir in Kontakt mit ihnen.

Wachsen für die Erfahrung dieser Welt in diesem Augenblick:
Ganz bei dem sein, was wir tun, heißt

Einfach s e i n.

Wege

Träume und Aufgaben,
Fließen und Eingreifen.

Dann
Entscheiden,
Weichen stellen.

Ich werde Du und Du wirst ich,
Weg und Streben,
hin zur Einheit, zum Einssein.

Die Blume in Dir lässt meine Seele erstrahlen.
Ich werde sie hegen und pflegen.

Mein Lebenssinn sei,
in unseren Seelen Frieden aufzubauen,
Dir immer Freude zu schenken.

Ich umarme in Dir die Welt.

Sich ganz erfahren

Sich einfach gehen lassen,
sich körperlich fallen lassen,
alle Haltung aufgeben,
alle Fassung aufgeben,
alle Funktionen meiner Körperhaftigkeit aufgeben,
Schreien und Jauchzen,
kindliche Freude,
das Tosen und Bersten des Inneren schreiend begleiten.

Eine himmlische Freiheit genießen:
sich dem Meer wogender Ähren aussetzen,
sich dem feinen Sand unendlich weiter Dünen aussetzen,
sich dem Erleben des Sonnenuntergangs aussetzen,
das sanfte Spülen des Wassers um meinen Körper spüren,
dem Kreischen der Vögel lauschen,

Körperlich sich einfach fallen lassen,
alles Angelernte und Ansozialisierte aufgeben,
alle Unfreiheit ablegen,
alle Funktionen meiner körperlichen Gebundenheit vergessen.

Ausgesetzt
nur den Himmel über mir,
das Wasser bestreicht mich neben meiner aus Sand gebauten Burg,
Tosen von Fluten klingt von fern an mein Ohr,

totales Vergessen.

Jeden Boden unter den Füßen verlieren,

ich vergesse mich selbst,

ich gebe mich auf,

alle Sorgen sind gewichen,

vergessen,

alle meine Sinne schwinden,

auf einer wunderschönen Wiese

kann die göttliche Sonne alles verzaubern.

Wer die Sexualität zu Ende denkt,

wird auf seine Ursehnsucht nach Lebendigkeit stoßen,

sich in einen zauberischen narkotischen Traum auflösen,

erleben, wie im Unbewussten seine Wurzeln von

Kreativität, Freude und Glück aufgehen und sich entfalten.

Ekstase ist Eingehen in das Himmlische, in das Göttliche,

in eine Welt jenseits des im Verstandesbewusstsein Geplanten und Erfahrenen.

Gipfelerfahrungen, wenn sie einem selbst fehlen,

kann man nicht von anderen wegholen oder sie anderen vermitteln,

wie es falsche Priester weismachen müssen.

Intimität ist Selbst-Offenbarung,

Gesellschaftsanpassung beinhaltet

Austreibung des ekstatischen Erlebens.

Literaturverzeichnis

Flasch Kurt

Warum ich kein Christ bin:

Bericht und Argumentation

C.H. Beck 2013

Halbfas Hubert

Der Herr ist nicht im Himmel:

Sprachstörungen in der Rede von Gott

Gütersloher Verlagshaus 2013

Han Byung-Chul,

Agonie des Eros

Matthes und Seitz Berlin 2012

Kohl Walter

Leben oder gelebt werden:

Schritte auf dem Weg zur Versöhnung

Integral 2011

Lück Walter

Der Teufel und die große Liebe

Eine Philosophie des Absoluten

Frieling Berlin 2012

Menschsein im Internetzeitalter

Selbstwerdung als Verwirklichung von Offenheit

Philosophie in der Blauen Eule Band 71

Essen 2010

Müller- Münch,

Die geprügelte Generation:

Kochlöffel, Rohrstock und die Folgen

Klett- Cotta Stuttgart 2012

Rohr Richard

Das wahre Selbst:

Werden, wer wir wirklich sind

Herder 2013

Ruschmann Eckart

Weltanschauungen und Gottesbilder

Tao.de 2011

Scholl Norbert

Religiös ohne Gott: Warum wir heute anders glauben

Lambert Schneider 2010

Sloterdijk, Peter
Du musst dein Leben ändern:
Über Anthropotechnik
suhrkamp taschenbuch 2010

Im Schatten des Sinai:
Fußnote über Ursprünge und Wandlungen totaler Mitgliedschaft
edition suhrkamp taschenbuch 2013

Vödisch Barbara
DAS ONE BEWUSSTSEIN
In der Erfahrung der Einheit die Fülle des Seins leben
VIA NOVA 2013

Wei Wu Wei
Die einfache Erkenntnis
Über die Abwesenheit der Gegensätze
Books on Demand Norderstedt 2011

Zeitfracht Medien GmbH
Ferdinand-Jühlke-Straße 7
99095 Erfurt, Deutschland
produktsicherheit@kolibri360.de